Jörg Fauser..Ergänzungsband

Jörg Fauser......................Ergänzungsband

Das leise lächelnde Nein

und andere Texte

Rogner & Bernhard bei Zweitausendeins

Herausgegeben von Carl Weissner

1. Auflage, Juni 1994.

ISBN 3-8077-0296-2

Einbandgestaltung: Klaus Meyer, München.
Ausstattung und Herstellung: Dieter Kohler & Bernd Leberfinger, Nördlingen.
Satz und Druck: Wagner GmbH, Nördlingen.
Einband: G. Lachenmaier, Reutlingen.
Printed in Germany.

Dieses Buch gibt es nur bei Zweitausendeins
im Versand (D-60381 Frankfurt am Main, Postfach)
oder in den Zweitausendeins-Läden in Berlin, Essen, Frankfurt, Freiburg, Hamburg, Köln, München, Saarbrücken, Stuttgart.

In der Schweiz über buch 2000, Postfach 89, CH-8910 Affoltern a. A.

Inhalt

Vorwort 7
Junk – Die harten Drogen 11
Aqualunge 25
Äther Jukebox 30
Heiße Spur in Haidhausen 38
Verhagelte Himbeeren 42
Dashiell Hammett, der dünne Mann 47
Kalte Fakten, kühne Träume 52
Das leise lächelnde Nein 55
Ballett der bösen Buben 63
Seiche mit Schwänen 66
Vom Anfang und vom Ende 68
Für eine Mark und acht 77
Gesegnete Wirklichkeit 113
Reagan bringt Segen 117
Der Klub, in dem wir alle spielen 120
Die Messer der Leiden 125
Ein Mann für diese Welt 132
Der dritte Weg 143
Machs nochmal, Harry 219
Die hohe Kunst des Komplotts 236
Kennen Sie Cain? 250
Mit einem großen Bäng 253
Ich setze auf Sieg 257
Es war alles ganz normal 271
Delgados Schatten 284
Anfänger 298
Ein Kaff greift nach den Sternen 305
Stadt der Desperados 332
Joschka, übernehmen Sie 346

Editorische Notiz

Jörg Fauser, am 16. Juli 1944 geboren, wäre in diesem Jahr fünfzig geworden. Das ist der Anlaß für diesen Sonderband, der die achtbändige Fauser-Edition von 1990 ergänzt.

Für seine Freunde und Fans, für mich, für den Verlag Rogner & Bernhard, bei dem er mit seinem ersten Roman auf Anhieb den Durchbruch schaffte (*Der Schneemann*, 1981), ist der Weggefährte und Autor, der vor sieben Jahren unter rätselhaften Umständen sein Leben verlor, nicht nur unvergessen, er ist präsent wie eh und je. Für jüngere Kollegen, die ihn noch nicht kennen, und für neue Leser wird es lohnend sein, ihn zu entdecken.

Da ihm der Journalismus so wichtig war wie die Literatur (»Ich will das nicht trennen«), erscheinen die Texte in diesem Band in der Reihenfolge ihres Entstehens und machen noch einmal deutlich, wie er sich in beiden Bereichen entwickelt hat – und wieviel sie bei ihm miteinander zu tun hatten.

Erstveröffentlichungen sind das Romanfragment *Der dritte Weg* und der Hörspieltext *Für eine Mark und acht*. Das Vorwort von Michael Althen erschien als Nachruf in der Süddeutschen Zeitung vom 21. 7. 1987.

Mein Dank gilt Gabriele Fauser und Antje Landshoff, deren Engagement diese Ausgabe ermöglicht hat.

Carl Weissner

Vorwort

Um 23.41 Uhr, so meldete die Berufsfeuerwehr am Freitag, habe eine offensichtlich geistig verwirrte Frau ihren Fernseher aus dem vierten Stock geworfen. Direkt darunter heißt es im Pressebericht lapidar: »04.20 Uhr, A 94, Fahrtrichtung München: In der Höhe der Anschlußstelle Feldkirchen wurde ein Fußgänger von einem Lkw erfaßt. Der Feuerwehr-Notarzt Ost konnte nur noch den Tod des 43jährigen Mannes bestätigen.«

So hören Geschichten auf, so fangen Geschichten an. Jörg Fauser hätte so einsteigen können, hätte vielleicht in die nüchternen Fakten seine Fiktion eingehakt und dem Schicksal des Fußgängers nachgespürt. Nur, diesmal war es sein eigenes. Es hat ihn erwischt, wie er es in seinem Buch »Der Schneemann« beschrieben hatte: »Einmal die heiße Sonne sehen, und wenn die Rechnung kommt, dann bitte mit allen Stempeln und dem großen Bäng.«

Fauser schrieb Essays und Kommentare, Gedichte, Erzählungen und Kriminalromane. »Der Schneemann« (1981) und »Das Schlangenmaul« (1985) gehören zu den besten des Genres. Mit ihnen kam Fauser dem amerikanischen Krimi so nahe, wie das einem Deutschen nur möglich ist. Durch harte Recherche und genaue Beobachtung verlieh er ihnen etwas, was hierzulande nicht eben häufig vorkommt: Authentizität und Realismus. Man ist als Leser keineswegs nur auf den Ausgang des Plots gespannt, sondern wird interessiert für Details, für den Alltag und seine Abläufe, für den Untergrund und seine Gesetze. Da wußte einer, wovon er schrieb. Und er schrieb es knapp und karg, schnell und flüssig, so realistisch, wie es *hard-boiled fiction* eben zuläßt.

Daß aus dem »Schneemann« auch ein guter Film wurde, war kein Zufall. In seiner konkreten Sprache hatte sich der Blick vom Erzähler getrennt, und die Außenwelt konnte nachfließen, ihre eigenen Geschichten erzählen. Mit »Szene« hatte das nur für die zu tun, die die Realität ihrer Städte ignorieren. Fauser war Berlin als Dschungel dunkler Machenschaften gut genug, und München galt ihm zwar eher als dröges Pflaster, aber auch dort lagen die miesen Geschäfte und guten Geschichten auf der Straße. Die heißen Storys, soviel war klar, fangen an, wenn man die Zeitung aufschlägt.

Wenn man Fauser nachts in der Bar sah, war er meistens dicht. Das ist bei einem, der immer wieder über seine Liebe zu Hemingway, Chandler oder Joseph Roth schrieb, keine Schande. Im Gegenteil. In die Kluft zwischen den amerikanischen Mythen und der deutschen Sehnsucht passen ein Haufen Drinks. Fausers Helden Harder, Blum oder Harry Lipschitz taten es ihm gleich. Drogen, Alkohol und eine klug beredte Begeisterung für die Krimiautoren Chester Himes, Mickey Spillane, Eric Ambler und James Hadley Chase. So lakonisch sie alle auftreten mögen, so schmerzhaft bohrt doch die Erkenntnis in ihnen, daß es schwer ist, in der BRD den hartgesottenen Schnüffler zu spielen.

Fauser hat diese Trauer eingefangen wie kein zweiter: in den Bahnhofshallen und an Stehausschänken, bei Nutten und unter Spielern. Bei Faulkner heißt es einmal: »Ich mußte durch Unrat und Dreck kriechen, durch Schmerzen, Schmutz und Mist, aber dadurch fand ich Schönheit und Wahrheit, wo ich sie nie vermutet hätte.« Dort verwischten sich bei ihm E- und U-Kultur, deren Trennung ihm immer ein Greuel war. Er hat die Literatur als Gebrauchsgegenstand so ernstgenommen, wie sie es verdient. Er hat unserer eher trägen Sprache Tempo abgetrotzt, sie beschleunigt, um im rechten Moment innezuhalten für eine schöne kleine Geste: Am Ende zerreißt Harder in »Das Schlangenmaul« den Scheck, den er so nötig hätte und der zwei Tote gekostet hat, vor den Augen des Steuerfahnders. Der harte Bursche war halt doch ein sentimentaler Hund.

Der letzte Satz seines letzten Buches »Kant« lautet: »Die längsten Reisen fangen an, wenn es auf den Straßen dunkel wird.« Es wurde gerade hell auf der A 94. Jörg Fauser hatte vorher in der Bar noch seinen 43. Geburtstag gefeiert.

Michael Althen

Jörg Fauser
Foto © Hans Radloff, Hamburg

Junk – Die harten Drogen

Ich kenne Junk seit etwa sechs Jahren: Opium und seine Derivate Heroin und Morphium, die synthetischen Opiate wie Dolantin, Eukodal, Polamidon, Pantopon, Dilaudid, aber auch Kokain und die Weckamine, den »Speed«. Ich habe mich in dieser Zeit sicher zehnmal selbst entzogen und bin immer wieder zur Nadel zurückgekehrt. Wenn ich nicht schieße, fragt mich niemand: Warum schießt du nicht? Nur wenn ich schieße, fragt man mich manchmal: Warum schießt du? Vor allem natürlich Ärzte, immer auf der Suche nach der »typischen Suchtpersönlichkeit«.

Ich selbst kenne keine »typische Suchtpersönlichkeit«. Aber klopf an Herrn Jedermanns Tür, verpaß ihm drei Monate lang täglich drei Schuß »God's Own Medicine«, und nach drei Monaten wird Herr Jedermann sich durch den Fleischwolf drehen lassen, um seinen Schuß GOM zu bekommen. Und es wird für ihn nichts anderes sein als das Glas Wasser für den Verdurstenden.

»Ich brauche Junk zum Aufstehen, zum Rasieren und zum Frühstücken«, lautet die klassisch gewordene Antwort des Schriftstellers William Burroughs auf die Frage: WARUM?

Junk ist ein Genußmittel, meine Herren, und zwar das beste, das ich kenne; so gut, daß es immer Menschen geben wird, die das unvermeidbare Risiko der Sucht gern eingehen werden für ihre unvergleichlichen Wonnen.

Bei uns nannte man den Junk früher Benzin oder Schnee. Unter diesen Namen taucht er in den Büchern des populären Schrifstellers Hans Fallada immer wieder auf. Fallada wurde mit zwanzig süchtig und starb 1947 als Süchtiger im Spital. In den fünfziger Jahren brachte uns

Amerika den Slang der Rauschgiftwelt, einer seltsamen Internationale des Untergrunds: den Junk, den Pusher, den Fixer, den Shot, das tägliche Brot des Junkies.

Junkie heißt Burroughs' erstes Buch, Anfang der fünfziger Jahre veröffentlicht, ein unüberbietbar prägnanter Bericht über das Junk-Amerika. Darin heißt es: *»Junk ist eine zellulare Gleichung, die dem Süchtigen Fakten von allgemeiner Bedeutung beibringt ... Junk ist nicht, wie Alkohol oder Marihuana, ein Mittel zur Steigerung der Lebensfreude. Junk ist kein Kick. Es ist ein Way of Life.«*

Ein Way of Life – voller Wonnen und voller Horror, dem »kleinen Tod« Falladas – von allen Seiten bedroht – gejagt, gehetzt – Leben fast völlig reduziert auf ein paar Tropfen Flüssigkeit in einer Spritze – irgendwann immer der Augenblick, wo man runterkommen will, Schluß machen, aufhören – Junk heißt im Englischen eigentlich Müll.

Es allein zu schaffen, ist fast unmöglich. Wer hilft?

Berlin, Anfang 71. Ich habe dem liebenswürdig-hilflosen Sozialarbeiter auf der Landesstelle zur Bekämpfung der Suchtgefahren e. V. erklärt, daß ich entziehen will, aber nicht in der Nervenklinik, nein danke, wenn ich Medikamente bekommen könnte ... Er überweist mich sofort an einen Arzt in der Psychiatrischen Poliklinik.

Dort werde ich aufgerufen, gebeten, Platz zu nehmen, ein kleiner blasser Arzt mit wäßrigen Augen. Ich setze mich versehentlich auf seinen Stuhl, er macht mir klar, es ist sein Stuhl, Pardon, bitte hier.

Name Alter Geschlecht Familienstand Adresse Beruf Versicherung.

Keine Versicherung. Aha.

»Seit wann sind Sie süchtig? ... So ...« Sein Gesicht

verändert sich eine Spur. »Waren Sie als Kind Bettnässer?«

»Wie bitte?«

»Waren Sie als Kind Bettnässer?«

Ich begreife. Es geht um die typische Suchtpersönlichkeit. Seinen Fragen nach pißte die typische Suchtperson noch mit 15 das Bett voll; wichste und wichst nach Strich und Faden; blieb möglichst zweimal sitzen; lutschte noch mit 17 am Daumen; litt unter der Ehe der Eltern; ist latent homosexuell und schafft weder so noch so den Orgasmus: ist also eine voll und ganz gescheiterte Existenz.

Meine wahrheitsgemäßen Antworten befriedigen Herrn Doktor keineswegs, aber anscheinend gibt auch das noch was Typisches her, denn er nickt, wenn auch stirnrunzelnd, man weiß ja, Süchtige sind Psychopathen und Lügner; egal was sie sagen, man weiß, immer ist das Gegenteil wahr. Dann muß ich mich ausziehen, und er tastet mich ab, stellt die typische Darmkontraktion fest und bittet mich, wieder Platz zu nehmen. Was nun?

Ich stelle eine Frage. »Wissen Sie Bescheid über Apomorphin?«

»Ach ja, das hehem Kotzmittel.« Er lächelt milde.

Ich sage: »Immerhin ist es in England mit Erfolg beim Entzug angewandt worden.«

Eine Augenbraue hoch. »Ach wirklich? Kann ich mir nicht vorstellen. Als Aversionstherapie bei Alkoholismus, ja« – als ob Alkoholismus keine Sucht wäre – »vielleicht bei sexuellen Perversionen, möglich, möglich, Fetischismus ...« Allmählich wird mir übel ... seine Stimme wie graue schleimige Staubwolken ... *nichts wie raus* ...

»Also schön, Sie kommen Montag zur Blutentnahme, und bis dahin verschreibe ich Ihnen etwas« – Valium 10 und Tofranil.

Tofranil und Valium 10. Als wäre ich ein totaler Depp,

zeichnet er auch noch einen kleinen Plan, wann ich was schlucken soll. Ein mildes Antidepressivum und ein mildes Sedativum. Schlucks abwechselnd, und du wirst happy. So richtig pillenhappy. Sucht ist eine Stoffwechselkrankheit. Valium 10 und Tofranil. Das bringt den Stoffwechsel wieder schön in die Reihe. Und wenn nicht: »Passen Sie auf, daß immer jemand zur Hand ist – falls, Sie wissen schon« NICHTS WIE RAUS »im äußersten Notfall kann man mich ja anrufen, und am Montag« NICHTS WIE RAUS, DU HOMOSEXUELLER IMPOTENTER DAUMENLUTSCHENDER BETTNÄSSER »also dann« – »adjö« – und auch dieser deutsche Doktor verschwindet für immer aufgekocht in der braunen Opiumbrühe – wie sagte ein Freund? »Das einzig Gute bei den Ärzten sind ihre Blankorezepte – wenn ich sie geklaut hab.«

KURZES JUNK-VOKABULAR:

Die Junk-Sprache ist mehr oder weniger aus dem amerikanischen Fixer- und Hip-Slang entstanden; wird überall, wo »gejunkt« wird, gesprochen; bei uns weniger »übersetzt« als »verdeutscht«: jemand »junkt«, »törnt an« etc.

Junk: verallgemeinernder Ausdruck für Opium und seine Derivate, auch einfach alles, was man schießt.

Junkie, Fixer, Schießer: einer, der »an der Nadel hängt«, süchtig ist.

Fix, Schuß: eine Spritze Junk.

fixen, schießen, drücken: »Hast du was zum Drücken?«

Coke, Schnee (altertümlich): Kokain.

Cold Turkey: abrupter, fast immer unfreiwilliger Entzug mit folgenden Beschwerden: andauerndes Ausscheiden von Flüssigkeit durch Augen, Nase, Blase; Diarrhö; Magen- und Beinkrämpfe; Rückenschmerzen; Fieber, heiße und kalte Schweißausbrüche; krampfartiges, fast epileptisches Gliederzucken; unkontrollierbares Gähnen; Schlaflosigkeit; Appetitlosigkeit; bis zum möglichen Tod durch Herzversagen und Schock. Um den C. T. zu vermeiden, wird der Junkie durch Müllberge kriechen ...

Flash, Hit: Nach dem Schuß unmittelbar eintretende, schlagartige Wirkung auf das zentrale Nervensystem; am stärksten bei Kokain, starkem Speed, Opium, Heroin.

high: wer lange genug schießt, wird nur noch nach sehr großen Dosen high, im Gegensatz zum Haschraucher, der immer weniger braucht; darin liegt unter anderem der Gegensatz zwischen Narkotika (Opium) und Hypnotika (Haschisch).

hooked: an der Nadel hängen, süchtig sein.

Horse: Heroin.

Kick: »der Jetrium-Kick ist gut«; »vom M bekomm ich keinen Kick mehr«: die erfreuliche Wirkung einer Droge; aber Junk allgemein ist kein »kick«, denn was Junk ausmacht ist die Sucht – und die ist nicht erfreulich.
kicken: vom engl. »kicking cold turkey«, sich abrupt entziehen.
Pusher, Dealer, Connection: jeder, von dem man kaufen kann.
Shake: Schüttelfrost, speziell nach Injektion von unsauberem oder schlechtem Opium.

Als wir – eine kleine Clique, unauffällig, kurze Haare, getarnt – anfingen zu schießen, war Junk noch nicht Mode. Wir waren alle zwischen 20 und 30 und waren uns mehr oder weniger darüber im klaren, daß Junk ein Way of Life ist (deshalb die Tarnung), daß Junk nicht Top Happy Ten, sondern Down At The Bottom, ganz unten ist. Wir richteten uns dementsprechend ein. Trotzdem sind heute nicht wenige von damals tot oder für lange Jahre in Sicherheitsverwahrung oder von Cold-Turkeys, Knast, Klapsmühle zerrieben oder schleppen sich von Entzug über Junk once more zum nächsten Entzug zu Junk once again. Nur ein paar haben es geschafft und sind ausgestiegen und weg von der Nadel (von allen, die ich seit damals kenne, sind das ganze zwei, und die sind fette Säufer und Samstagsnachts-Jazzhaus-Schwätzer geworden).

Heute sind es aber 15- bis 20jährige, die die »scene« ausmachen, Kinder noch, die viel zu früh angetörnt wurden und, weil's schon so viele machen, dann auch zur Nadel greifen. Und diese Entwicklung dürfte keinesfalls überraschen, wenn man einen Blick nach den USA wirft. In den USA, deren Zivilisations- und Lebensstil wir uns auch sonst so nett angepaßt haben, begann das Teenager-Junk-Problem schon Anfang der fünfziger Jahre. Es wäre also vorauszusehen gewesen, daß auch bei uns viele Jugendliche nicht mehr individuell, sondern kollektiv zu jeder Droge greifen würden, die sich ihnen anbot; daß sie sich ganz anderer Methoden bedienen würden, um sich zu beschaffen, was sie wollen. Die brauchen nicht mehr die ausgetüftelten Tricks (oder die alte Leier, je nachdem), mit denen wir Ärzte zum Schreiben überredeten oder mühsam ein paar Rezepte stahlen – ach was, die Jungs heute gehn hin und knacken die Apotheken reihenweise. Diese Jungs werden aber auch – genau wie in USA – stehlen, einbrechen, betrügen, um jeden Preis zu zahlen, den man ihnen abverlangt. Junk wird zu dem Zeitpunkt big business, zu dem es genug Junkies gibt – alles siehe USA.

Ist die Überraschung, mit der Politiker und Polizei auf die »Rauschgiftwelle« reagieren, echt oder geheuchelt? So oder so, es macht keinen Unterschied. »An ihren Früchten sollt ihr sie erkennen«: Wahrlich, wir erkennen sie. Schürt Hysterie durch aufgebauschte und erlogene Berichte in der Tagespresse. Schiebt noch eine Kampagne »liberaler«, »verständnisvoller«, »seriöser« Onkels ein, die aus der völlig uninteressanten Tatsache, daß sie auch mal gern einen Joint durchziehen, ein halbes Dutzend TV-Auftritte, ein/zwei Bücher und monatelange Artikelserien schinden, um den Papiersmog, der inzwischen über allem liegt, noch zu verdichten. Erfindet das große Rauschgiftsyndikat, das noch nicht existiert, später kommt es von selbst. HETZT, MACHT PANIK. Nützt die Hysterie aus, um schärfere Gesetze durchzukriegen, die aus jedem einen Kriminellen machen, der auch nur einen Joint weiterreicht, und verdonnert ihn im Wiederholungsfall zu ein paar Jahren. Kriminalisiert also die Altersgruppe zwischen 15 und 25 UND DAMIT DIE POTENTIELLE OPPOSITION. Verheizt verzweifelte Junkies in Klapsmühlen mit sinnlosen, weil medizinisch wirkungslosen Entzugs-Therapien, produziert Pillen, Pillen, Pillen, daß die Schornsteine rauchen, laßt sie geschwächt von so mörderischen Drogen wie Speed, zehnmal schlimmer als Morphium, oder eingelullt in eine I Love You All LSD-Euphorie solange hängen, bis sie ganz von selbst ausflippen; treibt schließlich die Junk-Preise höher und höher (der Schuß, der vor zwei Jahren acht Mark kostete, wird dieses Jahr das Doppelte kosten, honey, und nu bring mal die Kohlen ran, Junge, oder sieh zu, wo du bleibst); kurz, übernehmt das Modell USA in Sachen Rauschgift so wie in Sachen Demokratie: diese eure Früchte, ihr Herren, sie stinken zu Himmel & Hölle.

Wenn der Staat wirklich an der Heilung der jetzt schon Süchtigen interessiert wäre, würde er nicht aus Kranken Kriminelle machen.

Helfen können wir uns nur selbst – und es sind schon Leute dabei, sich zu organisieren: Fight For Peace – Release!

Release nennen sich Gruppen, die im vergangenen Jahr in Hamburg, Heidelberg und Frankfurt entstanden sind (in München gibt es eine ähnliche Gruppe unter der Bezeichnung PROP-Alternativmodell, von proposal = Vorschlag). Um als gemeinnütziger Verein – und damit als spendenwürdig – registriert werden zu können, haben sie sich offizielle, pompös klingende Namen wie »Verein zur Bekämpfung der Rauschgiftgefahr e. V.« zugelegt. Davon sollte sich keiner abschrecken lassen. Ähnlich ihren Vorbildern in London, Kopenhagen und Amsterdam wollen die Leute von Release: Rechtshilfe geben; gegenseitige Hilfe organisieren (Jobs, Schwangerschaftsverhütung, Wohnungssuche); Literatur über Drogen erfassen (in Berlin gibt es eine Gruppe, die bereits »wissenschaftlich« arbeitet); und vor allem: Acid-Ausgeflippten und Süchtigen helfen.

Lohnt sich Release für den Fixer, der an der Straßenecke vor der Flipperdiele auf die Connection wartet, die immer fünf Stunden und fünf COLD TURKEY YOU'VE GOT ME zu spät kommt, aber außer Warten hilft nichts, NICHTS, nimm jedes beliebige dünne abgefuckte Junkie-Gesicht zehn Stunden nach dem letzten schwachen Schuß und du siehst vor deinen Augen die cold facts der zellularen Junk-Gleichung und das Junk-Invasions-System getränkt mit kaltem Schweiß: ANKLOPFEN, OKKUPIEREN, KAPUTT MACHEN – wirklich, LOHNT ES SICH FÜR IHN – und es lohnt sich nur dann, wenn er mehr bekommt als er gibt, nicht wieder nur mehr gibt als er bekommt; Junk ist immer weniger als das, was der Junkie dafür gibt: nämlich immer und überall und in Totale sich selbst.

Die Junkies kommen. Sie hocken in den RELEASE-Zimmern in Hamburg beim Andreasbrunnen, im Haus Brunnengasse 16 in Heidelberg, in der Wittelsbacher Allee in Frankfurt. Und es werden mehr. Kein Wunder. Hier gibt es keine offziellen »Drogenexperten« mit weißen Kitteln und dem Ich-bin-dein-guter-Onkel-Lächeln in der Fratze. Sondern nur Typen von der scene, und man kann »relaxen«, reden, sich kennenlernen und in Ruhe rausfinden, kommt man klar mit denen oder nicht.

Das ist viel, sehr viel. Für den Anfang. Für RELEASE selbst war der Anfang, anders war's nicht zu erwarten, enorm schwierig. Seit wann machen Langhaarige einen gemeinnützigen Verein auf? Ach so, Rauschgift – na, da weiß man Bescheid. Tatsächlich wurde die Hamburger Gruppe, Hermann, Hans und ihre Freunde, für einen raffiniert getarnten Verteilerring gehalten. Heute stapeln sich bei ihnen die Akten, die Tage sind ausgefüllt. Sie beschaffen Betten in Kliniken für den Entzug. Für jeden Süchtigen, der als »geheilt« entlassen wird, tritt einer, der ihn kennt, als Bezugsperson auf. Damit der Kontakt nicht reißt. Damit der Typ nicht wieder allein irgendwo steht; und wie das läuft, weiß man ja, der Zufall will's, der Typ hatte grad was, da bin ich halt, ein Schuß dachte ich ... Sie versuchen Zugang zu Untersuchungs- und Strafgefangenen zu erhalten. Und natürlich: Geld, Geld.

Solche Organisationen brauchen Typen wie Hans in Hamburg und Henki oder Mitsu in Heidelberg, Leute, die aus dem Stegreif improvisieren, bitten, versteckt drohen, mal forsch, mal flehentlich, und dabei immer ganz cool und mit Köpfchen auftreten können. Vor allem die ehemaligen Schießer bringen eine Energie auf, die nur den verwundert, der von Junk nichts weiß, von der Energie, die Junk auffrißt, von der ENERGIE, die der Junkie auf der Straße haben muß, um in einer feindlichen Welt immer und immer wieder das Geld für den nächsten Schuß aufzubringen und den nächsten Schuß, ohne geschnappt zu werden, in die Vene zu bekommen ... nichts falscher als die Sprüche vom Ekel und der großen Langeweile, an denen der Süchtige angeblich umkommt ...

Diese Energie in einer neuen Freiheit (von der Nadel weg zu sein, IST Freiheit) für die Freiheit anderer einzusetzen: das ist kein linkes Theoretisieren, sondern ganz unmittelbare, greifbare Realität – die der KRANKHEIT.

Wichtig vor allem: der Umgang mit den Behörden. In Heidelberg ist der erste Erfolg ganz sichtbar: RELEASE hat hier ein Haus, ehemalige Fabrik, mehrere Stockwerke, von der Stadt zur Verfügung gestellt bekommen. Hier gibt es genug Platz zum Arbeiten, zum Wohnen, einen großen Raum, in dem Musik gemacht werden kann, und dieser Erfolg hat die Heidelberger Leute sichtlich ermuntert. In einer so kleinen Stadt sind diese Verhältnisse eben viel transparenter als in großen Metropolen, und wenn dazu irgendwann die Tochter dieses Professors oder der Neffe jenes Gemeinderats ausflippt, dann geht die Maschinerie der Verwaltung viel schneller als in Hamburg oder Frankfurt.

So gut sich das alles anhört – und meine Eindrücke sind im großen und ganzen gut; hier läßt sich tatsächlich erkennen, daß ein Versuch zur Selbstbefreiung geleistet wird, und zwar in einem Bereich, von dem wir sagen müssen: die Alten haben versagt, der Staat legt es auf eine Konfrontation an, wie MÜSSEN uns selbst helfen, bevor wir uns selbst kaputtmachen und kaputtmachen lassen – ein entscheidender Punkt ist bisher von den Leuten bei RELEASE entweder übersehen oder nicht genügend berücksichtigt worden: Sucht ist weder ein Gottesgericht noch ein Kriminalfall. Sucht ist eine Krankheit. Eine Krankheit mit untauglichen Mitteln heilen zu wollen, heißt, sie nicht zu heilen. Bevor man Junkies fit macht (nicht für die »Rehabilitierung« in der bestehenden Gesellschaft, an der die meisten Junkies kein Interesse haben, sondern für eine von uns selbst mitgeschaffene und das heißt praktisch miterkämpfte Gegengesellschaft), müssen die besten Mittel gefunden werden, um den Süchtigen medizinisch-physiologisch zu heilen. Hermann Prigann in Hamburg erklärt dazu: »Auf jeden Fall eine langsame Entgiftung, na klar.«

Das mit der langsamen Entgiftung wird aber heute überall von den »Drogenexperten« angewandt. Mit welchem Erfolg? Rückfallquoten zwischen 90 und 100 Prozent, durchweg. Und auch die aufmerksamste und unermüdlichste »Bezugsperson« wird nichts oder kaum etwas ausrichten können gegen Körperzellen, die, von einem langsamen Entzug völlig geschwächt, nach Junk noch verlangen, ohne daß sich der Junkie dessen überhaupt bewußt wäre. In diesem Zustand, bei dem der Stoffwechsel noch nicht völlig reguliert ist, fällt der Junkie immer und immer wieder zurück, ohne daß »er« es eigentlich »gewollt« hat.

Ich habe es an mir selbst oft genug erlebt: Ich hatte

mich – ohne Arzt, mit Mitteln, die mir zur Verfügung standen, gelegentlich mit Hilfe eines Freundes – langsam, schrittweise, in einem aufreibenden und zermürbenden Kampf bis auf Null gebracht, ich blieb auf Null, manchmal Monate. Bei spätestens der zweiten Gelegenheit, manchmal auch nur eine Woche später, hatte ich die Nadel wieder im Arm. William Burroughs schreibt:

»Ich unterzog mich abrupten und langsamen Entziehungskuren, nahm Cortison, Tranquilizer, Anti-Histamine und versuchte die Schlafkur. In jedem Fall wurde ich bei der ersten Gelegenheit rückfällig. Warum begeben sich Junkies freiwillig in Behandlung und fangen dann wieder an? Ich glaube, auf einer tiefen biologischen Ebene wollen die meisten Junkies geheilt werden. Junk IST *Tod, und dein Körper weiß es. Ich wurde immer wieder rückfällig, weil ich nie physiologisch geheilt wurde, bis ich mich der Apomorphinbehandlung unterzog. Apomorphin ist das einzige Mittel, das die ›Suchtpersönlichkeit‹, meinen alten Freund Opium-Jones, vertreibt.«*

Medizinisches:

Der Gebrauch von Morphium führt dazu, daß der Stoffwechsel von Morphium abhängig wird und nur noch mit Morphium normal funktioniert. Morphium wird zu einer biologischen Notwendigkeit. Wird dem Körper kein Morphium mehr zugeführt, treten die Entzugs-Erscheinungen auf: Diarrhö, Schweißausbrüche, Sekretausscheidungen, Magen-, Darm- und Muskelkrämpfe, Schlaflosigkeit, die Unmöglichkeit, still zu liegen, Fieber, Juckreiz etc., bis hin zum Tod durch Kreislaufkollaps und Schock.

Morphium, Alkohol und **Schlafmittel**, die Barbiturate enthalten, sind Großhirnsedativa. Nur Mittel, die das Großhirn sedieren (beruhigen), sind suchterzeugend. Mittel, die das Großhirn stimulieren (anregen), wie Kokain und die Amphetamine (Speed), können ebenfalls zur physischen Sucht führen, diese ist aber leichter zu brechen als die Opiatsucht. Stimulantien führen mehr zu einer psychischen Abhängigkeit: Der Speed-Schlucker will den starken »flash«, die unmittelbar das Hirn zentral angreifende Wirkung, in immer kürzeren Abständen.

Apomorphin ist mit Salzsäure aufgekochtes Morphium, das dadurch seine euphorisierende und schmerzstillende Wirkung verliert. Apomorphin regt das Kleinhirn und das Brechzentrum an. Eine Injektion von fünf Milligramm führt in wenigen Minuten zum Erbrechen. Das Mittel ist auch heute noch in Deutschland, wenn überhaupt, nur als Gegenmittel bei Vergiftungen und in geringem Umfang bei der Behandlung von Alkoholikern in Gebrauch. Burroughs erhielt bei der Behandlung, der er sich unterzog, alle zwei Stunden 3 mg Apomorphin sowie selten ganz geringe Gaben von Morphium.

Apomorphin bekommt den Stoffwechsel derart schnell in den Griff, daß der Patient sich nach wenigen Tagen (im Gegensatz zur langsamen Entziehungskur) deutlich besser fühlt, obwohl er kein Opiat mehr erhält. The Old Monkey Opium Jones hat seinen Hut genommen und ist verschwunden.

Vor 40 Jahren kam ein englischer Arzt, Doktor Dent, (Burroughs sagte in London zu mir: »*Der einzige Arzt – und ich kenne wahrhaftig genug – der zu mir sagte: Ich will von meinen Patienten lernen*«), auf den Gedanken, bei Alkoholikern das Mittel Apomorphin anzuwenden.

»*Lange Jahre benutzte man Apomorphin lediglich als Brechmittel in Vergiftungsfällen. Doktor Dent begann damit, Alkoholikern eine Flasche Whisky ans Bett zu stellen. Sie durften trinken, soviel sie wollten. Aber mit jedem Drink bekam der Patient eine Apomorphin-Injektion. Nach ein paar Tagen empfand der Patient eine solche Abneigung gegen Alkohol, daß er darum bat, die Flasche aus dem Zimmer zu entfernen. Einigen der Patienten wurde dabei nicht im geringsten übel, trotzdem empfanden auch sie den gleichen Abscheu vor Alkohol und gaben nach ein paar Tagen Behandlung das Trinken freiwillig auf. Apomorphin ist keine Aversionsbehandlung. Apomorphin ist ein Stoffwechsel-Regulator und das einzig bekannte Mittel, das einen durch Sucht gestörten Stoffwechsel normalisieren kann.*«

Burroughs, für Norman Mailer »der derzeit einzige amerikanische Schriftsteller, der vom Genius gepackt sein könnte«, wurde Mitte der 40er Jahre süchtig. Er war rund 15 Jahre »an der Nadel«, bis eine Apomorphin-Behandlung in Doktor Dents Privatklinik ihn heilte. Burroughs beschreibt den wichtigsten Unterschied zwischen der Apomorphin- und jeder anderen Entwöhnungskur:

»Apomorphin ist in keiner Weise suchterzeugend, und es gibt keinen einzigen bekannten Fall von Apomorphin-Sucht. Wenn es den Stoffwechsel reguliert hat, kann das Mittel abgesetzt werden. Apomorphin gibt keinen ›Kick‹, und niemand würde es zum Vergnügen nehmen. Wie ein tüchtiger Polizist verrichtet Apomorphin seine Arbeit und geht. Die Tatsache, daß Apomorphin kein Opiat-Ersatz ist, ist entscheidend. Bei jeder langsamen Entwöhnung weiß der Süchtige, daß er noch immer ein Opiat erhält, und der Gedanke an die Zeit, wenn die letzte Dosis abgesetzt wird, erfüllt ihn mit Grauen. Bei der Apomorphinbehandlung weiß der Süchtige, daß es ihm ohne Morphium besser geht.«

In den USA ist Apomorphin in der Liste der durch den »Harrison Narcotics Act« verbotenen Präparate aufgeführt. Statt dessen gibt man jetzt Heroinsüchtigen in New York Methadon, ein in Deutschland entwickeltes Opiat, das bei uns Polamidon heißt und in der Wirkung mindestens so befriedigt wie Morphium. Man erklärt, so und soviel tausend Heroinsüchtige »geheilt« zu haben. Im Lauf von fünf Jahren hofft man, das Methadon allmählich absetzen zu können. Bei dem x-mal verschnittenen Heroin, das der Süchtige in New York bekommt, ist es kein Wunder, daß alle »herzlich gern« sagen und sich jeden Tag ihr Methadon verabreichen lassen. Täte ich auch. Du nicht? Keine Sorge, kein Kampf, raus aus der Illegalität, jeden Tag dein Methadon, besser als die meisten Horse-Schüsse, an die du dich erinnern kannst. Wer würde nicht?

In Deutschland ist Apomorphin wie in England, Frankreich, der Schweiz und anderen Ländern gegen Rezept erhältlich. Bislang scheint sich noch kein deutscher Arzt für die Apomorphinbehandlung bei Opiat-Süchtigen interessiert zu haben. Warum? Ein Arzt in Paris, berichtet Burroughs, wendet das Mittel nicht nur zur Behandlung Süchtiger an. Er verschreibt Apomorphin bei Angstzuständen, Neurosen, Schlaflosigkeit, kurz: bei allen Störungen, gegen die man gemeinhin Barbiturate oder Tranquilizer anwendet. Wenn also Apomorphin tatsächlich die unzähligen Tranquilizer und Schlaftabletten, die auf dem Markt sind und Millionen Leute süchtig machen, auch nur teilweise ersetzen könnte, dann scheint der Einfluß der Chemiekonzerne, die daran Millionen verdienen, zumindest nicht ganz von der Hand zu weisen. Burroughs schreibt:

»Apomorphin und Apomorphin-Variationen könnten das, was wir Angst nennen, aus diesem Planeten herausschneiden. Da alle monopolistischen und hierarchischen Systeme auf Angst beruhen, überrascht es nicht, daß der Anwendung von Apomorphin oder der Synthetisierung der Apomorphinformel beharrlicher Widerstand aus bestimmten trüben Kreisen entgegengesetzt wird.«

Hier bietet sich RELEASE eine echte Chance, einzuhaken: Informieren – beschaffen – anwenden! Es muß jeder Versuch gemacht werden, die Angst, die uns alle (den Junkie aber wie eine Schallmauer) umgibt, zu bekämpfen: sachlich, bewußt, mutig. Wir müssen Erfahrungen machen. Von anderen Erfahrungen hören. Lernen. Weitergehen. Lernen. Wir müssen die Schallmauer durchbrechen.

Wenn RELEASE etwas leisten kann, dann: zu helfen bei diesem Vorstoß in Räume, die Junk überflüssig machen, die Junk ersetzen, die Junk zu einer Erinnerung reduzieren, nein, zu einer Lehre, gelernt in den Latrinen einer kranken Welt.

TWEN 3/1971

Aqualunge

Im World's End Hotel flackert der Para-Tod über den Bildschirm. Opium Jones die ganze Nacht an meinem Bett. Der Schatten seines Huts an der Wand ... Längst jenseits von Zentramina? That crazy time mit letzten Opiaten no more ... daha yok ... Café con leche und Cremeschnittchen, graue semantische Freaks, 5 Dollar that crazy time in Tophane ... Venen anbeißen lassen und rein mit dem braunen Zeug, die typische Junk-Lotterie, wer jetzt hierbleibt weiß was ihn erwartet ... The Daily Telegraph in Alicante, Amphetaminwind zwischen den Seiten, los perros im Schatten, Gelb sagte »Ich habe gelernt Sprache zu verschlüsseln um zu vergessen ... let's go ...«

»Da müßte mein Adrenalin schon sehr abgefuckt sein, wenn ich wieder auf Speed ginge.« Harry Gelb schnickt den Stummel seiner Bafra zwischen zwei Taxis. Früher Nachmittag mit einem Glas Salbeitee auf der Terrasse des St. Max, Freaks pennen unter den Sonnenschirmen, selbst die Hunde schnappen nach Luft ... »Damals ... zehn Gramm pro Tag ... 250 Desoxyn ... wenn du da zu lange draufbleibst ... jede Woche eine neue Hose, immer enger, verstehst du ... immer dünner ... auch die Luft ... Brei im Hirn ... Flatter-Harry nannten mich die Brüder von derselben krummen Nadel, dreht sich mir der Magen um wenn ich heute dran denke ... vollkommen zeitlos mit Speed ... zum Schluß nur noch Schaum ... durch Schaum waten durch Schaum ... *buzz off, ya fuckin' freak!*« Er kickt den Speed-Schießer, der aus seinem Tran hochkommt und die Teegläser vom Tisch fegt, in den Magen. Zwei Kellner tragen ihn wortlos weg.

»Holy Jesus, statt daß die Hunde mal ausschlafen ...

aber einem Junkie kann man nichts sagen ... hört gar nicht hin ... Garçon, einen Martini ... auch vernünftig ... Mitleid mit wem? Mit mir selber? Ich bin doch wie jeder von denen, da soll ich auch noch Mitleid haben?«

Flatter-Harry brachte noch eine Flasche Boots Compound Codeine vom Piccadilly mit, und mit den Tabletten plus heißem Tee schafften wir es über den Kanal, kotzten die Sandwiches der zeitlosen Ära über Steuerbord, schäbige second-hand Touristen des Nervensystems ... drei Stunden Ärger wegen der Pässe ... in Paris krochen wir von der Gare du Nord zur Gare d'Austerlitz, umgeben von traurigen Anarchisten in schwarzen Capes ...

Harry kennt einen gewissen Abd el Krim ... die ganze Nacht nach Süden leuchtet der Himmel in Ganglien und Neuronen des langsamen Entzugs ... Abd el Krim schläft mit offenen Augen ... bevor die Rezeptoren dichtmachen sind wir da, in der Sonne vorm Café Central ... wo ist Harry? ... versackt ... abgeblieben ... wozu? ... wann?

Wir reagieren nicht mehr ... schreiben nur noch Postkarten ... »Hier ist Endstation. No hope, no hope at all ...« Manchmal, gegen Morgen, regnen Codeinas aufs Pflaster, Pervitin, Leitartikel in der FAZ ... no more ... daha yok ... hechelnde Gespenster über Filterresten 5 Uhr früh. Mit der ersten U-Bahn, zitternde kalkweiße Methedrinfinger, mit klappernden Zähnen zur Nachtapotheke, das Script einlösen mit verzerrtem Gestammel tchk tchk tchk, schweißgebadet, trockener Mund, Halluzinationen, Häuser aus Schaum, Ameisen im Blut ...

14. Februar 71. Heute lernen wir das Wort »stone« ... *stone-blind* ... *stone-dead* ... aber: »to be stoned« – vollkommen duhn, weg, hinüber ... (may I help you with a stone?)

Folgen Sie mir stoned in das übergeschnappte Konsulat. Zeit spielt keine Rolle mehr. Winzige Spuren davon in der Unterhose. Wir haben alle unsere schwachen Tage. Der biologische Experimentiergeruch von Körpern, denen jedes Mittel recht ist, um zu inkarnieren. »Wer sich auf die Zeit einläßt, geht an ihr zugrunde« – die letzten Worte des alten Koma-Dealers, Tophane, Istanbul, Türkei, Kosmos, prähistorisches Cinema Vérité. Hier, wo ich sitze mit meiner Player's, Rauch über der Seite, it's TIME, like water that flashes on a stone. Ich spreche hier durch Schichten von Rauch aus kranken Zellen. Solange das Experiment nicht abgeschlossen ist, läuft die Fahndung natürlich weiter. Durch übergeschnappte Konsulate, Suchtfilme südlicher Drogen, kranke Bewußtseinslagen nach Zentramina. Zwischen Hand und Tasse ein milchiger Dunst ... erinnert mich an Osmans Operationen ... wenn ihm der Koks ausging, nahm sein Gesicht die Farbe von ungelöschtem Kalk an, und er strömte einen Dunst aus, eine Art Gas. Sein Stoffwechsel war reif für ein biologisches Schaltjahr. Sein Gesicht zerfiel in synthetische Fetzen. Ich übergehe die Details ...

Hier das Café Central, eine der Koordinaten. Spuren verschlüssselter Codes in genetischen Cremeschnittchen, Lady Lux fucking stone-blind, Dr. Reich spricht von kosmischer Energie, wir haben alle unsere Erwartungen, like our music. In den heißen Nächten schießt das Sperma der Tontons Macoutes über die Terrassen. Para-Menschen, perdido draußen am Strand, letzte Rezepte für den Mann, der nie kam, Zufall als Mythos ...

15. Februar 71. Hier, wo ich sitze mit meinem Players-Rauch, Lady Lux (»2000 Jahre im Showgeschäft, weiß wovon sie redet«), über lauwarmen Cremeschnittchen, fadem Kaffee, Flimmer Osmans zwischen Hand und Tasse, genau hier wo ich sitze ... Stadtpläne von London

Berlin Istanbul Frankfurt Schmargendorf Antipolis Insect Trust City ... als Agent der Cut-Methode in fresh southerly winds ... 2 000 Jahre Bewußtseinstrübung, Apfelstrudel im Lyon's am Marble Arch, Traummaschinen und Aqualungen zwischen verfallenen Minutenhotels »wo er im Dreck seiner Venen vergeblich nach einem Hit sucht« und farblosen Zwischenhändlern des Todes (»2 000 Jahre im Business, frag wen du willst ...«)

Auf den Kontaktmann warten in grünen Cafés und Fliegenpilz bestellen. Er zeigte in die dünne Luft: »Hier fand ich meine letzte Vene.« Schnee bedeckt kranke Zellen der Interzone. Morgens durch Sperma, falsche Wettervorhersagen und Rotz frierender Piccadilly-Junkies zum café con leche waten. Eine Ära fehlgeleiteter Elektrizität, bedeckt mit zuckenden Ködern der Neonsprache. Grüne Hits quäken über den Aborten und U-Bahnhöfen ... wo ist Harry? Abd el Krim? Langsamer Entzug, Hallus, Schaum, fünf Uhr früh, all in the day's work ...

Dead on arrival dein Ziel? Ein Virus der Angst fesselt dein Junk-Fleisch ans Café Zentramina ... »Und wenn ich persönlich die toten Anarchisten mit einer Alphaspritze wecken müßte zum Kampf gegen das Großhirnsedativum Tagespresse« ... Zigarettenasche über der Seite, Cholera City, wahllos das braune Gift noch immer? ... dumpfe Träume in Barbituraten, ›random-walks durch Mißverständnisse‹ (J. P.), Kaumasse südlicher Drogen in Antipolis ... Transitvisum ... ein Cut-up am Rand planetarischer Komas ...

»Solang mir keiner meine Silberlöffel mit seinen gottverdammten Kerzen verrußt oder hier mein gutes gottverdammtes Esbit verbraucht, soll's dem Käpt'n recht sein, aber Minutes To Go, Gentlemen, schnickt der Käpt'n selbst gern mal eine Fix in die Piccadilly-Mainline, nichts Schöneres auf Gottes weiter Welt als die Lichter bei Boots brennen zu sehn, Tag und Nacht, kein schöneres Gefühl in allen Interzonen ...«

In Paris krochen wir eine ganze Nacht durch Videobänder. Gelb schnickte den Stummel seiner halb gerauchten Zigarette über den Tisch ... »Kippe, Doktor?« ...

Düsenjets im Inneren Tonband, Mythen des Raums, Grenzen der Erinnerung. In Lüleburgaz dreimal ago mit der Fistelstimme des Muezzins als ich in der grauen Dämmerung kam fresh southerly winds a long time in vain, random-walks durch Einschnitte 1 bis 3, in den Korridoren des übergeschnappten Konsulats azur und zermatt, perdido auf der Terrasse des St. Max in Zentramina, tchuk tchuk, die FAZ, Krabben in Öl, Heinz Tomato Soup und ein café con leche ... dieser Kalk auf der Zunge ... tote Postkarten auf der Haut ... Rascheln alter Rezepte in den Schläfen ... bläuliche Reflexe im Suchtfilm ... Harry Gelb wedelt mit der 38er in der Hand: »Und jetzt, Señores – KREMPELN SIE IHRE ÄRMEL HOCH.«

Aus: Jörg Fauser, AQUALUNGE. Göttingen: Verlag Udo Breger, 1971.

Äther Jukebox

SCHILLING FÜRS GAS. London Westbourne Grove Nähe Notting Hill graues Mietshaus November 65. Zerbrochene Milchflaschen alte Zeitungsfetzen kaputtes Kinderspielzeug überquellende Mülltonen der Putz bröselt von Pergolas & Stukko. Leichter Nebel & Geruch nach Katzenpisse kalten Pommes Frites & undefinierbarem fauligen Fleisch. Weiter oben Türkisches Bad rote Neonschrift das EVER SOFT. Schwarzer Rauch über den Dächern TV-Antennen in einem filzigen Himmel. Fensterritzen mit Pappe & alten EVENING NEWS ausgestopft. Im Korridor läutet das Münztelefon. Dünner blonder Junge öffnet eine Tür schwarzer Poncho barfuß blasse Hand hebt den Hörer ab. »Murphy? Bedaure.« Hustenkrampf zerhackt den Korridor. Kalter Windhauch im Gang. Tür fällt zu. Irgendwo plärren die Beatles LOVE ME DO.

Schmales Zimmer im vierten Stock. Tropfender Wasserhahn blakende Kerze Äthergeruch eine Art bläulicher Nebel & Rauch einer vergessenen Zigarette da am Waschbecken. Nebenan Fetzen östlicher Musik. »Die Chinesen sind wieder high.« Terry hustet unter der dünnen rosa Decke. »Hast du noch einen Schilling fürs Gas?« Harry Gelb nickt. Er kauert auf der Luftmatratze unterm Fenster. Ätherflasche Plastikbeutel halbe Tasse Pulverkaffee & der trockene Toast von gestern.

»Den ganzen Tag Hyde-Park ... Äther ... im Regen gesessen ... im Nebel Bayswater Road gesucht ... Apfelstrudel bei Lyon's am Marble Arch ... Joan getroffen ... halber Joint auf Piccadilly ... kein Geld ums Rezept einzulösen ... Tripper-Suzie versuchts auf die lesbische ... nach Tanger gehen ... nach Acapulco gehen ... nach

Istanbul ... Kabul ... Katmandu ... wie Tiki ... sich nach Timbuktu ficken ... auf der Innenseite des Arschs der Welt ... Schilling fürs Gas sagst du?«

DIE ALTE CONNECTION. Geruch alter Fotos Rotweinflekken auf dem Kopfkissen Spermareste auf der BZ fade Sonntagsstimmung Kindergeschrei im Hinterhof ein Fick bei offenem Fenster. Später der Pizzaladen an der Ecke die Lesbo mit dem roten Pagenkopf die ihren Terrier spazieren führt. »Hat sie ihm noch nicht den Pimmel abgehackt?« »Ist doch ein Weibchen.« Überall Watte verstopftes Waschbecken kaputte Nadeln & Apfelstrudel auf der rosa Decke. Zimmer in der Nähe des Bahnhofs die ganze Nacht Züge rotes Licht geht an & aus. Nora mit den rasierten Achseln ihre marokkanische Ledertasche mit Codein-Tinktur-Flaschen & Postkarten von Chios & Istanbul. »Wirf doch nochmal den ersten Sonnenaufgang über Üsküdar an die Wand.« Überall Stimmen nachts über der See, Möwengeschrei & Nebelhörner vom Hafen.

Islington Ende November über der Straße der RED LION Lichter an gegen fünf. Gestern ein Köfte mit Achmed in Sirkeci ... gelblicher Nebel am Bahnhof ... Stummfilmszene der 20er Jahre ... Kuddelsuppe mit feuchtem Brot grüne Peperoni Yoghurt später Desoxyn & die ganze Nacht auf den Balkon gekotzt. Das da war Istanbul heute die Rambla rothaarige Nutten & irgendwo Tiki der einen Schuß in den Fuß setzt. Ein Bier mit Ede. »Wo ist der Konsul?« Zuletzt in Alexandropoulis ... der Zug hielt nachts nichts zu trinken irgendwo die See Geruch alter Hotels auf der Außenseite der Welt. Kaltes Sperma ins Waschbecken gewichst & morgens eine Partie Tabla mit dem schwulen Patron. »Tu aimes ceux qui te brûlent?« Da unten im Bild der Hafen ... Le Havre im Regen mit Rotwein Frites & einem Fick im Hôtel de la Paix.

Später über den Kanal. Nebel in Folkstone. Letzter Kif-Joint irgendwo Nähe Blackwell Tunnel. Traf Harry in Finch's Notting Hill Tube Station er hatte meinen alten Regenmantel an & lieh sich zehn Schilling »die Connection im Red Lion ... der Nigger mit der verkrüppelten Hand ... der olle Spade mit den Goldzähnen ... Tripper-Suzie mit der Purple-Heart-Möse ... zehn Schilling für die gute Sache ... adios stranger.«

Rosa Zone. Leerer Strand unterhalb der Altstadt von Alicante in der Nähe der Hafenkais. Heißer wolkenloser Tag. Harter blauer Himmel dünner Rauch weit draußen die weißen Schiffe nach Cadiz Algeciras Tanger Casablanca: das Kreuz des Südens. Halb verfallene Baracke Hühner blinder Köter Benzinkanister überall leere Dosen zerbrochene Flaschen Hundekacke auf Zeitungsfetzen. Eidechsen in der Sonne Geruch nach Urin & undefinierbarer Krankheit & fader Geruch nach etwas das noch kein Junk aber schon nichts anderes ist.

Die Frau reicht Tiki eine lauwarme Cola. »Muchas gracias.« Die Frau zuckt die Achseln. Schwarzer Poncho rosa Unterrock herabgerollte Nylonstrümpfe. Ausgezupfte Augenbrauen & breiter roter Mund einer alten Hafenhure. Graue kalte Augen weit weg. »Americano bastante dinero.« Tiki lächelt.

Die Frau spreizt ihre Beine. Geruch nach geliehener Zeit feuchter Wäsche Hafencafés. »Warum nicht jetzt? Bitte ohne Worte.« Gelb drückt die Zigarette aus & tastet mit beiden Händen unter dem Kleid ihre Schenkel entlang. Sie sieht ihn an. Kalte entfernte Augen. »Willst dus anders?« Sie zieht ihm den Reißverschluß auf nimmt seinen Schwanz in die Hand streichelt ihn.

Wind rüttelt an den Baugerüsten über der Straße & vor langer Zeit flippte anderes Fleisch quer über die rosa

Decke an langen Nachmittagen die längst vergessen sind. Nebelhörner vom Hafen waren es? Tabla mit der alten Connection? Sex-Bilder der 40er Jahre mit der Piaf & Achmed der Konsul sah zu. Deine kalte Hand schrieb in ihr Fleisch? Grüne Jungen am Kai wo die letzten Segel flattern? Sie preßt ihre Lippen auf die Eichel. Harry kommt mit kaltem Atem ihr aufgelöstes Haar dunkel über dem Kissen. Nachmittag mit AFN die Beatles plärren »Komm doch mal nach Vietnam« & in den Parks der Rosa Zone die stillen Schatten der Selbstmörder.

MAINLINE-TANGO. Kam spät abends in F. an & nahm ein Zimmer in der türkischen Pension am Bahnhof. Die ganze Nacht der neue Hit der ROLLING STONES im Radio nebenan. Beim Aufstehen schlechter Geschmack im Mund & Zittern in den Händen. Rief sofort Hadayat an irgendeine Spur in die Vergangenheit zerstörter Lunaparks verlassener Kirmesplätze Hamburger Joints & Diamanten-Sutras. »Erinnerst du dich an die Ansichtskarten aus Marrakesch Chios Mykonos Amsterdam? Ramasan im Café Weiss?« Hadayat meldete sich nicht. In der Cafeteria irgendwelche grauen Koksgesichter der 60er Jahre ... grüne Jungens flippen kaltes Fleisch ... tote Ansichtskarten einer vergangenen Zeit. Ein Junge setzt sich an meinen Tisch. »Schon irgendwo gesehen?« »Heiße Tiki.« Trinkt seinen Kaffee wie ein alter Süchtiger ... vornübergebeugt mit abgewinkeltem Ellbogen steifem Handgelenk graue Augen weit fort. Ich rolle ihm eine Zigarette. »Muchas gracias stranger.« Der neue Hit der STONES in der Äther-Jukebox. Blonde Transvestiten tanzen den Mainline-Tango. Falsche Wimpern die einen schlechten Geschmack im Mund hinterlassen. Der Junge der sich Tiki nennt sinkt vornüber. Speichel auf weißen Lippen. »Ihr Freund?« fragt der Besitzer. »Meine Vergangenheit« antworte ich.

Mitten in der Vorstellung wechselt der Film. Die Transvestiten knien zum Gebet nieder Hadayat verpaßt sich einen Schuß Tiki flippt seinen Schwanz auf die Rosa Decke. »Für die gute Sache wenns sonst nicht geht.« Da unten im Bild das Café Weiss. Finger einer fernen Hand schrieben Keine Chance an den Rand.

Alte Fotos. Trip durch grauen Novembernachmittag mit Rotwein alten Fotos verstaubten Briefen zerfledderten Texten Kassetten aus Fat City & dem Geruch gebrauchter Kondome der F. kennzeichnet. Sex aus der Distanz nicht unangenehm bis man alles vergißt. Treffe Cinderella im Wimpy. Ein Hamburger & für sie eine Milch »ich lebe jetzt fast ganz von Apfelkompott Reformhaus-Bakterien Yoghurt und Agar-Agar.« »Agar-Agar?« »Meeresalgen.« »Aha.« »Drogen ... das war ein furchtbarer Irrtum.« »Ja?« Hadayat hat Angst vor Haschisch sagt zu mir »komm doch mal in die Moschee.« Ich nicke. Abgeschlaffte Vorhäute einer erschreckten Generation. Ausgelaugt von der Paranoia & keine Ahnung wie man mit ihr umgeht. Ich trinke das Bier rolle eine Zigarette schalte den Recorder ein & gehe durch den Park nach Haus. Spermaflecken auf der Decke fremde Haare im Waschbecken. Irgendwo plärren die Beatles Ever Soft.

Gestern Harry in Toulouse getroffen. Die kleine Pension am Bahnhof. Lastwagenfahrer OAS-Relikte über endlosen coups des rouges & die schwarzhaarige Nutte von damals. Madeleine? Monique? »J'aime ceux qui me brûlent.« Die Piaf von 62 der Harry-Belafonte-Film in dem Kino der Altstadt Votez Communiste am nächsten Morgen Regen. Ein Espresso da unten an der Kathedrale. »Komm chérie ... damit fühlst du dich besser.« Kleine weiße Tabletten mit etwas Wasser leichtes Prickeln im

Kopf. Nicht unangenehm. Die Bilder scharf & klar leerer glänzender Himmel. Angenehmer Geruch nach glatter Haut Wasser & frischem Kaffee. Trockener Atem über Gesicht & Schwanz. Ejakulation beim Filmwechsel. Ich bestellte Harry Grüße von Hadayat. »Immer noch high?«

Agar-Agar lächelt sie klar & scharf der glänzende Geruch ihrer Haut am Waschbecken des Café Weiss über der Straße die Lichter an im Red Lion. Halber Joint in der Dämmerung Love Me Do die Äther-Jukebox Terry mit dem Plastikbeutel Finger einer letzten Adresse. Zog sich aus & rieb meinen Penis lutschte die Tropfen weg letztes Licht in der Pension Murphy am Bahnhof mit den Nebelhörnern von Sirkeci die ganze Nacht in der Rosa Zone erigiert mit den angenehmen Tabletten von gestern. Auch die Piaf fühlte sich angenehm auf den alten Zeitungen in der Baracke da unten am Strand ihr Schatten ging an um fünf im Waschraum der National Gallery. Ich folgte der Spur einer zerschnittenen Ausgabe der Evening News zum Hafen. Grüne Jungen an den Kais flippen Heroin wo die letzten Segel flattern.

Fat City Blues. Traf Hadayat. »Gehst du immer noch in die Moschee?« Pommes frites mit Ketchup an der Ecke. »Gibts die Lesbo noch?« Irgendwo in Fat City graues Zimmer an der Außenseite der Welt die ganze Nacht nebenan in der Pension zerhackte Gitarren & der Geruch nach Äther & Hafencafés. Kalter Kaffee mit einem Rest Rotwein in der Dämmerung »steht was in der Zeitung?« »Der übliche Schmant.« Tiki bringt die Krankheit immer wieder mit sich. Reste alter Postkarten im Hinterzimmer des Café Weiss. Die Box plärrt seine junge Haut über der rosa Decke ihre kalten Finger reiben die Tropfen weg »willst du nicht?«

An den Bahnhöfen vorbei den Baustellen Pizzaläden Supermärkten Kirmesplätzen Tankstellen Transvestiten-Bars den rosa Cafeterien ausrangierten Wracks & kaputten Latrinen von Fat City. Das übliche Kid kocht was auf unterm Fenster sein Schatten auf der Luftmatratze Schlagzeile der EVENING NEWS mit Blutstropfen & überall Harrys Abwesenheit ein langer Schatten.

Terry hustet über dem trockenen Toast. »Hörst du den Konsul? Wieder high.« Alexandropoulis ein dunkler Nachmittag an der See ohne was zu trinken nur Agar-Agar »eine Art Tee ... nicht unangenehm«. Unterm Staub der sechziger Jahre gefrorenes Lächeln & ihr Fleisch wie etwas das noch kein Junk ist. Die EVER SOFT in der Version der BEATLES letzter Hit im AFN »komm zurück nach Vietnam«. Immer der gleiche Geruch kalter Hundekacke im Kommunalen Kino der Interzone von Fat City zwischen Notting Hill & Katmandu seine letzte Spur »hier an der Äther-Jukebox«. Zeitungsfetzen einer undefinierbaren Krankheit flippen ferne Finger der Piaf über die rosa Decke gegenüber Finch's. »Zuletzt sah er aus wie Harry als er Tiki in Alicante war.« »Immer noch high?« Tripper-Suzie auf Codein-Entzug ... Kuddelsuppe mit Desoxyn-Äther im Wimpy als Cinderella auf die lesbische nach Üsküdar machte ... löschte seine Stimme auf der letzten Kassette mit einer Aufnahme der heulenden Transvestiten aus der RED LION Moschee ... immer dasselbe & no good ... ließ ihn im Regen stehen ging durch den Park der Selbstmord-Zone nach Hause ... halber Joint am offenen Fenster ... läuft die Paranoia schon rückwärts?

Zehn Jahre später treffe ich Terry im Waschraum des Kommunalen Kinos. »You looking like heroin.« Gehen auf ein Bier in den RED LION. Sie wissen schon da unten im Bild die Hafenkneipe. »Tripper-Suzie machts gar nicht mehr ... Tiki machts in die Halsschlagader ... ganz kalt & kaputt in der Pension an den Kais du erinnerst dich ... die Ansichtskarte aus Sirkeci ... nicht unangenehm ... keine Adresse im Fleisch mehr ... zurück von Tanger ... zurück von Acapulco ... Istanbul ... Kabul ... Katmandu ... Timbuktu endlich in die rosa Decke gefixt & Abgang auf der Außenseite der Welt ... adios no good.« Nebenan plärren die BEATLES in der Äther-Jukebox den Fat-City-Blues. Im Hafen gehn die Lichter aus. Harrys Schatten an der Tür. »Schätze das wars. Kein Schilling für Gas mehr?«

Frankfurt Januar 73

AQ Nr. 14 (1973)

Heiße Spur in Haidhausen

Ein eiskalter Mond glänzt zwischen den Regenwolken über Haidhausen, und die Raben auf der Friedhofsmauer triefen vor Hunger und Mordlust.

»Hermes mit 40 für 10 im dritten Rennen?« fragt ein Mann, der im Stehausschank *Rendezvous* eine zerknitterte Rennzeitung studiert, seinen Nachbarn.

»Keine Chance«, erwidert dieser und leert sein Schnapsglas.

Beide Männer tragen identische schwarze Filzhüte und graue Regenmäntel. Grabstein-Luggi und Sargnagel-Sepp, die berüchtigten Detektive, die seit ihrer Pensionierung im Auftrag einer privaten Ordnungstruppe in Flughäfen und Hühnerställen, in Hundeasylen und auf Mülldeponien nach Rauschgift, Renitenz und ihrer Vergangenheit forschen, sind wieder unterwegs. »Heiße Spur in Haidhausen« war heute morgen die Order gewesen. Und so lauern die beiden Oldies, getarnt als Rennsportfans, seit sieben Uhr früh in den Stehausschänken und Wirtshäusern zwischen Rosenheimer Platz und Spicheren Straße auf verdächtige Zeichen.

Eine Musikbox orgelt durch den engen Raum. An der Box lehnt ein schmächtiger Jüngling mit zerzaustem Haar und einem melancholischen Mund. Er drückt immer wieder dieselbe Platte.

»Da ist doch was faul«, folgert Luggi und stößt seinen Partner in die Rippen, »wenn jemand in 17 Minuten siebenmal denselben Schmachtfetzen hört.«

»Wahrscheinlich ein Geheimzeichen«, denkt Sepp laut. »Knöpfen wir ihn uns doch mal vor.«

Während die Schnüffler sich den jungen Mann, der übrigens Anselm heißt und Gehilfe des Kohlenhändlers

Octavio Durst in der Breisacher Straße ist, vorknöpfen, strampelt sich jener Kohlenhändler aus einem alkoholischen Alptraum und entdeckt einen Raben auf seinem Fenstersims. Der Rabe starrt den Kohlenhändler unentwegt an; dabei rinnen ihm Tränen aus dem Schnabel.

Octavio, der glaubt, sein letztes Stündchen habe geschlagen, stimmt mit gewaltig krächzender Stimme ein Lied an, das er von seinem Großvater, einem Oberförster im Thüringischen, beizeiten gelernt hat:

Grab nur die Grube
Und pflanze die Veilchen,
Mein Durst geht tiefer,
Ich wart noch ein Weilchen.

Inzwischen ist die Vernehmung des Anselm im Stehausschank *Rendezvous*, wo immer noch die Musikbox orgelt, bereits weit gediehen. »Du gibst also zu«, drängt Sargnagel-Sepp, »daß der Kohlenhändler manche Geschäfte in der Nacht abwickelt?«

Der Wirt stellt drei Obstler auf den Tresen: »Gehts, jetzt nehmts schon mein' Stehausschank als Revierstuben ...«

»Halt d'Fressen«, zischt Grabstein-Luggi, »zu dir kommen wir auch noch. Also, Anselm, wie oft fährt der Durst in der Nacht nach Mosach?«

Der Anselm hat auf den Kohlenhändler eine Sauwut. Der hat ihm nämlich seine Eva, die Tochter einer Gewürzkramerin vom Pariser Platz, ausgespannt; und weil ihm die Eva seitdem die kalte Schulter zeigt, kennt der Anselm, was den Kohlenhändler betrifft, kein Pardon.

Also plaudert er, er plaudert, was ihm eben in den Sinn und auf die Zunge kommt; er plaudert, indes der Himmel über Haidhausen in der Nacht versinkt und die Totengräber mit Würmern an den Stiefeln aus dem Friedhof wanken und die Tauben auf den Dächern und die Witwen in ihren Betten den Schnee schon spüren, der morgen fallen wird.

Wenig später schleichen die Detektive, Filzhüte tief in der Stirn, Schußfinger am Abzug ihrer Korkpistolen, in den Hof des Kohlenhändlers.

Wo alles finster ist. Nur im Hinterhaus, im zweiten Stock, schimmert mattes Licht durch ein Fenster. Kaum haben sich die Detektive dem Eingang genähert, öffnet sich das Fenster. Im Licht erkennt man die Umrisse einer fetten Mamsell, die eine lila Perücke trägt; und noch ehe die beiden Oldies überhaupt etwas machen können, ergießt sich ein Eimer voll Spülwasser über ihre Hüte. Und die lila Mamsell keift: »Octavio! Ich glaub, da sind die Spezis wieder, die dir immer dein Brennholz klauen!«

Wortlos, weil völlig durchnäßt, dringen Sepp und Luggi in den Hausflur ein und erreichen über die knarzende Treppe die Wohnungstür des Kohlenhändlers.

Unterdes segelt eine einsame Regenwolke über die Kirchenstraße, wo sich die Schlagzeilen in der Gosse auflösen; nur die Taubenoma streut noch Diamanten der Liebe auf das Pflaster; Anselm, besoffen vom Schnaps und voll Sehnsucht nach Eva, irrt durch die Gassen und findet sich selbst nicht mehr.

Es ist eine finstere Nacht in Haidhausen.

Beim Kohlenhändler fällt unterdessen die Tür auseinander. Was Sepp und Luggi sehen und hören, geht über ihre detektivische Fassung.

In einer drei Meter langen und ebenso breiten Wanne aus Emaille badet der Kohlenhändler Octavio Durst, bekleidet mit einem Zylinder, einer gepunkteten Fliege und einer resedagrünen dreiviertellangen Unterhose, in einer Flüssigkeit aus Korn und Kohle. Auf seinem Zylinder hockt ein Rabe mit einer Zigarre im Schnabel.

Mamsell Eva, die Gewürz-Tochter, mit lila Perücke und schwarzer Federboa, sitzt an der Heimorgel und intoniert, während sie mit einem Blasrohr Korn und Kohle aus der Badewanne saugt, das Lied von der »Tapferen kleinen Soldatenfrau«.

»Aufhören!« brüllt Grabstein-Luggi.

»Haussuchung!« kreischt Sargnagel-Sepp.

Der Rabe öffnet ein Auge, läßt die Zigarre mit einem satten *Pflopp* in die Badewanne zischen und krächzt: »Auf gehts zum Schichtel!«

Die entnervten und geschockten Detektive, auf der Suche nach Rauschgift, Renitenz und ihrer gloriosen Vergangenheit konfrontiert mit Chaos, Wahnsinn und Folklore, vergessen die Erfolge von gestern und besinnen sich auf den Herzanfall von morgen.

»Ausgschamter Bazi, ausgschamter!« knurrt Luggi. Sepp winkt ab: »In dem Stück spielen wir nicht mit.«

Und indes das seltsame Trio »Die tapfere Soldatenfrau« weiterdröhnt, treten die Detektive den Rückzug an. Kurze Zeit nur werden sie begleitet von einem trunkenen Raben, der schwankend über ihren nassen Filzhüten flattert und dabei krächzend singt:

»Ach wäret ihr doch Rentner nur geblieben,
es hätte keiner euch vom Stehausschank vertrieben!«

Bayerischer Rundfunk, 11. 1. 1976

Verhagelte Himbeeren

Sicher mehr als seine intellektuellen Apologeten warten die Freunde und Fans des Kriminalromans seit geraumer Zeit, genau: seit Hammett die Schreibmaschine endgültig mit der Flasche vertauschte (1935) und Chandler den »Langen Abschied« schrieb (1953), wieder auf einen Roman, der eine echte Weiterentwicklung des Genres oder zumindest eine vollendete Inbesitznahme jener Landschaft darstellt, die die beiden Könige des modernen Krimis abgesteckt haben.

Es gibt hervorragende ältere Vertreter (Ambler) und neuere (Ross Thomas, Len Deighton, Gavin Lyall) des Polit- oder Abenteuer-Thrillers; es gibt Chester Himes, dessen in Harlem spielende Romane eine brillante Montage aus Kriminalstory, Sittenbeschreibung und Sozialkritik sind; es gibt Ross MacDonald, einen Autor, der mich trotz seiner stilisierten Chandler-Nähe oft gelangweilt, meist irritiert hat; es gibt eine Reihe verläßlicher, aber leider nur mittelmäßiger Konfektionsautoren wie J. H. Chase oder John D. MacDonald; aber wo gäbe es ihn, den Kriminalroman, von dem Chandler träumte – »der ganz offen ein Kriminalroman ist und die ganze Würze des Kriminalromans bewahrt, und der tatsächlich zugleich Charakter und Atmosphäre bietet, mit einem Oberton aus Gewalttat und Furcht«?

Um so größer meine Überraschung, als ich las, daß ausgerechnet Ross MacDonalds bisher letzter, vierundzwanzigster Roman, unlängst auf deutsch unter dem Titel »Dornröschen war ein schönes Kind« erschienen, von der Kritik in den USA wie bei uns als geradezu phänomenales Ereignis, als Parnassbesteigung gefeiert wurde.

Was ist an dem Buch dran? Um es gleich zu sagen: für

die Fans ist reichlich gesorgt. »Sleeping Beauty« (so der Originaltitel) ist nicht nur die umfangreichste aller bisherigen MacDonald-Produktionen, sondern auch die verwickeltste, belehrendste, melancholischste und familiensinnigste, wobei ich davon ausgehe, daß MacDonald-Fans, wie der Autor, Familienverwicklungen über alles schätzen, gewürzt mit einem Schuß herber Melancholie und vorgetragen im leicht resignativen Tonfall eines älteren Oberlehrers, der doch noch immer auf die Jugend setzt (MacDonald war Oberlehrer).

Am Pacific Point vor Los Angeles ist der Bohrturm einer Ölgesellschaft leck geworden, ein riesiges Ölfeld verpestet den Ozean. Lew Archer – MacDonalds Privatdetektiv – besieht sich den Ölschlick aus der Nähe. Er stößt auf eine junge Frau, die dem Familienclan angehört, der das Öl besitzt. Das Unglück scheint sie persönlich getroffen zu haben. Archer offeriert, sie nach Hause zu fahren – und gerät wieder einmal in einen Fall, dessen Wurzeln tief in die Vergangenheit reichen: ein Mord, der eine Generation zurückliegt und in den drei Familien verwickelt sind. Und so eitern die alten Wunden und platzen auf und lösen neue Verbrechen aus, und wieder betrachten wir die marode, schorfige Innenwelt des reichen kalifornischen Bürgertums, bei dem sich, wer hätte es gedacht, alles um Macht und schnöden Mammon dreht. Nun denn.

MacDonald hat im »Dornröschen« all seine bewährten und bekannten Motive und Muster wieder aufgenommen und neu und noch komplizierter verknüpft. Interessanter ist die Entwicklung, die sein Protagonist Lew Archer genommen hat. Es fällt auf, daß dieser »Private Eye«, bei dessen Konstruktion noch kräftige Anleihen bei Chandlers Marlowe nötig waren, immer mehr in die Rolle eines Psychotherapeuten, eines Fragenden statt eines Handelnden gerät; von dem hartgesottenen Schnüffler der Anfangszeit hat er kaum noch etwas. In einem Interview hat denn MacDonald selbst gesagt: »Im Laufe der Zeit habe ich Archer meiner eigenen Weltsicht immer nähergebracht, was ich für wichtig halte. Ich habe eine Schwäche für den ›underdog‹, und Archer reflektiert das. Natürlich gilt das auch für viele gute Polizisten und Detektive. Sie gehen nicht zur Polizei, um Leute herumzustoßen, sondern um ihnen zu helfen.«

So ist aus Archer vollends eine Kunstfigur geworden, das Sprachrohr eines leicht puritanischen (er trinkt kaum, und das Rauchen hat er sich auch abgewöhnt) Liberalen, mit all den Illusionen und moralisierenden Attitüden seines Erfinders: »Gern hätte ich ihn geschlagen. Aber zwischen den Dingen, die er tun konnte, und den Dingen, die mir möglich waren, mußte es einen Unterschied geben.«

Doch all diese Einwände sind noch nicht entscheidend für das Ressentiment, das Ross MacDonald in mir weckt. Entscheidend dafür ist sein Stil. Über ihn bemerkte Chandler schon vor 27 Jahren: »Ein Auto hat einen ›Rostausschlag‹, ist keineswegs nur einfach verrostet ... ›Die Sekunden häuften sich, schwankend wie ein Turm aus Poker-Chips‹, ein Vergleich, der darum nicht recht zum Zuge kommt, weil unklar bleibt, was eigentlich sein Zweck ist.«

Chandler kam zu dem Schluß: »Was mich interessiert, ist die Frage, ob bei dieser Prätention in Ausdruck und Wortwahl ein besserer Stil herausspringt. Das ist nicht der Fall.«

Seine prätentiöse Schreibe aber hat MacDonald inzwischen auf die Spitze getrieben. »Dornröschen« wimmelt von Metaphern, deren Lektüre einem die Himbeeren verhagelt. Eine Trinkerin ist nicht nur eine »Frau des Zwielichts«, sondern »das Leuchten der Schönheit ... war von ihrem Körper aufgesogen worden wie etwas, das ein grollendes Ungeheuer verschlungen hatte«. Matrosen, die auf der Straße herumlungern, entlocken MacDonald ohne weiteres den Vergleich mit »düsteren Seelen im Fegefeuer, die auf Befehle warteten«. Jemand hat nicht bloß dunkle Augen, sondern »Augen wie verkohlte Reste der Erinnerung«. Und Zeit kann Archer nicht einfach lang werden, sondern muß sich »dehnen wie auf dem Planeten Neptun«.

Hinter diesen – beliebig herausgegriffenen – Beispielen steckt die Methodik des an lyrischem Dünnschiß erkrankten Oberlehrers, der in den Kriminalroman das einbringt, was er für Bildung, Poesie und Sprache schlechthin hält.

Der Ursprung des modernen Kriminalromans liegt in den »Pulp Magazines«, den amerikanischen Groschenheften der zwanziger Jahre, deren Redakteure jede ungewohnte Metapher, ob richtig oder nicht, erbarmungslos ausstrichen. Eine rauhe, aber nicht unbedingt schlechte Schule, man merkt es den Büchern Hammetts und Chandlers an.

MacDonald hat, was Stil betrifft, nichts von ihnen gelernt; für ihn gilt noch immer Chandlers Diktum: »Ich glaube, daß gewisse Schriftsteller geradezu unter dem Zwang stehen, in weithergeholten Ausdrücken zu schreiben, weil ihnen das einen gewissen Mangel an natürlichem, animalischem Gefühl zu kompensieren hilft. Sie empfinden nichts, sie sind literarische Eunuchen, und deshalb ziehen sie sich auf eine schiefe Terminologie zurück, um ihre Distinktion zu beweisen.«

Distinguiert ist Mr. MacDonald gewiß, distinguiert wirkt nunmehr auch sein Detektiv, wie er sich da am Schluß über »Dornröschen« beugt: »Halb erwacht regte sie sich, als hätte meine Sorge um sie sich in ihre schlafende Seele hinuntergetastet.« Aber nicht die Distinktion liberaler Kunstfiguren, sondern allenfalls ein junger Marlowe, der bei Chester Himes überleben und bei Charles Bukowski schreiben gelernt hat, wird, falls er nichts besseres zu tun hat, den Kriminalroman auf die Stufe der Vollendung führen.

National-Zeitung (Basel) 7. 2. 1976

Dashiell Hammett, der dünne Mann

Unter den ersten Kriminalromanen, die ich mit 14, 15 Jahren las, war auch Dashiell Hammetts »Bluternte«, und obwohl ich damals nicht abschätzen konnte, was für ein literarisches Juwel ich da in Händen hielt, kann ich mich noch heute an die fieberhafte Faszination erinnern, die das Buch in mir auslöste; und daran, daß mir seither Autoren wie Agatha Christie oder Ellery Queen und überhaupt die steifgeschlagene Crème des Londoner »Detection Clubs« gründlich verleidet sind, Autoren also, deren Credo ein gewisser E. M. Wrong so formulierte: »Was wir von unserer Detektivliteratur verlangen, ist kein Spiegelbild des wirklichen Lebens ... sondern ein tiefes Geheimnis.« Eben. Und bitte keinen Sex und keine Proleten und kein Blutvergießen auf dem Westminster Rug, Curare ist doch soviel sauberer! Erinnern Sie sich noch an den Fall mit dem vergifteten Kreuzworträtsel in der Sunday Times? Nein, war das neckisch!

Mit Hammett tritt der Kriminalroman in die gesellschaftliche Wirklichkeit und zugleich in die große Literatur. Dieser Autodidakt, der mit 14 von zuhause fortlief und sich in vielen Berufen versuchte, bevor er bei der Pinkerton-Agentur in San Francisco acht Jahre lang selbst das Detektiv-Handwerk ausübte, hat mit seinen Romanen und Erzählungen das bis dato von den angelsächsischen »Damen beiderlei Geschlechts« (Raymond Chandler) dominierte und halb zu Tode geheimniste und geschleimte Genre dorthin geführt, wo es hingehört, in das »Dickicht der Städte«, in die Dunkelzonen der Zivilisation, wo Verbrechen kein Fauxpas und kein dunkler Trieb und schon gar kein Feierabendpuzzle drittklassiger Schreiberlinge, sondern »way of life« ist. Chandler:

»Hammett schrieb zu Beginn (und fast bis zum Ende) für Leute, die eine harte, aggressive Einstellung zum Leben haben. Sie hatten keine Angst vor der Schattenseite des Daseins; sie lebten dort ... Er brachte diese Menschen aufs Papier, wie sie waren, und er ließ sie in der Sprache reden und denken, für die ihnen der Schnabel gewachsen war.«

Für einen Mann, der realistische Literatur machen wollte, war das Pflaster der amerikanischen Großstädte in den zwanziger Jahren der richtige Ort. Prohibition und organisiertes Gangstertum, bestechliche Polizisten, korrupte Politiker, der Glimmer der Film-Society und der Sound des Jazz, das hektische, oft brutale, aber immer mitreißende Tempo von New York, Chicago, San Francisco, wo man im Speakeasy an der Ecke jederzeit Typen fand wie Flüster-Max und Bluepoint Vance, Happy Jim Hacker und Nigger Vojan (»an drei Stellen war ›Abracadabra‹ auf ihn tätowiert«) – wohin, wenn nicht hierher, wem, wenn nicht ihnen, gehörte die Renaissance des Kriminalromans?

Auch Hemingway und Faulkner verdanken dieser Ära viel, Hammett hatte wahrscheinlich nie eine bessere Zeit: »Es hörte sich immer sehr hübsch und frei an: das Mädchen von der Pine Street und das andere von der Grant Street, gutes San-Francisco-Essen in billigen Restaurants, italienischer Wein und Ruhm in der Welt der Groschenhefte«, schrieb seine Lebensgefährtin, die Dramatikerin Lilian Hellmann, in ihrem Vorwort zu dem Story-Band »The Big Knockover«, der bis heute einzigen Quelle, der ich meine spärlichen Kenntnisse über Hammett verdanke.

Fest etabliert in den Pulp-Magazines, der Basis dieser »hard-boiled«-Kriminalliteratur, vor allem im heute legendären *Black Mask*, schrieb »Dash« dann zwischen

1928 und 1934 die fünf Romane, die seinen Weltruhm sicherten, und, auch dies ein Novum und keinem anderen Autor gelungen: jeder dieser fünf Romane steht für eine ganz bestimmte Gattung innerhalb des Generes; nicht ein einziges Mal hat Hammett ein Muster wiederholt oder variiert. Neben dem Polit-Thriller »Bluternte« gibt es im »Fluch des Hauses Dain« eine psychologische Schauergeschichte mit Anklängen an die Tradition der ›Gothic Novel‹, zugleich eine gelungene Satire auf pseudoreligiöse Kulte, wie sie schon damals in Kalifornien populär waren.

Der »Malteser Falke« ist Hammetts Klassiker über den Detektiv als Einzelgänger, den zynischen, abgebrühten Private Eye, eine Figur, die Raymond Chandler mit seinem Philip Marlowe dann vollends ausgelotet hat. Im »Dünnen Mann« hat der Detektiv Geld geheiratet und ist ein smarter Geschäftsmann; eher zufällig gerät er in mysteriöse Vorgänge um eine exzentrische Familie, auch diese Struktur eine oft strapazierte Variante des Detektivromans, aber nirgendwo so gekonnt vorgeführt wie in diesem, Hammetts letztem Roman. Im »Gläsernen Schlüssel« schließlich, einem meiner Lieblingsbücher, gibt es keinen Detektiv. Es ist die Geschichte der Freundschaft zwischen einem Spieler und einem Politiker auf dem präzis geschilderten Set einer von Politgangstern beherrschten Stadt, eine Geschichte von Mißtrauen, Macht, Angst, Verrat und Loyalität, eine sehr bittere und sehr moralische Geschichte, die Geschichte eines Traums auch, in dem der gläserne Schlüssel in der Tür zerbricht, hinter der das Unheil lauert ...

Ja, in den Büchern Hammetts und Chandlers träumen die Menschen, werden Träume erzählt, Alpträume samt und sonders oder mindestens Rausch-Träume, und gerade ihre Beschreibung, das Einlassen auf Träume, macht diese

Bücher zu menschlichen Büchern: nur Pappfiguren à la Poirot oder Gummilöwen wie Nero Wolfe träumen nicht.

Ab 1934 hat Hammett, von ein paar Drehbüchern und Kurzgeschichten abgesehen, nichts mehr geschrieben. Er vergrub sich hinter Flaschen, auf Parties, nochmals, freiwillig, im Krieg, und in Bergen von Büchern. Hat dieser merkwürdig verquere »Dünne Mann«, dieser amerikanischste aller Kommunisten, der unter McCarthy lieber ins Gefängnis ging, als eine Aussage zu machen, die niemand geschadet hätte, dieser unerbittliche Faktualist, der sich im Tierreich und in der Waffenkunde so gut auskannte wie in marxistischer Ökonomie und höherer Mathematik, dieser einsame Hagestolz und freigebige Menschenfreund, von dem der Satz stammt »Die Dinge gehören den Leuten, die sie am meisten brauchen« – hat dieser Mann seine kreative Kraft bewußt verschleudert, ist sie ihm in all den Flaschen mählich versickert, oder bedeutete sein Schweigen die Absage an eine Welt, die ihn mit Verachtung erfüllte? Hammett bleibt gerade mit diesem langen und stolzen Schweigen eine der rätselhaftesten, möglicherweise, wer will es wissen, vorbildlichsten Figuren unserer Zeit und ihrer Literatur.

Der Zürcher Diogenes-Verlag präsentiert das Gesamtwerk Hammetts und Chandlers in vollständigen Neuübersetzungen teils renommierter Autoren. Leider halten die Übersetzungen in fast keinem Fall, was man sich versprach. Wo der alte Übersetzer, Peter Fischer, bisweilen durchaus den herben Schmelz Chandlers und die spröde Vehemenz Hammetts einfing, lesen sich die Neufassungen oft flach und eintönig, ja manchmal regelrecht so, als spräche der Übersetzer weder Amerikanisch noch Deutsch. (Beispiel: Hellmuth Karaseks Übersetzung von Chandlers »Die Tote im See«.) Immerhin – sämtliche Bücher gibt es erstmals ungekürzt und, wenn man so will, unverstümmelt. Anlaß für die Literaturkritik, von einem Ereignis zu sprechen und diesen Autoren eine Ecknische im Parnass der Belletristik einzuräumen – nicht zuletzt wohl, weil man erkannt hat, daß der Kriminalroman Räume erschlossen hat, die neue Literatur erst möglich machen. Die Figuren, die in diesen Räumen agieren, sind nicht unbedingt das Salz der Erde, aber manche Bücher, die wir ihnen verdanken, sind das Salz der Literatur.

National-Zeitung (Basel) 24. 12. 1976

Kalte Fakten, kühne Träume

Seit fünf, sechs Jahren habe ich mit dem zu tun, was man Alternativliteratur, Gegenkultur etc. nennt. In dieser Zeit habe ich drei Bücher (*Aqualunge, Tophane* und *Die Harry Gelb Story*) und eine Text-Cassette (*Junk City Express*) veröffentlicht, war/bin bei drei Zeitschriften (*Ufo, Zoom Zeitung, Gasolin 23*) Mitherausgeber/Redakteur/ständiger Mitarbeiter, habe in diesen und anderen Zeitschriften eine Unmenge von Texten, Artikeln und Gedichten verbreitet sowie Arbeiten anderer übersetzt, redigiert, gelayoutet, umgeschrieben, Korrektur gelesen oder unverdaut wieder ausgekotzt. Verdient habe ich damit keine Ehrennadel des Bundesministeriums für Familie und Gesundheit und keinen alternativen Europa-Wanderpokal, sondern Geld, und zwar soviel: Für meine drei Bücher bis Ende 1976 rund 600 Mark, für die Cassette Null-Komma-Null Mark, für die Zeitschriften-Maloche insgesamt ca. 3000 Mark – und da höre ich schon das Aufgeheul in der ›Szene‹ ringsum, aber gemach: die ganzen 3000 wurden, als Gehalt plus Spesen, von den Herausgebern der Zoom Zeitung, Pop-Mogulen in Frankfurt, gezahlt, 1971, und nach zwei Nummern war das Ding eingestampft, und ich hockte mit der Portokasse in der nächsten Kneipe. Ach ja, und dann bekam ich mal von einem Kleinverleger, der eine große Zeitung machen wollte, 50 Mark Vorschuß auf eine Kolumne, und nach der ersten Nummer wurde die Zeitung eingestellt. Macht summa summarum 3650 Mark in fünf Jahren und neun Monaten, macht pro Monat 52 Mark 90 – und damit gehöre ich wahrscheinlich noch zu den Großverdienern der Branche, dank den Zoom-Tycoons vom Main, Friede ihren Schweizer Nummernkonten ... aber das ist eine andere Geschichte.

Warum ich diese Aufrechnung mache? Um klarzustellen: hätte ich in diesen annäherend sechs Jahren nicht eine Reihe von Jobs wie Gepäckarbeiter oder Nachtwächter gehabt, würde ich nicht für Rundfunk/TV/bürgerliche Feuilletons/Nackedeimagazine usw. schreiben, könnte ich mir die ›Alternativ-Szene‹ gar nicht leisten. Ich und alle anderen, die schreiben, weil Schreiben das A und O ist und Überleben sonst nicht lohnt.

Diese Szene ist ein Luxus, sie ist unsere Villa in Ascona und unsere Opiumpfeife in Singapur und unsere blonde Nutte in Beverly Hills. Indem wir ein paar Verlegern und Magazineuren und Promotern ein bescheidenes Dasein ermöglichen, leisten wir uns kühne Träume, eine Literatur ohne Zensor und Finanzamt, ohne Buchhalter und ohne Bankkonto, ohne Brot und ohne Preis.

Und befinden uns dabei auch noch in bester Gesellschaft. Denn die ›alternative‹ Literatur und ihre Szene ist sowenig neu wie irgend etwas unter den Sternen. Ich erinnere an die frühen Jahre Hemingways in Paris, an die potenten ›Little Magazines‹ dieser Zeit, an Sylvia Beach und ihren Buchladen *Shakespeare & Co.* – sie hat 1922 den »Ulysses« von James Joyce veröffentlicht, und es ist eine der genauesten Entwicklungen von Prä-Beat bis Post-Beat, daß ihre Großnichte Mary Beach heute die Lebensgefährtin des Underground-Poeten Claude Pélieu ist und ohne diese beiden Literaturbesessenen die alternative Szene unserer Tage gar nicht denkbar wäre. Und Bukowski verdankt den engagierten Kleinverlegern, die ihn entdeckten und ihm die Stange und die Bierdose hielten, so gut wie alles (er beschreibt diese frühen, harten, fröhlichen Zeiten mit einem lächelnden Thanks im Vorwort zu seinem Gedichtband »Burning in Water, Drowning in Flame«, Santa Barbara 1974).

Aber ich finde, wir sollten uns allmählich einen besseren Decknamen einfallen lassen für das, was wir da zusammenkochen. Alternativ-Literatur, Alternativ-Verlage – das klingt in meinen Ohren wie Reformhaus oder Diätbier. Worum es geht, ist doch einfach dies: brauchbare Literatur zu schreiben und zu verlegen, brauchbar zum Überleben in einer Welt, in der einen kaum noch was zum Überleben animieren kann. Und ob diese Literatur, die ästhetisch und menschlich engagiert ist und der Zeit einen ramponierten, aber immer noch intakten Spiegel vorhält, nun in einem Groß- oder Mittel- oder Kleinverlag, in Mizzis Mösen-Magazin oder in der Kreuzberger Kneipenzeitung erscheint, ist denen, die sie brauchen, Jacke wie Hose. Wenn die Verlage, deren Arbeit dieser Katalog anzeigt, am Ball bleiben, werden immer einige von uns, solange Talent und Nerven reichen, sich den Luxus dieser ›Szene‹ erlauben – wer braucht schon Ascona?

Ulcus Molle Info 5/6, 1977
(Versandkatalog des Literarischen Informationszentrums Bottrop)

Das leise lächelnde Nein

Ich gehe spazieren, betrachte eine Litfaßsäule, diese zivilisatorische, ja fast künstlerische Errungenschaft der großen Stadt, und lese eine Reklame für eine Frauenzeitschrift mit dem Aufmacher: Verdammter Alkohol. Ein winziges Beispiel nur, gewiß, aber dem aufmerksamen Zeitgenossen kann nicht verborgen bleiben, daß der großstädtischen Mentalität und damit auch den Berauschungsmitteln, den Reizgiften, den künstlichen Delirien der Wind ins Gehege bläst, es ist ein kalter Wind, er kommt aus dem ewigen Norden der Untergangsängste, der Menschenbevormundung, des beinhart und humorlos tätigen Kollektivs. Und siehe, man trägt Grün, man zupft die Geigen oder auch nur die Hanseln, man möchte den gesunden Kern, den eine gütige Natur doch irgendwo in uns gepflanzt haben muß, man möchte ihn möglichst als Müsli und biologisch einwandfrei gedüngt, man liest also nicht die Autoren, die darauf hinweisen, daß die Natur eine Mordmaschine, der Mensch ein Irrtum, die Geschichte eine Katastrophe, die Schöpfung ein Alptraum ist, man liest nicht Benn, Céline, Burroughs oder einfach die Bibel, in der dies ja erschöpfend dargestellt ist, sondern lieber die Frauenliteratur, die Naturliteratur, die Lebenshilfeliteratur, also das Neue Heim oder Gartenlaube für den alternativen Mittelstand. Alles verständlich, alles schon immer dagewesen, alles so nebbich wie fast alles andre in dieser Resteverwertungskultur und Müllauffrischungsgesellschaft.

Andererseits – der Staat führt ja nun schon reichlich lange seinen Feldzug gegen die Drogen und ihre Benutzer, und den Beobachter erinnert dieser Feldzug immer mehr an jenen der Amerikaner in Vietnam: die Zahl der

Toten steigt, der Overkill ist computergesteuert, aber zu gewinnen ist er nicht, dieser Krieg. Wenn die These stimmt, daß jeder Krieg auch ein Krieg gegen den ist, der ihn führt, dann führt der Staat Krieg gegen sich selbst, er vernichtet einen Teil seiner Jugend, und zwar den bedürftigsten; und diese Jugend führt auch Krieg gegen sich selbst, denn die Sucht ist ein Krieg gegen den eigenen Körper, das einzige Leben (dies sagt einer, der fünf Jahre an der Nadel hing). Durchaus gesteht jeder Einsichtige dem Gemeinwesen zu, sein Funktionieren gegen die Syndikate zu schützen, die das Volk kaputt machen; aber konsequenterweise müßte dieses Gemeinwesen dann nicht nur die Gangs bekämpfen, die mit dem dreckigen Tod handeln, sondern alle Syndikate, die unsre Jugend verhunzen, sie an die Gewalt verraten, ihren Mut lähmen, ihre Hoffnungen vereisen, ihre Schönheit verfälschen, ihr Leben drillen auf die Gewöhnung an den Konsumhorror und den Begriffsfetischismus, die Millionen Sensibler in die Auffanglager der Psychiatrie, in den bloß noch auf Betäubung zielenden Suff, in die Anpassung an die alltägliche Brutalisierung, in Krankheit und Selbstmord treiben.

Und doch muß eines immer wieder gesagt werden, auch wenn es nicht populär sein mag: Wie erst die Haut der Frau eine Essenz zum Parfüm macht, so macht nur der einzelne Mensch aus einem Stoff ein Rauschgift. Eine Gesellschaft, die nicht dem industriellen Wachstum, sondern dem Wachstum des Menschen diente, würde auch den Gebrauch der Drogen nicht unter dem Aspekt der Gefährdung ihres Funktionierens, sondern unter dem ihrer Vermenschlichung sehen, sie würde die Pforten der Wahrnehmung nicht mir Zollinspektionen und Kriminalämtern verbarrikadieren, sondern, indem sie diese Pforten öffnete, ihre Menschen individualisieren und damit sich selbst die beste Zukunftsgarantie verschreiben.

Und nun schließt sich der Bogen, den ich schlug. Denn zum Leben in dieser Zivilisation, die ich gegen alle Kritiker (also auch gegen mich selbst) verteidige, weil ich in ihr und durch sie lebe und schreibe, gehört auch eine Literatur, die erfrischt und belebt, ohne Droge zu sein, die Pforten öffnet, ohne Gewalt zu gebrauchen, die mit Witz und Verstand operiert, zwei Qualitäten, ohne die nur auskommen kann, wem Gebetsmühlen oder Leitartikel zum geistigen Leben genügen, also vielen, aber doch noch nicht allen unserer mitteleuropäischen Existenzgefährten. Und so wie der Staat am liebsten das Terrain von Selbsterfahrung und Selbstbefriedigung und Selbstentleibung mit Berliner Mauern versperren möchte (dafür ist die Selbstentfremdung ja überall zu haben, sie kostet nur ein Leben zwischen Computern und Dalli Dalli oder auch zwischen Bundestagssitz und der Spezialklinik für Rückgratsentfernung), so möchte eine ebenso vermuffte wie versumpfte Haupt- und Staatskultur jene Kunst & Literatur von uns fernhalten, die uns auf den Geschmack von Phantasie und Erotik, von Sinnlichkeit und Genuß, von radikaler Individualität und der süßen Sünde der Verweigerung jeder Macht und jeden höh'ren Wesens bringen, also auch z. B. der IG Bestseller oder des Ordens zur Begrünung der Frau ... und zu dieser Literatur gehört – und hier bitte ein Tusch! schluchzende Violen! knisternde Seide der Tänzerinnen und ein Himmel wie Absinth! – kein anderer als *Pitigrilli* und sein Roman *»Kokain«*.

Sie haben noch nie von Pitigrilli gehört? Sie hätten ihn für eine Sektmarke oder einen südamerikanischen Tanzmeister gehalten? Asti Spumante oder der Dekorateur von Ultimo Tango a Parigi? Gar nicht übel. Pitigrilli ist all das und noch mehr, er war – vor allem – einer der mondänsten, geistreichsten, witzigsten, anarchischsten, pikantesten, preziösesten und zudem auch noch melancholischsten Autoren, die Italien dem 20. Jahrhundert und Europa geschenkt hat. Was zugleich schon erklärt, daß er im Kulturland Deutschland als Trivialskribent abgetan und (mit übrigens großem Erfolg) zuletzt nach dem Krieg im Milieu der Schundromane publiziert worden ist. Bei Matthes & Seitz, den Spezialisten für Capriciöses und Exotisches, für Anarchisches und manchmal auch nur Triviales, sollen in den nächsten Jahren insgesamt sieben Bücher Pitigrillis, darunter Titel wie *Die Jungfrau von 18 Karat*, *Luxusweibchen* und *Yvette gibt französischen Unterricht*, erscheinen (aber wer Pitigrilli jetzt für einen Edelpornographen hält, liegt gänzlich falsch!); sein wohl temperamentvollstes, spannendstes und facettenreichstes, eben *Kokain*, macht jetzt den Anfang.

Pitigrilli ist das Pseudonym, unter dem der 1893 in Turin geborene und 1975 dortselbst verstorbene Schriftsteller und Journalist Dino Serge veröffentlichte. 1920 eröffnete er mit *Luxusweibchen* und den Sätzen: »Seine schöne Geliebte, die er angebetet hatte, war gestorben. Um ihn zu trösten, suchten ihm seine Eltern eine Frau« die Reihe seiner Romane und Erzählungen. Er gehörte zum Umkreis der Futuristen, arbeitete für zahlreiche Periodika, gab eine Novellenzeitschrift heraus und ging 1939 nach Argentinien. Als er 1945 zurückkehrte, wurde, kein seltener Fall im Süden, aus dem Zyniker und Amoralisten ein gläubiger Katholik, der seine früheren Bücher ablehnte. Er lehnte ihre Neuauflage allerdings auch ab, »weil sie so oft abgeschrieben worden sind, daß, wenn man sie wieder auflegte, es aussähe, als hätte ich von den Abschreibern abgeschrieben.«

In der Tat sind seine Sujets und Milieus, seine Typen und Schauplätze unzählige Male kopiert worden, diese Edelnutten und Elegants, diese Luxusgeschöpfe und Bilderbuchkapitalisten, diese Spieler und Erotomanen; diese mondäne Welt, in der es immer etwas nach Äther duftet und in der Les Belles de Nuit für die wahre Liebe fast so gern zu haben sind wie für eine Prise Kokain, sie ist auch die Kulisse für jenen Schund, dem keine Kulturkrise je zum Aufstieg in die Literatur verhelfen wird und auch nicht darf. Aber Pitigrilli ist Meister dieses Genres und Meister einer Sprache, die von einem Feuerwerk von Aperçus lebt (und gewiß auch – als erzählende Prosa – darunter leidet) und von einer scharfen Einsicht in die gar nicht grüne Natur des Menschen. Er brilliert mit absoluter Verachtung aller Verbesserungs- und Rettungsversuche seiner Welt: »Ich habe kein Motto, das ich auf mein Briefpapier drucken lassen könnte«, schrieb er in einer Selbstdarstellung, »aber wenn ich eines wählen müßte, so würde ich mir Yang-bius zu eigen machen: ›Wenn du mit einem deiner Haare das Weltall retten könntest, gib es nicht her!‹«

Hinter dem Weltverächter verbarg sich eben ein Mann, der, weil er sie genauer als andere durchschaute, genauer an dieser Welt litt und jeden Rettungsversuch als untauglich und unsinnig ablehnte, und hinter dem welt- und weibererfahrenen Lebemann Pitigrilli steckte ein melancholischer Skeptiker, der moderne Typ des müden Mannes, der auch des Eros überdrüssig ist: »Und auf diese Weise« beschließt, in der Erzählung *Vergehen gegen die gute Sitte*, der Romanschriftsteller Pablo Ambard einen Diskurs über seinen Überdruß, »habe ich mich von dem großen internationalen Jahrmarkt der Eitelkeit, die die Galanterie ist, entfernt, um mich in meine veilchenblaue Melancholie einzuschließen: wenn mir zuweilen eine Frau gefällt, so ist dieses mein Begehren der dämmernde Überrest einer sterbenden Sinnlichkeit. Man sagt, daß meine Bücher etwas Sinnlich-Erregendes enthalten; mag sein. Ich bin von diesen Lügen, die die Lust und die Liebe sind, genesen, und heute ist es mir ein Vergnügen, andere in diesen Irrtum fallen zu lassen oder sie darin zu erhalten, damit sie bei dem enttäuschten Erwachen leiden, wie ich gelitten habe. Meine literarische Sinnlichkeit ist die Erbitterung eines unbefriedigten Verlangens und einer unerschöpflichen Langweile.«

Soviel zum Eros; und das Kokain? Tito Arnaudi, der Held des Romans, kommt nach Paris, um was zu werden, und wird Kokainist. Er wird auch Journalist und der Geliebte der reichen Armenierin Kalantan, trennt sich aber von Karriere und Lotterbett, um seiner wahren Geliebten, dem Gift, dem Coco, personalisiert in der Figur der Tänzerin Maud, genannt Kokaina, durch die halbe Welt zu folgen, und, von ihr verlassen, Selbstmord zu begehen. Das ist eigentlich alles, aber bei Pitigrilli ist nicht die Handlung sondern der Stil, der Witz, die Causerie, der sarkastische Humor der Motor der Erzählung, Arnaudi ist ein durch und durch europäisches Nachtschattengewächs, ein entfernter Verwandter der besten Figuren Lawrence Durrells, der auf dem Totenbett reflektiert: »Nein, Gott ist kein großer Humorist. Er ist ein kleiner, ein elender Humorist ... Gott ist kein Künstler ... Was für ein beschränktes Gehirn, dieser Gottvater! Und was für ein Mangel an Würde!« So wie der Eros ein Symbol für die Abnutzung des Mannes, ist das kalte Gift, das Kokain, für Pitigrilli Chiffre für eine aus den Fugen geratene, ihrer Mitte und Moral beraubte Welt – und wer die Zersetzungskraft der Liebe und die Gewalt der Droge an sich und/oder anderen beobachtet hat, weiß, was gemeint ist.

Schön also, diese überaus moralische Geschichte eines amoralischen Mysterikers wieder verlegt zu wissen. Nicht so schön allerdings der umfangreiche Essay des Wiener Literaten und Experimentalfilmers Peter Weibel, der dem

Roman als Nachwort beigegeben ist. Weibel sieht in Pitigrilli einen »Codebrecher« (ein Wort, das mich jedesmal an Eisbecher erinnert), er meint damit jene Schriftsteller, die in der Nachfolge der Romantiker die etablierte Kultur unterlaufen, aufgebrochen und durchkreuzt haben, er nennt vor allem Serner und Chandler als Gleichgesinnte und liefert dazu einen ganzen Apparat von Sprachvergleichen, gibt einen Abriß über Drogen, speziell Kokain, gut gemeinte Exzerpte, alles längst bekannt, auch ganze Kapitelchen über Drogenmusik/Literatur/Mode, wobei natürlich Gevatter Freud nicht fehlt, traktiert uns dann, als lebten wir nicht mitten in einer amerikanischen Kolonie, mit einem »Wörterbuch der Drogensprache«, in dem es von völlig meschuggenen Ausdrücken und krassen Fehlern nur so wimmelt (z. B. ist »Contact High – durch bloßen Kontakt mit jemand, der high ist, selbst high werden« wohl eher eine düstere Warnung aus einem Seminar für Drogenfahnder oder ein Gag aus der Drogenliteratur; z. B. ist monkey nicht ein ›schwer Drogenabhängiger‹ sondern der Affe, den der Süchtige trägt, also die Sucht selbst; und daß Weibel ›Hippies = Beatniks‹ setzt, zeigt ja wohl seine Oberflächlichkeit, man könnte diese Liste endlos fortsetzen), er vergißt in seinen Abschweifungen weder Charles Manson noch Abi Ofarim, weder Amanda Lear noch William Burroughs, der aber auch für einen Wiener Wisenheimer (wie Weibel wohl von Chandlers Ganoven genannt worden wäre) kein ›Drogendichter‹ sein sollte. Überhaupt geht Weibel immer in die Binsen, wenn er flott, und das heißt für die Wiener Avantgarde anscheinend auch heute noch: amerikanisch bzw. was sie dafür hält, daherkommt, das klingt dann, als hätte ein vom Heurigen besoffenes Burgtheaterensemble eine Bühnenfassung von *Junkie* erstellt, selten so gelacht, z. B. bei Sätzen wie: »Ein Hip-Typ, kein Hog, ein Dude, kein Junkie« (über Otto Gross, wobei Weibel in seinem ›Wörterbuch‹ Dude als männlichen Süchtigen, also Junkie, bezeichnet), oder (über Freud) »Er war ein Chipper, immer unter ground control«. Wem will Weibel mit diesem ans Lächerliche grenzende Vokabular, mit dieser sich eitel anbiedernden Sprache imponieren? Womöglich Oswald Wiener, dem die Westberliner gastronomisch vielleicht zu danken haben, dessen unlesbare ›Prosa‹ aber auch diesen Essay vollends verhunzt? Nichts gegen Zitate, nichts gegen Ausschweifungen, bin selbst ein Freund davon; aber ein Stil muß dabei schon aufscheinen, und mir wird es eklig, wenn ein Autor, der sich subversiv gibt, vor jeder modischen Phrase und ›Bewegung‹ einen Kratzfuß macht. Weibels Essay ist durchaus lesenswert; aber vor allem, weil er uns zeigt, daß der Intellektuelle vor den Pforten der Erfahrung ein kläglicher ›Chipper‹ bleibt, solange er nicht hindurchgeht; und wenn er durch die Pforten geht, wird er entweder keine oder eine andere Sprache haben, diese jedenfalls nicht.

Pitigrilli indes hat für alle geschrieben, die einfach wissen, daß »die Liebe tragischer als der Tod« und »das Leben eine Farce« ist, keine großen Einsichten, gewiß; aber in einer Zeit, in der die großen Einsichten so verbraucht sind wie das Zeitungspapier von gestern und so fragwürdig wie die Theorien über eine bessere Welt, lassen sich mit seinen Büchern angenehme Stunden verbringen, hier, im Zentrum der Müllverwertung, auf der Kippe, wo die Leere und der Überdruß tödlichere Injektionen sind als alles, was der Staat verbietet, wo aber der Literatur noch erlaubt bleibt, was man dem Leben abgewöhnen möchte: das leise lächelnde Nein.

TIP 9/1980

Ballett der bösen Buben

Der erfahrene Sportreporter am Ring wußte es schon in der Pause: »Das ist ja nur noch Zirkus für kleine Kinder.« Nicht nur ihm fehlte in den drei bis dahin gebotenen Kämpfen beim 1. Catch-Kurzturnier nach dreijähriger Pause in der traditionsreichen Neuen Welt, was dem Sport der Muskelprotze einstmals seinen Glamour verliehen hatte – jene einzigartige Mischung aus Kraft und Show, aus Ballett und Blutvergießen, der das Catchen seine Anziehungskraft verdankte. Auch das Publikum – fast alles alte Hasen und mollige Häschen aus den bekannten Hasenheide-Revieren – machte Neue-Welt-Chef und Veranstalter Karl-Heinz Kuhnert und seinem Sohn, der als Ansager fungierte, unmißverständlich klar, daß man nach drei Jahren Abstinenz von Sport und Brutalo-Spaß sich nicht aus den Stehausschänken, den Schnapsbudiken und Bulettenbeiseln von Kreuzberg, Wedding und Neukölln hierher bemüht hatte, um sich von einem Angel Grey aus Venezuela (»Opa, hast wohl die Babypille vergessen«) oder einem Indio Guyaro (»Du Tier!«) zeigen zu lassen, was Catchen aber nun wirklich nicht sein sollte: ein gepflegtes Amüsemang für den Abend mit der Zweit-Freundin.

»Blut muß fließen!« war die Losung auf den billigeren Plätzen, zumal die Berliner ja in den letzten Wochen und Monaten mit erstklassigem Catchsport in der politischen Arena verwöhnt worden waren. Gegen Riebschläger und seine Gang stanken an diesem Abend aber auch der türkische Amateurmeister Kerim Saka (der seine Auftritte in der Neuen Welt als glatte Heimspiele verbuchen dürfte, aber noch ein paar Kilo Speck und ein paar böse Tricks zulegen muß, um zu einem echten Catcher aufzusteigen) oder Billi Samson, kolumbianischer Ex-Sparringspartner von Cassius Clay, erheblich ab. Kein Biß, kein Bums, kein Bock, lautete der Befund der Kenner; nichts, was den Hautgout echten Catchens verraten hätte.

Das änderte sich erst, doch auch nur wenig, mit dem Kampf zwischen »Weltmeister« René Lasartesse und dem deutschen Muskelprotz Franz v. Buyten. Lasartesse mit seinen weißen Haaren, seinem schwarzen, goldbestickten Umhang und seiner undefinierbaren Schurkenaura ist einer der wenigen noch aktiven Catcher auch von intellektuellem Format, das zu diesem Show-Biz-Sport nun einmal gehört, und seine Interview-Antworten lassen noch jeden Reporter von »Stern« oder »BZ« den Griffel fester packen und Schlagzeilen meißeln wie »Wenn der weiße Würger wieder weint«. Im Ring, wo die Aufgaben und die Rollen beim Catchen fest vergeben sind, übernimmt er den Part des Unholds, dem kein abgefeimter Tritt zuviel ist. Franz von Buyten nun, dem einzigen Deutschen dieses Turniers, fiel an diesem Abend die Aufgabe zu, den Weltmeister in die Schranken zu weisen.

Zum ersten Mal kam so etwas wie Stimmung auf. »Gib's ihm, Franz!« »Pappi, mach ihn weich!« Aber der Unhold – so ist das Leben, Erna – triumphierte wieder einmal, und diesmal auch noch durch den Ringrichter, einen Herrn Josef von Wallenstein (Österreich). Er nämlich zeigte Franz von Buyten, als dieser ihn zum wiederholten Male tätlich angriff, jene rote Karte, die auch beim Spiel der Muskelmänner anzeigt, daß nun alles alle ist. Das aber nun schien der erste Moment in diesem Turnier zu sein, der nicht abgesprochen war. Die Aufregung bei Veranstaltern und Catchern war unübersehbar, der deutsche Recke mußte von den Kollegen gewaltsam aus dem Ring geschafft werden, und manch einer im Publikum grollte hörbar: »Zeig's ihnen, Franz!«

Mag das Catchen auch (wie fast jeder Sport und nicht

nur er) aus der Sicht des professionellen Beobachters auf den Hund gekommen sein, uns gefiel es an diesem Abend in der Neuen Welt, und das lag nicht nur am Bockbier. Wie kaum ein andres ist das Publikum bei diesem Sport noch Herr seiner Träume, denn wichtig ist nicht das Ergebnis der Kämpfe (sie enden meist unentschieden), sondern der Ertrag an Phantasie, und beim Catchen ist die Phantasie ganz grenzenlos.

Mögen die Kämpfe noch so getürkt sein, die Stimmung in dem verrauchten Saal mit den trüben Lichtern, den Bierpfützen, der Rettich-Mamsell und den Ermahnungen der Polizei an der Wand (»Das Stehen auf den Stühlen ist verboten«) ist immer goldecht. Denn ist das Catchen nicht ein getreues Bild des Lebens? Catchen wir nicht alle und werden gecannt und hängen am Schluß mit den Stiefeln in den Seilen und schnappen nach der letzten Luft – und wünschen wir uns dann nicht alle einen Ringrichter, der zum Sensenmann, dem Würger, sagt: »Es ist noch Pause! Lösen! Lösen!«

Ja, uns gefiel es, wie der Indio Zeigefinger und Daumen aneinanderrieb, um auszudrücken, wie klein er seinen Gegner machen würde, uns gefiel die alte Mutti, die den Weltmeister, als er in den Seilen hing, am Stiefel wieder in den Ring schubste; und wir wünschten ihnen Glück und stellten uns gern vor, wie der Indio, behangen mit seinen Ketten und Talismanen, am Abend in seiner Absteige saß, das Tier, und in der Sprache seiner Seele einen Brief nach Hause, wo immer das war, schreiben mochte, der mit den Worten anfing: Liebe Mutter, mir geht es gut ... während er zusah, wie die Ratten fickten. Wir wünschten uns und ihm auch ein hungriges Publikum: nur wer hungrig ist, ist gut.

TIP 3/1981

Seiche mit Schwänen

Über die Sache mit dem Samen und die mit den Flaschen, über das mit der Hochbahn im Gegenlicht und das mit der männlichen Einsamkeit in den Asphaltzonen ist das Beste für den Reader's Digest aller Shitkicker schon gesagt und manch Treffendes auch schon geschrieben worden, aber wenn der Ton halbwegs stimmt und der Stil interessant klingt, lese ich es immer wieder gern – was sonst?

Bei Philipp Weichberger – 1936 in Bremen geboren, Kaufmannslehre, Maler in Paris und seit 20 Jahren in New York – stimmt der Ton fast immer, und wenn der Stil auch manchmal allzu forciert wirkt, diese Gedichte sind so unausweichlich wie ein Brummschädel mit fiebrigen Augen nach der Sause mit dem billigsten Fusel und so bitter wie der Saft an den Stummeln der schwarzen Zigarren im ersten dreckigen Tageslicht und so authentisch wie das Leben selbst, diese Seiche mit Schwänen. Und Weichberger weiß auch, wie es kommen wird:

Nun hilft nichts mehr, der Sack ist
Asche. Da kannst du beten, bis die
Knöchel weiß sind und die roten Knie
schund und wund. Da kommt kein
Gott und sagt: »Ihr Armen, ich bin
bei euch!« Da kommt, wenn
Überhaupt, nur einer aus der Luft
geröhrt wie Riesenhirsch im Karstadt-
Bild, nur streamlined und mit
Flügeln und wasserschwer mit
Galgensack und Gangsterstimme
Und der schnauzt:

»Geschieht euch recht, ihr Ärsche!
Könnt Dünger sein für die
Die wieder sprechen lernen müssen.«
... oder vielleicht:
»Ich mach keine Menschen mehr!
Nichts als Ärger!
Wie heißt du noch ...?«

Carl Weissner hat einmal ein Gedicht von Harold Norse – an den Weichberger manchmal erinnert, vielleicht ohne ihn zu kennen – »Aufruf zum letzten Gedicht« genannt. Weichberger schreibt lauter Letzte Aufrufe, an Sohn und Tochter, an Sex und Image, vor allem an New York, die Stadt, in der er lebt und sterben will. Manchmal hat er es ein bißchen zuviel mit dem Tod, aber davon sollten wir lieber wieder sprechen, wenn wir wissen, wovon wir reden, wir, denen die Nächte noch nicht den kalten Kotter aus dem Leib getrommelt haben, das Ohr noch getröstet vom satten Brummen des gefüllten Eisschranks und dem elektrischen Rauschen des Fernsehbilds.

Gute Reise, ihr Schwäne!

TIP 6/1981

Vom Anfang und vom Ende

Als ich 23 war, verfaßte ich ein Gedicht, in dem es – nach der Aufzählung verschiedener Stationen meines jugendlichen Leidensweges – als Resümee sinngemäß hieß: »Keats starb mit 25 – ich bin nun auch schon 23« – eine Drohung, deren Absicht sich mir heute verschließt. Von der Existenz eines Leonce-und-Lena-Preises für debütierende Lyriker wußte ich nichts, also tat ich das nächstbeste und schickte das Poem einem Mädchen, in das ich – wie ich annahm: hoffnungslos – verliebt war, packte eine Reisetasche und setzte mich in den Orient ab. Keats war zwar zuhause gestorben, aber er hatte ja auch die Schwindsucht gehabt. Die Geschichte hat natürlich eine Pointe, wenn nicht zwei: mit dem Mädchen lebte ich später eine ganze Zeit zusammen; und heute schreibt N. – inzwischen eine verheiratete Frau und als Jüdin zum Islam übergetreten – mir regelmäßig aus Damaskus und anderen Orten im Orient und malt in deutlichen Worten den nahen Untergang des Westens aus. Das ist es ja mit den Geschichten: je älter man wird, um so interessanter werden sie; und je interessanter die Geschichten, um so vertrackter ihre Pointen.

Natürlich war mein Weltschmerz damals schon nicht mehr ganz à la mode, er bezog seine Empfindungen – jedenfalls auf literarischem Niveau – aus Attitüden und dazugehörigen Texten, die von Suhrkamp nicht ediert wurden. Und doch war diese Untergangssehnsucht (die ja bestenfalls eine Lebensunlust war) nicht ganz unecht, manifestierte sich ja auch in vielen, die allerhand Waffen gegen sich und – später – gegen andere richteten; und ob wir sie nun in den Romantikern des 19. Jahrhunderts, in den weltverachtenden Schriften Buddhas oder dem dramatischen Geheul der Beat Generation (und Charlie Parkers Nirwana-Riffs) wiederfanden, wir identifizierten uns nicht grundlos mit dem Gefühl des Nicht-mehr-einssein-können mit einer Welt, die über Auschwitz und Hiroshima den Smog ihrer Fabrikationen legte und in den Ausflugslokalen am Rand der Landstraßen, durch deren Staub wir über Ostern jene rührend machtlosen Transparente trugen, auf denen *Ban the Bomb* stand, BILD-Zeitung las.

Inzwischen bin ich in einem Geschäft, in dem die Empfindungen erst berücksichtigt werden können, wenn die Fakten auf dem Tisch sind, und in dem der Weltschmerz so wenig Anspruch auf Kredit hat wie jener inter-fraktionäre »Sachzwang«, mit dem Politiker aller Couleurs hausieren gehen, wenn die Kundschaft ihre Leimsiedereien nicht mehr abzunehmen geneigt scheint. Nun mir gar das Feuilleton die Neue Apokalypse en gros andient und »No Future« zum Börsenhit auf den liberalen Märkten avanciert ist, scheint es höchste Zeit, das gesunde Mißtrauen gegen jede Art von Stimmungsmache und Meinungsgesülze zu mobilisieren, mit anderen Worten, jenes sachliche und im besten Sinn bürgerliche Fakten-Empfinden, das uns Volksschülern ein Lehrer namens Godziba mit den Worten auf den Weg gab: »Wer Förster werden will, muß im Wald wohnen.«

Vadim Glowna zeigte einigen Kritikern seinen Film »Desperado City«. Kaum hatten wir uns nachher in einer Pinte niedergelassen, kaum hatten die Kritiker die ersten Bälle ausgespielt, mußte ich vermuten, einen ganz anderen Film gesehen zu haben. Was für sie das Fazit von 10 Jahren sozial-liberaler Koalition und der adäquate Ausdruck für die Endzeitstimmung einer ganzen Generation gewesen war, hatte sich mir als das Stimmungsbild eines Mannes meines Alters dargestellt, der ein Milieu in Hamburg-Altona mit seinen eher randständigen Figuren als Folie für seine private Faszination genommen und zwei Jugendliche in den Hauptrollen seine eigenen Untergangsdepressionen und Todestriebe hatte ausspielen lassen. Ein gut gemachter Film, nebenbei, in dem Sinn etwa, in dem Benn von gut gemachten Gedichten sprach; aber Ausdruck unserer Zeit? Ja, doch, sagten die Kritiker, sie konnten auf eine ganze Reihe solcher Stimmungsbilder hinweisen, und je mehr sie hinwiesen, desto störrischer wurde ich und desto ungerechter. Ich fand den Gedanken nicht einmal absurd, nur ekelhaft: daß die einen Industrien machen, die die Menschen zerstören, und die anderen Industrien, um diese Zerstörung darzustellen. Und eine Luther-Bibel kostet immer noch weniger als eine Kinokarte samt dazugehörigen Feuilletons. Und in der Luther-Bibel lese ich: »Da ward ein großes Erdbeben, und die Sonne ward finster wie ein schwarzer Sack, und der Mond ward wie Blut, und die Sterne des Himmels fielen auf die Erde, gleichwie ein Feigenbaum seine Feigen abwirft, wenn er von großem Wind bewegt wird.« (Offenbarung 6, 12–13)

Apokalypse also! Nichts weniger ist angesagt. Nun einige Fakten: den Krieg beispielsweise haben bei uns als Akteure und bewußt in Mitleidenschaft Gezogene nur noch die über 50jährigen erlebt; die Inflation die über 70jährigen; und über 60 muß immerhin schon sein, wer die Weltwirtschaftskrise, die 6 Millionen Arbeitslosen, das Ende der Ersten Republik, den Hitler-Staat oder das Exil mitgemacht, mitgelitten hat. Nur so kann ich mir Stimmungslagen und Standesallüren erklären, die unsere

Republik beuteln, als drohe tatsächlich auch schon ihr Ende: Das mangelnde Verständnis der Jüngeren dafür, daß ein Staat seine territoriale und politische Identität zu verteidigen bereit sein muß; die panische Angst vom Volk bestellter Politiker vor jeder spontanen Regung kleinster Teile dieses Volks; die hahnebüchene Unvernunft von Gewerkschaftsmanagements und Wirtschaftsführern, die ihre Klientel nur mit rücksichtslosen Besitzstandkämpfen bei der Stange halten zu können glauben; überhaupt der unverfrorene Gruppenegoismus dieser Bauern, Bonzen und Beamten, die ihrer materiellen Interessen wegen allemal bereit scheinen, die leergemelkte Kuh auch noch auszuweiden. Wer keine Lobby hat, geht da leer aus. Also geht die Jugend leer aus.

Solange es Jugend gibt, wird es jugendlichen Weltschmerz geben, jugendliches Aufbegehren, James Dean, verzweifelt: »Vater, hilf mir doch.« Auch der Narziß vor seinem Spiegelbild gibt einen klassischen Part unserer Darstellungsrituale; und ewig grüßen die Riten der Selbsterregung. Überhaupt darf uns nichts Menschliches mehr fremd sein, seit Sex-Report und Selbsterfahrung unter »Lebensqualität« geführt werden wie ehemals Bordellbesuch oder Hauskonzert. Zumal die Bewußtseinskrisen sogenannter Minderheiten – ob es nun Frauen, Transvestiten oder Schriftsteller im Bundestag sind – gehören mittlerweile zu den standardisierten Statussymbolen unserer intellektuellen Ausrüstung. (Attraktiv müssen solche ›Minderheiten‹ freilich sein; Baupoliere oder Busfahrer haben da wenig Chancen.) Die Jugend mit ihren Ritualen – ob es der Weltrekord im Brustschwimmen oder der Schülerselbstmord war – konnte von jeher schon deshalb mit einer gewissen Aufmerksamkeit rechnen, weil sie – wenn sie die ganze unleidige Zeit überstand – ja selbst einmal in die berühmten Fußstapfen, in die Bankkonten und Vernichtungsarsenale der Erwachsenen eingeführt zu werden hatte.

Aber all das änderte sich mit der Erfindung des Jugendmarktes: wenn sich nun ein Narziß vor dem Spiegel bewunderte, dann filmten es Kameras mit, und Millionen Gleichaltriger brachten die Kassen zum Klingeln; und einige wußten sogar, was sie taten. Sie erinnerten nämlich die Erwachsenen daran, was für eine miese Bande von häßlichen Ärschen sie waren, und wenn sie nicht die Atombombe erfunden hätten, könnte man sie einfach ins Meer kippen, zu den Haifischen, der Ölpest und den Orchestersesseln von der »Titanic«. Das aber hatte zur Folge, was die Amerikaner eine ›Revolution‹ nennen: Jugend war »in«, hatte Marktwert, war Kultur geworden. Die kleinen Nasenpopler waren einer der wachstumsträchtigsten Märkte der Welt. Die von cleveren Bewußtseins-Managern lancierte Parole »Trau keinem über 30« faßte alles zusammen: Mode, Kult, Geschäft, Paranoia. Wer jetzt nicht jung wurde, wurde nie mehr jung; wer jetzt noch störte, war ein Staatsfeind.

Denn in einer Welt, in der alles miteinander verzahnt ist – die ausgepowerten Minenarbeiter in Bolivien mit dem weißen Pulver, das die Münchner Schickeria auf Touren bringt, so gut wie der OPEC-Moloch mit den Vinylscheiben, von denen die »No Future«-Message dröhnt; die Sinn-Fragen des Feuilletonisten mit dem Umsatz der Henkelwerke so gut wie die Schnellen Brüter des Technologieministers mit den Schillerkragen Rudolf Bahros –: in einer Welt, in der jeder Betonklotz auf den Turm von Babylon verweist und ein Computerchip die atomare Apokalypse auslösen kann, in dieser Welt muß jede Verweigerung eines Marktes als ein Angriff auf alle Märkte verstanden werden und jede Infragestellung eines Ordnungssystems alle Systeme an der Wurzel bedrohen. Wenn also auf Seite 1 der »liberalen« Wochenzeitung der Chef des Wirtschaftsressorts von einer Jugend spricht, die unser Land zum Jammertal degradiere, dann gehört das genau zusammen mit dem Interview des Kulturchefs mit Max Frisch und Sätzen wie »Immer ein ungeheures Element des Vergeblichen, eigentlich des Finsteren«, mit denen er den Dichter traktiert; wenn Herr Stolze den karrierebewußten Ingenieur als den Prototyp dessen fordert, der dieses Land noch vor dem Untergang retten kann, oder sein Adlatus Jungblut einige Nummern (und wohl viele ungeweinte Tränen) später ohnehin schon alles aufgibt und unser Ende nur noch den Japanern als mahnendes Beispiel empfiehlt, dann ist das nicht zu trennen von Raddatzens Frage an Thomas Brasch: »Mischung aus Bitterkeit und Anarcho?« und – im gleichen Feuilleton – von des Handke-Verehrers Benjamin Henrichs Resümee einer Schaubühnen-Aufführung: »Die Kunst versteht mehr vom Leben als die Politik oder der Journalismus.« Mit anderen Worten: Wenn die direkten Befehlsempfänger der Geldgeber das Ende der Zivilisation ankündigen, falls das mit dieser Jugend so weitergeht, dann steigern sich noch allemal die Schaumschläger in den Kulturspalten in die (dezent parfümierte) Apokalypse, mit der das bürgerliche Zeitalter sich vor dem Wüsten Land, das es angerichtet hat, davonzumachen droht. Aber – um ein berühmtes Bild Orwells aus seinem Essay über die Bergarbeiter abzuwandeln – vergessen wir nicht, daß, nur weil Jugendliche Steine schmeißen oder Heroin spritzen, geistig höherstehende Menschen geistig höherstehen können; du und ich, der Filmregisseur und der Feuilleton-Chef der »Zeit«, die Gralshüter des Unversöhnten Ich und der

Senator für Wissenschaft und Volksbildung, der Punk-Musiker und der Vorsitzende der Untersuchungskommission für die Probleme des Jugendprotests, wir alle dürfen an der Apokalypse als Neuester Stimmung im Kulturbetrieb verdienen, weil in der Tat Millionen Jugendliche unsre Welt zum Teufel wünschen.

Auch dieser Jugend wird es allerdings nicht erspart bleiben, älter zu werden; man kann vielleicht ein ganzes Leben lang Latzhosen tragen und auch noch als Mümmelgreis kein' Bock auf gar nix haben, aber um die Entscheidungen, die das Leben nun einmal abverlangt, kommt man auch dann nicht herum. Wenn ich ihn richtig verstanden habe, dann meinte unser Lehrer Godziba, als er vom Förster und dem Wald sprach, etwas, das ein sehr kluger Mann, der Staatsphilosoph Groethuysen, einmal in die Worte faßte: »Was aus dem Menschen einen Menschen macht, ist zugleich das, was ihm Rechte verleiht.« Treffender ist, was jedem von uns abverlangt wird, kaum auf den Punkt zu bringen; aus apokalyptischem Mummenschanz entstehen keine Menschenrechte.

Mittlerweile bekomme ich wieder Post aus dem Orient und erfahre, daß der Untergang des Abendlandes näherrückt – nur Tag und Stunde sind noch nicht bestimmt. Ich halte mich allerdings weiterhin lieber an die Luther-Bibel, die mich – am Ende der Offenbarung des Johannes – in mancher Formel schon an Benn erinnert, der angesichts all der Verzahnungen von Wohl und Wehe das Himmelhochjauchzend ja auch für so unangemessen hielt wie das Zutodebetrübt. Ist denn nicht Anfang gleich Ende, Ende gleich Anfang? Es heißt jedenfalls dort im letzten Kapitel: »Wer böse ist, der sei fernerhin böse, und wer unrein ist, der sei fernerhin unrein; aber wer fromm ist, der sei fernerhin fromm, und wer heilig ist, der sei fernerhin heilig.« Und die Apokalypse? Vergeht so gut wie alles, denn einer spricht: ›Ich bin das A und O, der Erste und der Letzte, der Anfang und das Ende.‹ Also servus dann – bis zur nächsten Saison.

TIP 11/1981

Frankfurt
Foto © Heinz Lauer, Frankfurt

Für eine Mark und acht

Ort der Handlung ist ein Frankfurter Kiosk. Innen: Walter, Erika. Außen: die anderen. Zeit: Sonntags von 17 bis ca. 22 Uhr.
Zwischen den Szenen kurze Pausen.

1. WALTER, MUSTAFA.

(Eine Straßenbahn fährt klingelnd vorbei. Nah: Flaschenklirren. Mustafa packt ein, Walter rechnet.)

WALTER: Also, Mustafa. Vier Cola ... zwei Bier ... zweimal Zigaretten ... das Brot ...

MUSTAFA: Warum Brot so teuer, Chef?

WALTER: Ei, ich hab doch keine Ladenpreise, Mustafa! Ich muß was draufschlagen, sonst bräucht ichs gar net erst zu verkaufen. Verstehste?

MUSTAFA: Nix verstehen.

WALTER: Ach da laß mer doch mei Ruh ... was machsten mit dem Geld, was du hier verdienst?

MUSTAFA: Noch ein Kaugummi. Ich kleine Hotel in Samsun, an Kara Deniz, Schwarze Meer.

WALTER: Siehste. Vierzehn siebzig, Mustafa.
(Mustafa bezahlt)

WALTER: ’n Hotel! Glaubste ich käm je zu’m Hotel hier mit dem Wasserhäuschen?!

MUSTAFA: Komm mich besuchen dann, hä ...!

WALTER *(lacht)*: In die Türkei, ich glaubs gar!

MUSTAFA: Also, vielen Dank. Wiedersähn.

WALTER: Ja, tschö.

MUSTAFA: Güle güle.
(Mustafa geht. Schritte. In der Ferne eine Polizeisirene.)

WALTER: Wo steht das? In hunnert Jahrn sind mer alle Törke?
(Er stellt das Radio an. Leichte Musik.)

2. WALTER, HARRY.

(Schritte)

HARRY: Tag. Ich hätt gern 'n kaltes Bier ...

WALTER: Ei, der Harry. Und, wie? Lang nicht mehr gesehn.

HARRY: ... und 'n Weinbrand. Ja, ich war länger ... länger weg. Nee, den besseren, den für ne Mark achtzig.
(Walter macht das Bier auf)

WALTER: Der kost jetzt zwei dreißig.

HARRY *(trinkt gierig)*: Ja ... *(er stößt auf)* Tschuldigung. Das ganze Leben. Eine ständige Kostensteigerung auf sämtlichen Gebieten, gell?
(Er öffnet den Schraubverschluß des Flachmanns.)
Na ja, was solls. Verlust ist überall. Ich mach ja sowieso Schluß.

WALTER *(versteht nicht ganz)*: Veränderste dich?

HARRY: Ja, ich häng mich auf.

WALTER *(lacht)*: Dann kassier ich lieber gleich ab. Drei vierzig.

HARRY *(lacht)*: Aber vorher trink ich noch einen ... *(mit dem Ernst des Betrunkenen)* Ehrlich, ich nehm 'n Strick. Gestern ham se die Magda beerdigt. Vorgestern. Hast du die Magda gekannt, Walter?

WALTER: Also persönlich ... ich glaub nicht.

HARRY: Nee, die hat ja auch woanders geschluckt. Unten im Sandweg. *(lacht)* Bei der Konkurrenz.

WALTER *(beleidigt)*: Ach geh. *(interessiert)* Und die ist gestorben?

HARRY: Krepiert. Krepiert isse.

WALTER: Unfall?

HARRY *(geht nicht darauf ein)*: So was wie die machen se nicht mehr. Wie der die gemacht hat, hat der liebe Gott anschließend die Form weggeworfen.
(Er trinkt ausgiebig und stößt auf.) Was war das für ne Frau. Ein Herz wie 'n Kreppel, das ging ständig auf. Nur geschluckt hat se zuviel. Also ständig hab ich ihr gesagt, das Meer, wo du drin bist, kannste nicht aussaufen. Mach doch langsam, laß dir doch Zeit ... Was solls, hat se gesagt, ich bin lieber die Motte als die Kerze ... Und plötzlich war se hin, einfach hin.

WALTER *(räuspert sich)*: Tja, wir müssen alle mal den Löffel abgeben. Aber deswegen brauchst du dich ja nicht gleich aufzuhängen.

HARRY: Du, mit den Pulsadern, da find ich, die Sauerei ist zu groß. Und zuhaus hab ich elektrisch. *(lebhaft)* Und der Main, also nee. Das gönn ich der IG Farben nicht, daß die dann ihre Experimente mit mir machen.

WALTER *(ärgerlich, angewidert)*: Himmel Herrgott, was redest denn da fürn Zeug, am Sonntagnachmittag im Frühjahr! *(mißtrauisch)* Was soll'n das heißen, Experimente mit dir machen?

HARRY *(trinkt, prustet)*: Ja weißt du das nicht, daß die Wasserleichen vom Main jetzt immer in die Farbwerke gehn. Weil, bei so ner schönen alten Wasserleiche, da kannst du natürlich die Umweltverschmutzung viel besser feststellen als an so einer Laborratte, gell?

WALTER *(ärgerlich)*: Ach geh.

HARRY *(lacht)*: Wenn ich dirs sag! *(ernst)* Aber die Magda hatte 'n einfachen Magendurchbruch. Zu spät ins Krankenhaus, nicht richtig behandelt, und schon war se weg. Komm, gib mir noch'n Kurzen.

(Walter bedient ihn)

WALTER: Da kann man nix machen.

HARRY: Ich weiß nicht. *(langsam)* Fragst du dich eigentlich nie, warum du immer so weitermachst.... Bier verkaufst und Würstchen und Zigaretten ... jede Woche ... fast jeden Tag ... Bier und Cola und Kaugummi ... und die Zeitung ... Ich mein, wo bleibt da die Hoffnung? Aufs bessere Leben? Die Perspektive?

WALTER: Die Perspektive, die Perspektive! Was redeste denn!

(nicht unfreundlich) Ich will dir mal was sagen ... wenn du den Krieg mitgemacht hätt'st, würdest du gar nicht dran denken, von wegen Strick und Wasserleich und Perspektive! Und jetzt trink ich auch'n Bier.

HARRY: Du meinst, Tod, wo ist dein Sieg? Wurm, wo ist die Leiche?

(Ein Auto fährt vor)

WALTER: Gast, wo ist dein Geld! *(sie lachen)* Da kommt die Erika. *(ruft)* Ei, Goldmädche, hätt'st ruhig noch'n Stündche zuhaus bleiben können ...

(Eine Autotür schlägt zu)

3. WALTER, HARRY, ERIKA, RUDI, RADIOSPRECHER.

WALTER: Weißte noch, der Hermann ...?

HARRY: Und ob!

ERIKA: Ihr immer mit euerm Hermann, das ist doch schon zwanzig Jahr her! Immer der Hermann, der Hermann und der Pfaff und der Kretz ...

WALTER *(scharf)*: Kreß! Kreß hieß der Mann! Ich glaub bald, du sagst absichtlich immer Kretz ...

ERIKA: Als ob ich nix anners als euern Fußball im Kopp hätt ...

RUDI *(näherkommend)*: Ei Leut, steigt euch die Hitz aach ins Hirn?

WALTER *(zu Erika)*: Dann misch dich nicht ein! Tag, Rudi.

RUDI: Ei Walter, was regst du dich dann uff?

WALTER *(fast entrüstet)*: Ich reg mich doch net auf!

HARRY *(deklamiert)*: Steckt er auch im Scheibenkleister / Der FSV wird trotzdem Meister!

(Gelächter)

RUDI: Der Harry!

(Rudi lacht allein)

ERIKA: Kriegst du noch'n Bier, Rudi?

RUDI: Ja, gib mir noch'n Schoppe zum Kloppe ...

ERIKA *(zu Harry)*: Und Sie?

HARRY: Todsicher!

RUDI: Und, Harry, wie? Die Magda habbe se verscharrt, hab ich recht?

HARRY: Ich hab davon gehört.

RUDI: Kaa Wunner. Die hats komme gehabt.

HARRY: Mer habbes alle komme.

(Harry und Rudi lachen kurz)

HARRY: Moment, ich muß mal wohin.

ERIKA *(mit leicht keifender Stimme)*: Machen Sie mir nicht den Parkplatz voll! *(leiser)* Paß bloß auf, daß der sich hier nicht vollaufen läßt. Ich kenn die Sorte, der fängt an zu randalieren.

RUDI: Ach i wo, Erika, der is harmlos wie drei Tag Sonnenschein. Gell, Walter?

(Walter dreht das Radio lauter)

WALTER: Ja, ja. Horcht mal ...

RADIOSPRECHER: ... wie die Polizei mitteilt, ist das Gorillaweibchen, das heute morgen auf dem Transport zum Frankfurter Zoo aus noch ungeklärten Gründen entweichen konnte, noch immer spurlos verschwun-

den. Die Polizei bittet die Bevölkerung um Hilfe bei der Suche nach dem Tier. Nach Auskunft der Zoodirektion ist das Tier vollkommen harmlos. Und noch zwei Meldungen vom Sport. In der 2. Fußball-Bundesliga Gruppe Süd fanden heute zwei Begegnungen statt. FSV Frankfurt gegen KSV Baunatal eins zu eins und Bayern Hof gegen Waldhof Mannheim drei zu zwei ...
(bei den letzten Sätzen langsam aufblenden)

4. WALTER, ERIKA, HARRY, RUDI, HERR FALTERMANN.

(Die letzten Worte im Radio werden übertönt von heulenden Motorrädern. Dann kurze Stille, Schritte)

RUDI: Ei gucke mal da, der Herr Faltermann. Na, habbe se sich net die Söderbaum im Fernseh angeguckt, Herr Faltermann?

FALTERMANN: Ach, lassen Sie mich in Ruh mit der Reichswasserleiche.

WALTER: Jetzt fange Sie auch schon damit an!
(Faltermann klopft dreimal aufs Holz)

FALTERMANN: Tag, die Herren. Und die Dame natürlich! Herr Walter, was ham Sie denn gegen die Söderbaum?

HARRY: Er hat was gegen Wasserleichen.

FALTERMANN: Sehr verständlich. Ein Bier bitte.

RUDI: Habbe se das gehört mit dem weiblichen Gorilla, wo entwiche is, Herr Faltermann?

FALTERMANN: Ist der immer noch nicht eingefangen?

ERIKA: Eine Schande ist das. Und dafür kriegt der Schimeck das ganze Geld.

WALTER: Der ist doch gar nicht mehr beim Zoo.

ERIKA: Ja, erst die Millionen rausschmeißen für das

Kroppzeug und dann in die Pension gehn, das ham wir gern.

FALTERMANN: Na ja, Frau Erika, der Zoo ist aber doch auch ein Erholungsgebiet für die Bevölkerung ...

ERIKA *(höhnisch)*: Erholungsgebiet!

RUDI: Des Affeweibche wollt sich da drin aber net erhole, Herr Faltermann! *(lacht)*

HARRY *(hört nicht zu, trinkt)*: Noch'n Bier und 'n Kurzen.

(Walter bedient ihn)

FALTERMANN *(trinkt)*: Aahhh, das tut gut bei der Hitze. Na, habt ihr gehört, der Bundeskanzler hat schon wieder Rücktrittsgerüchte dementiert.

RUDI: Ja, ja, der dementiert sich aach noch ausm Amt, genau wie de Albert.

ERIKA: Es wird Zeit, daß die alle wegkommen. Die Stadtwerke wollen wieder zehn Prozent aufschlagen. Aber die Bonzen kriegen den Strom ja fast umsonst, die könnens sich leisten!

FALTERMANN: Naja, das gehört halt zum Preis, den wir für die Demokratie zahlen ... und wenn Sie mich fragen, find ich das immer noch billiger, als was es uns früher gekostet hat.

ERIKA: So? Na ich weiß nicht. Die lügen uns doch nur an, woher wollen Sie da wissen, Herr Faltermann, was uns das noch kostet?

WALTER: Nu mach aber mal'n Punkt, Erika.

FALTERMANN: Was das soziale Netz und überhaupt das Soziale – und auch die Preise! – angeht, steht die Bundesrepublik international einfach einmalig da, da gibts nichts dran zu rütteln.

RUDI: Ach, des soziale Netz, Herr Faltermann, ich waaß net so richtig – am beste is des immer noch für die Bonze gespannt. Wenn die falle, falle die immer auf weiche Ruhekissen, aber wenn ’n einfacher Arbeiter falle dut, fällt er uff die Schnauz.

Erika: Recht hat er, der Rudi.

Harry *(platzt rein)*: Alles was recht ist, der Rudi hat immer recht. Noch ein Bier, ein deutsches Bier! Ich sag immer, solang das reine deutsche Bier noch fließt ... *(Allgemeines Zögern. Dann lacht Rudi auf.)*

Rudi: Der Harry! Hauptsach er hat e Fläschche, wo er sich dran festhalte kann, was, Harry?

Faltermann: Also sehen Sie, Rudi, ich meine Folgendes. Es heißt doch ganz richtig: den Deutschen ist es noch nie in unserer Geschichte so gut gegangen wie heute. Tatsache Eins. Und Tatsache Zwei: selbst dem Ami geht es heute schlechter als uns.

Harry: Ich sag euch eins: wenn es uns noch zwanzig Jahre weiter so gut geht wie jetzt, dann sind wir am Ende, jawohl – am Ende. Und warum sind wir am Ende? Weil dann die Erde am Arsch ist, jawohl – am Arsch. Na ja, mir kanns gleich sein, ich nehm sowieso –

Walter *(will davon nichts mehr hören)*: Du nimmst noch’n Kurzen, hab ich recht?

Harry: Absolut.

Faltermann *(etwas pompös)*: Gerüchte, alles Gerüchte, lieber Mann. Natürlich stehen wir mitten in einem gewaltigen Umbruch, aber der bietet doch auch eine Chance! Der menschliche Geist ist noch lange nicht am Ende! Herausforderungen sind da, um gemeistert zu werden –

Rudi: Sie sollte Trainer beim FSV werde!

Faltermann: Sie haben doch Bildung: Hic Rhodus, hic salta!

Rudi: Mit annere Worte – packe mers an!
(Lachen)

5. Walter, Erika, Rudi, Herr Faltermann, Mustafa.

(Im Radio eine Sendung wie ›Pop International‹ o. ä.)

Rudi: Ich will euch was sage, ich hab neulich aach Protest gewählt.

Faltermann: Haben Sie etwa CDU …

Rudi: Woher dann? Wo heut alles aus Protest CDU wählt, merkt doch kaaner, wenn ich aus Protest aach noch CDU wähl.

Erika: Sag bloß, du hast die Kommunisten …

Rudi: Werklisch net. Paßt uff. Ich hab mein Kreuzche da gemacht, wo ichs immer mach, und dann hab ich uff den aale Zettel noch was geschribbe … ich hab geschribbe: Wenn ihrs net bald bessä macht / sacht euch der Rudi gude Nacht.
(Lachen)

Erika: Also haste deine Stimm verschenkt.

Rudi: Naa, des hab ich net. Die wo die Stimme auszähle tun, der Grötzner von der Post und der Simon von der Stadt und der Rektor von der Schul, wo mei Bube hingehn, die kenne mich ganz genau, die wisse, was die Stund geschlache hat.

Walter: Na ich weiß net, Rudi …

Faltermann *(fast ärgerlich)*: So was macht die Demokratie nur kaputt.

Rudi: Also wenn wer die Demokratie kaputt macht, dann bestimmt net ich!

Erika: Ja, die Verbrecher und die Ausländer, die sind das.

Rudi: Naa, Erika, die Politiker!

Faltermann: Aber liebe Leut, niemand macht die Demokratie kaputt! Man könnte fast meinen, ihr wolltet's heraufbeschwören!

ERIKA: Sie, Herr Faltermann, jetzt sollen die Ausländer auch noch das Wahlrecht kriegen! Ja finden Sie das etwa richtig?

FALTERMANN: Nein. Aber andererseits muß man doch differenzieren, Frau Erika …

ERIKA: Ja, Sie können sich das vielleicht leisten, Sie merken in Ihrem Büro nix davon.

RUDI: Walter, zieh mich ab, ich will die Sportschau net verpasse.

WALTER: Ja. Nimmste noch was mit?

FALTERMANN: Wir brauchen halt die Gastarbeiter, wer macht denn die Dreckarbeit sonst?

RUDI: Ja, zwei Fläschcher nehm ich noch mit.

ERIKA: Drei sechzig, Rudi.

WALTER: Der Mustafa, weißte, der Türke, wo hier immer einkauft, der hat jetzt soviel Geld verdient, daß er sich das teuerste Kurhotel da unten … da am Meer kauft …

RUDI: Ach, die koste doch nix, in dene Krisegebiete.

FALTERMANN: Wer tüchtig ist, soll auch verdienen.

HARRY *(wacht auf)*: Jawoll! Wer durstig ist, soll trinken! Und wer trinkt, soll auch umfallen …
(Lachen)

ERIKA: Das sind alles Kommunisten, Herr Faltermann, glaubense mir. Die holen hier das Geld raus, und daheim steckenses in die Rüstung …!

WALTER: Aber Erika …

FALTERMANN: Also Frau Erika …

ERIKA: Ihr seid einfach zu gutgläubig. Ihr glaubt der Stadt, ihr glaubt denen in Kassel, ihr glaubt denen in Bonn, und den Ausländern glaubt ihr auch noch. Und eines Tages wacht ihr auf aus eurer Gutgläubigkeit, und dann isses zu spät, dann könnt ihr für die Türken arbeiten! Und für die Russen!

FALTERMANN: Sie sind einfach zu pessimistisch, das ist es.

(Schritte) (Schweigen)

MUSTAFA: Guten Tag.

WALTER *(räuspert sich)*: Ei Mustafa, hast was vergessen?

MUSTAFA: Viel warm heute. Zwei Bier, Chef.

FALTERMANN: Ja, ich geh dann.

RUDI: Ja, ich hab denselbe Weg, Herr Faltermann.

(Walter stellt Bierflaschen hin)

WALTER: Paßt auf, daß ihr dem Gorilla nicht über den Weg lauft! Da, Mustafa. Zwei vierzig.

RUDI: Der King Kong werd uns schon net vernasche, was, Herr Faltermann! *(lacht)* Adschö.

ERIKA: Adschö. *(zu Harry)* Und Sie?

HARRY *(singt den Schlager im Radio mit; Bellamy Brothers: Season in the Sun)*: Just let your love shine ... like a mountain spring ...

(Die Motorräder jagen vorüber)

6. WALTER, HARRY, ERIKA, RADIOSPRECHER.

(Erika ist im Wasserhäuschen beschäftigt, räumt Kartons aus etc. Harry monologisiert. Walter hört Radio.)

ERIKA *(entfernt)*: Komm, hilf mir mal mit den Kartons, Walter ...

(Walter hilft ihr)

HARRY: Als ich noch im Riederwald gewohnt hab, kommt sie mal mitten in der Nacht – so um die vier rum – und klopft wie wahnsinnig an mein Küchenfenster. Alle Nachbarn sind wach geworden. Die hatten se irgendwo ausgenommen. Steht da im Regen in Strümpfen und BH und schreit: Komm, Harry, wir schlagen dem Pius die Bude zusammen – Pius am Ostbahnhof, weißte.

WALTER *(hört nur halb hin)*: Der Pius, ja. Ging auch schon besser.

HARRY: Diese Schweine, schreit sie, wir schlagen alles zusammen – so gutmütig sie war, die Magda, die konnte fuchsteufelswild werden, wenn sie was Fieses sieht ... Ich geb ihr was zum Anziehn, ne Hose, 'n Hemd, und dann sagt sie, komm wir fahrn auf'n Feldberg und sehn zu wie die Sonne aufgeht ... Damals hat sie noch ihre alte Mühle gehabt, aber ihr Führerschein war schon weg ...

Wir ham einen Kasten Bier geladen und sind abgeschwirrt. Dann im Taunus ham wir uns natürlich total verfahren in der Dunkelheit – von wegen Sonnenaufgang, es war Ende November – und sind plötzlich auf einem Acker im Graben gelandet, das war genau am Arsch der Welt ... Plötzlich kommt aus der Dunkelheit ne Taschenlampe, und einer schreit, was macht ihr hier? Der Acker hat zu einem E-Werk gehört und war scharf bewacht. Wach-und-Schließ oder so ...

(trinkt) Sie hat einfach den Kasten Bier rausgeholt und auf ihre sexy Art gesagt, seid ihr Männer? Habt ihr Durst? Hatten die einen Durst, sag ich dir. *(lacht)* Irgendwann ging sogar die Sonne auf ...

Dann bin ich im Keller eingepennt, als wir den Kasten Bier niedergemacht hatten, und wie ich abends aufwache, war sie weg. Ich stolper aus dem Keller raus, und da war die Ablösung, verstehst du, die dachten ich wär ein Terrorist. Die Magda war weg, die Mühle war weg, und keine müde Mark mehr ...

Drei Stunden saß ich auf der Polizeiwache in Schmittchen oder wie das Kaff heißt, aber schließlich ham die mich sogar nach Frankfurt zurückgefahren an die

Stadtgrenze, ha ha ... ich ins »Faß«, und da hockt sie doch glatt mit einem Typ von der Wach-und-Schließ und grinst nur und sagt, wo kommst du denn her ... Ich hab sie dann ne Weile nicht gesehn, verstehst du ... und einen Sonnenaufgang auch nicht mehr ...

WALTER: Tja, da muß man halt früh aufstehn.

HARRY: So kann mans auch sehn.

(Walter dreht das Radio lauter)

RADIOSPRECHER: ... trotz zahlreicher Hinweise aus der Bevölkerung noch keine Spur des verschwundenen Gorillaweibchens. Die Polizei hält es für möglich, daß das Tier gestohlen wurde. Die Zooverwaltung teilte inzwischen den Namen des Gorillaweibchens mit. Es heißt Queen of Sheba und gehört zu einer Leihgabe des Zoos von Kuala Lumpur ...

ERIKA *(im Hintergrund)*: Leihgabe, daß ich nicht lache! Müsse mir uns die Affe jetzt schon ausleihen?

(Walter dreht das Radio leiser)

WALTER: Was sich die zurechtspinnen ...

HARRY: Queen of Sheba ... das arme Ding hat doch keine Chance.

7. WALTER, HARRY, ERIKA, PENNER.

(Harry monologisiert. Walter und Erika reden übers Wetter. Im Radio läuft der Kommentar »Vom Geist der Zeit«.)

WALTER: Immer wenn der Frühling so schwül ist, dann wirds ein feuchter Sommer.

ERIKA: Das kommt von den Abgasen, daß das Wetter anders ist als früher.

HARRY: Nein, man muß immer gegen die Ismen kämpfen, mit dem Mut der letzten Mohikaner. Seele, Liebe –

das sind keine Ismen! *(singt)* Deine Heimat ist das Meer / deine Sehnsucht ist die Fer-ne ...

WALTER: Ach, früher war das Wetter auch nicht anders, das red'st du dir ein.

ERIKA: In der Zeitung stand, wenns so weitergeht, sind wir in zweihundert Jahren eine Wüste hier.

HARRY: Ich weiß nicht, irgendwie is mirs kalt. Obs der Magda auch so kalt ist?

WALTER: Ich kann dir ja einen Kaffee machen.

HARRY: Ja, Kaffee mit Kognac. Ach weißt du, laß den Kaffee weg. Ich vertrag das Koffein nicht.

WALTER: Dann spar ich mir die Müh. Aber das mit dem Faltermann vorhin, was du da –

HARRY: Der Faltermann, der Faltermann, der hat nen falschen Halter an ... ha ha ha. Ich weiß, meine Witze waren noch nie besser, und trotzdem werden se immer schlechter.

(trinkt schmatzend)

Einmal hab ich sie bei ihrer Mutter besucht, die hat draußen an der Nidda in einem Gartenhäuschen gewohnt. Der Alte war mal abends 'n Schoppen trinken, und dann saß er plötzlich im Knast, 12 Jahre, Totschlag ...

Die Mutter hat also in dem Gartenhäuschen gewohnt. Mich kriegt ihr nicht mehr in eure Stadt, hat sie immer gesagt. Die hatte da ihre zehn Katzen, und eine Badewanne mit Stachelbeerwein. Das Sozialamt wollte sie immer aus dem Gartenhäuschen rausschmeißen. Aber irgendwie ging das nicht, das gehörte einem Onkel, der in der Partei gewesen war ...

Die Kleingärtner da ham sie natürlich gehaßt. Die Kommunisten-Elli, die Hexe, die treibts mit Katzen, die gehört eingesperrt, die Irre von Bonames, hieß es immer ...

Die Magda und ihre Mutter, ich sag dir. Die zwei Weiber hams mit der ganzen Welt aufgenommen.

ERIKA *(laut)*: Also hast du das in der Zeitung gelesen, Walter?

WALTER: Nein, was denn?

ERIKA: Mer sollts doch verbiete, so was!

WALTER: Zeig doch …

ERIKA: »Mutter verkauft Kind als Aktmodell« – in Paris, natürlich!

WALTER: Ach so, das.

ERIKA: Das ist doch der Gipfel!

HARRY: Was denn! Die zwei Weiber nehmens eben auch mit der ganzen Welt auf!

WALTER *(beugt sich über sie und liest laut, was er schon kennt)*: Ja ja … »Mehr oder weniger nackt auf Totenbetten oder in Sarkophagen und in Positionen …

HARRY: Ruhe sanft!

WALTER: … die recht anzüglich waren …«

ERIKA: Walter!

WALTER: Ich zitier doch bloß. Na ja, die sieht aber auch – ich will mal sagen, ganz schön reif für ihr Alter aus, was?

ERIKA: Wenn ich was zu sagen hätt, ich würd sie alle miteinander …

PENNER *(kommt auf leisen Sohlen in Harrys Nähe, spricht leise und heiser)*: He, Kumpel! Hast mal ne Zigarette?

HARRY: Aber sicher, Kollege. *(gibt Feuer)* 'n Schluck?

PENNER: Nee nee, Kumpel. Ich bin schon drei Tage nüchtern.

HARRY *(ohne Ironie)*: Na toll.

PENNER: Besser, sag ich dir. Bedeutend besser. Schau dich mal um, Kumpel – diese Farben!

HARRY: Was für Farben?

PENNER: Siehst du? Du siehst sie nicht. Und warum? Weil der Teufel Alkohol deine Sinne völlig vernebelt hat, darum siehst du nicht, wie die Welt leuchtet!

HARRY *(etwas auf Distanz)*: Mann, in welchem Verein bist du denn gelandet?

PENNER: Kein Verein, Kumpel, kein Verein. Das Paradies zeigt dir kein Verein. Das mußt du schon alleine finden. Also danke für die Zigarette, und denk dran, wenn du die Farben leuchten sehn willst, mußt du nüchtern bleiben …

ERIKA *(keifend)*: Hörn Sie mal, wenn Sie nichts kaufen wollen … ja mach dich bloß weg.

PENNER: Mach ja schon, liebe Frau. Nichts für ungut.

WALTER: Lauter Irre. Und ich werd das Gefühl nicht los, daß wir die alle subventionieren, gell?

(Er sucht eine andere Station im Radio und findet die H-3-Service-Welle mit einer Durchsage über massive Verkehrsstaus am Frankfurter Kreuz u. a. Die Durchsage bleibt bis zum Erkennungssignal.)

8. WALTER, ERIKA, HARRY, MANNIE, MODERATOR, RADIOREPORTER, HAUPTWACHTMEISTER MÜLLER.

ERIKA: Ach jetzt kommt der Schlechtschwätzer auch noch.

HARRY *(ruft)*: Na, Mannie, wo ist denn dein Töff-Töff?

MANNIE *(näherkommend)*: Hab kaan Sprit. Bin völlig blanco, Alter.

HARRY: Komm, trink ’n Bier mit.

MANNIE *(nah)*: Merci vielmals, ich kanns gebrauche.

WALTER *(holt Bier)*: Und, wie, Mannie?

MANNIE *(trinkt)*: Die Affe habbes noch besser wie mir, un trotzdem laafe se noch weg.

HARRY: Ham sie dich wieder gefeuert?

MANNIE: Schon letzte Montag, Harry.

HARRY: Scheiße.

MANNIE: Ich hatt noch son fürchterlichen Flattermann von de Woch davor, un da warn mer drauße in Seckbach wege ner Auflösung, großes Möbellager un so, un ich ebemal ins nächste Wasserhäusche, um en Korze für die Nerve zu kippe, un des hat halt ebbes gedauert, weils in dere Gegend kaa Wasserhäusche gab ... *(trinkt)* Ach, schmeckt des ...

HARRY: Und dann?

MANNIE: Ei ja, un wie ich zurückkomm, sin die Wichser schon über alle Berge. Lasse mich da einfach in Seckbach hocke mit dreißisch Pennig un zwaa Knöpp in de Tasch.

HARRY: Scheiße.

MANNIE: Was die Mensche für Viecher sin, mer solls net glaube, ihr Leut.

WALTER: Na ja, aber die müssen dich doch wieder einstellen, das gibts doch gar nicht!

MANNIE: Walter, du kennst die Branche net. Der Grötzner, der hat vor zehn Jahr mit'm aale Vertiko von seiner Oma aagefange, un innerem Bunker, wo die halb Deck net mehr abgestützt war – also hat er die Baupolizei noch und nöcher geschmiert – aber damals hat der dich nachm Feierabendschöppche noch eigenhändig nach Haus gefahrn ...

WALTER: Eben, ihr wart doch praktisch Kumpels!

MANNIE: No und? Der is im Storzfluch nach owwe, un ich bin im Storzfluch nach unne, un damit hat sich des. Für den, und für mich aach. Komm, was solle mehr uns uffrege? Davon werd die Welt aach net besser ...

ERIKA: Ei, jetzt reiß dich doch mal am Riemen, Mannie!

MANNIE: Davon geht der Rieme höchstens aach noch kaputt ... *(lacht etwas dünn)*

HARRY: So, und jetzt setzen wir einen Jägermeister drauf!

MANNIE: Herzlich gern. Gucke ma da! Wer kommt'n da drüwwe?!

HARRY: Kenn ich nicht.

MANNIE: Was, du kennst die Roswita net? *(ruft laut)* Rös-che, Rös-che! *(leise)* Du, des is e ganz lieb Mädche. Schon etwas älteres Semester ...

ERIKA: Die alte Krawallschachtel!

MANNIE: ... aber noch gut in Schuß. *(ruft)* Roswitta! Trinkst'n Jägermeister mit?

HARRY: Was hat die denn für Ratten auf'm Arm?

MANNIE: Von wegen Ratten ... du, des sin echte chinesische Pekinese. Was da aaner von kost, da könnte mehr allezusamme drei Monat Urlaub mache.

HARRY: Dann klau se ihr doch.

MANNIE: Harry, du wirst dein Lebtag net wisse, was'n ehrliche Mensch is. Net, daß ich net aach schon innere schwache Stund dran gedacht hätt! *(ruft)* Was is denn, Mädche? *(zu Harry)* Wart, ich hol se.

(Mannie läuft weg)

WALTER: Paß auf die Straßenbahn auf!

HARRY *(schreit)*: He, Mannie, die Tram!

(Heftiges Klingeln einer Straßenbahn; Erika dreht Radio an)

WALTER: Der Mannie is ganz aus'm Leim. Schad um den Kerl.

ERIKA: Seid mal still!

(Erika dreht das Radio lauter)

MODERATOR: Gibt es denn konkrete Hinweise, wo der Affe jetzt sein könnte?

RADIOREPORTER: Wir bewegen uns noch immer im

Reich der Spekulation. Hier vor diesem Neubau im Sandweg, vor dem ich stehe, hat sich eine große Menschenmenge angesammelt, auf das Gerücht hin, die Queen of Sheba halte sich hier versteckt. Nun, Polizeihauptwachmeister Müller und seine Leute haben den Bau gerade auf den Kopf gestellt. Herr Müller, haben Sie etwas gefunden? Ein paar Bananenschalen vielleicht?

HWM Müller: Nein, auch keine Bananenschalen.

Radioreporter: Können Sie unseren Hörern mit Sicherheit sagen, daß dieser Riesenaffe tatsächlich auf freiem Fuß ist?

HWM Müller: Das weiß ich nicht.

Radioreporter: Aber es fehlt ein Riesenaffe im Frankfurter Zoo? Der jetzt gejagt wird?

HWM Müller: Wir tun nur unsere Pflicht.

(Ende der Übertragung; Musiktitel: »In Zaire«. Erika dreht leiser)

9. Walter, Harry, Kunde, Kundin.

(Schritte)

Kundin: Ich dachte, wir gehn was essen, Otto.

Kunde: Ja, das dachte ich auch.

Kundin: Du wolltest schließlich essen gehn.

Kunde: Ich?

Walter: Was darfs denn sein?

Kunde: Eine Flasche Pils.

(Walter holt Pils und öffnet es)

Kunde: Wenn du essen gehn willst, unbedingt, dann geh essen, aber mach kein Theater draus!

Kundin: Otto! Ich wär viel lieber zuhaus geblieben!

Kunde: Außerdem, immer in der Wirtschaft essen! Die

ganze Woche eß ich ja schon immer in der Wirtschaft!

HARRY: Ganz meiner Meinung. Der Deutsche ißt daheim, in der Wirtschaft trinkt er.

KUNDIN: Sie ... komm Otto, das Bier kannst du doch auch zuhause trinken.

WALTER: Eins fünfzig.

KUNDIN: Was, die kleine Flasche?!

KUNDE: Was verstehst du denn davon! Hier. Und eine Zigarre.

WALTER: Ich führ nur Schachteln. Fünferpackung.

KUNDE: Also, eine Fünferpackung dann.

KUNDIN: Jetzt sag nur, du bleibst da am Kiosk. Wo wir essen gehn wollten!

(Ein Polizeiauto rast mit Sirene vorüber.)

HARRY: Achtung, Sheba-Äffchen!

WALTER: Brasil oder ...

KUNDE: Brasil. Die da.

WALTER: Noch zwei Mark dann.

KUNDIN: Dann laß uns wenigstens noch ein Fläschchen Mosel kaufen ...

KUNDE: Wieso denn? Ich denk, wir gehn essen?

KUNDIN: Aber eben hast du doch noch gesagt ...

KUNDE: Ja, zuhaus hast du doch überhaupt nichts zu essen!

KUNDIN: Das war doch so ausgemacht ...

KUNDE: Ausgemacht ...! *(trinkt)* Sagense mal, das Bier ist ja ganz warm.

WALTER: Ich habs nicht kälter.

KUNDE: Also warmes Pils vertrag ich nicht. Und das bei der Hitze!

KUNDIN: Da kriegt mein Mann Magenschmerzen, gell?

WALTER: Ja, so ist das. Die einen wollens wärmer, die anderen kälter. Hier, Ihr Wechselgeld.

KUNDIN: Komm, jetzt gehn wir essen.

KUNDE: Ich wollt ja nur ein Pils trinken. Aber wenn das warm ist ... dann hör aber mit dem Theater auf!

(Das Polizeiauto rast mit Sirene in die andere Richtung.)

10. HARRY, ROSWITA.

(Das Radio dudelt leise. Sonst ist es recht still.)

ROSWITA: Kenn ich Sie?

HARRY: Wenn nicht, ham Sie ne Menge versäumt. *(lacht)*

ROSWITA *(geziert)*: Oh, das ist auch eine Antwort.

HARRY: Sind das Pekinesen?

ROSWITA: Echte chinesische.

HARRY: Der Mannie hat mir nämlich von denen erzählt.

ROSWITA *(fast herzlich)*: Ach du bist ein Kumpel von Mannie!

HARRY: Gestatten, Harry. Und du bist die Roswita, stimmts?

ROSWITA: Stimmt, Schatz. Ja, dem Mannie hab ich grad ein paar Bratkartoffeln gemacht. Der ist ja völlig vom Fleisch, der arme Bub.

HARRY: Tja, die Zeiten sind hart. Sag mal, können die auch singen?

ROSWITA: Wer? Hach, die Pekinesen! Wieso denn das?

HARRY: Na ja, ich hab neulich in der Zeitung gelesen, da hat so'n Typ in Bayern seinem Dackel das Jodeln beigebracht ...

ROSWITA: Ach du! Willst mich wohl auf'n Arm nehmen!

HARRY: Doch, echt! Deswegen frag ich ja ... ich mein,

wenn son Dackel jodeln kann ... siebzehn Jahre hat er gebraucht.

ROSWITA *(lacht)*: Siebzehn Jahre, hach! Auf dein Wohl, Harry.

HARRY: Gleichfalls.

(sie trinken)

ROSWITA: Das ist ja wieder ein Gedudel im Radio ... vom Häßlichen Rundfunk ...

HARRY: Ich kann ja auch was singen. *(singt)* Bei mir biste scheen / für eine Mark und zehn ...

ROSWITA *(lacht)*: Ha, du bist mir ja einer!

HARRY: ... für eine Mark und acht / die ganze Nacht ...

(Das Lied kommt jetzt auch im Radio; ca. 10 Sekunden; dann wird ausgeblendet.)

11. ERIKA, HARRY, ROSWITA, HERR FALTERMANN.

FALTERMANN *(im Näherkommen)*: Na, immer noch in der freien Natur ...

ERIKA: Der Herr Faltermann!

HARRY: Sind Sie nicht auf Affenjagd? Wollen Sie nicht die Prämie kassieren?

ERIKA: Ach Sie, was für 'ne Prämie denn!

FALTERMANN: Das mit dem Affen, das glaub ich doch nicht.

HARRY: Die Queen of Sheba!

ROSWITA: Ach, das arme Tier!

ERIKA: Kommen Sie, Herr Faltermann, ich geb Ihnen ein Bier.

(Erika bedient Herrn Faltermann, der genießerisch trinkt)

ERIKA: Was macht denn Ihre Frau?

FALTERMANN: Ach, meine Frau ... wissen Sie, seit die Kinder aus dem Haus sind ... da ist man dreißig Jahre verheiratet, und auf einmal ...

ERIKA: Ja, Herr Faltermann, ich weiß wie's ist.

FALTERMANN: Als wenn alles nur darum gegangen wäre, die Kinder aufzuziehen, und das eigene Leben ... *(seufzt)* Ach ja, was steh ich hier und beklag mich. Ich darf mich ja wirklich nicht beklagen.

HARRY: Sie sollten sich aber beklagen. Herr Faltermann! Wir sollten uns alle beklagen! Richtiggehend beschweren sollten wir uns!

FALTERMANN: Ach, junger Mann. Da kämen wir auch zu nichts.

ROSWITA: Das is doch kein junger Mann mehr. Sehn Sie nicht, was der für ein tragisches Gesicht hat?

ERIKA: Die sind blau, Herr Faltermann. Hören Sie nicht auf die.

FALTERMANN: Ich wollt mir sowieso nur Zigaretten holen. Schönen Gruß an den Walter.

ERIKA: Ja, der macht grad sein Nickerchen.

HARRY: Ich nehm alles zurück, Herr Faltermann.

ROSWITA: Nicht doch, wozu denn? Der will doch nur was Besseres sein ...

HARRY: Doch, ich nehm alles zurück. Aber die Erde, die nimmt nichts zurück ... die spuckt uns alle aus!

ROSWITA: Ach red doch nicht son Zeug, mir wird ganz blümerant.

FALTERMANN: Schönen Abend noch, Frau Erika. *(geht)*

ERIKA *(laut):* Schönen Abend! *(leise)* Immer dieses Gesindel.

(Erika mach das Radio lauter, damit sie Harry und Roswita nicht hören muß. Die reden aber um so lauter.)

HARRY: Wieso hab ich ein tragisches Gesicht, hä?

ROSWITA: Du hast das tragischste Gesicht, das ich seit heut morgen gesehn hab.

HARRY: Was für eins haste denn heut morgen gesehn?

ROSWITA: Meins natürlich.

HARRY: Als allererstes haste deins gesehn?

ROSWITA: Ach, was du gleich denkst!

HARRY: Paß mal auf, ich sage, das tragischste Gesicht hat die Queen of Sheba.

ROSWITA: Ach du mit deinem Gorilla, hör doch auf!

HARRY: Die Magda hat immer gesagt, warum bin ich nicht mit'm Gesicht wie'n Scheuerlappen auf die Welt gekommen, dann wüßt ich jetzt, was Liebe wirklich ist. Wie findest du das?

ROSWITA *(seufzt)*: Ach, die Magda, die arme Magda.

HARRY: Na komm, brauchst doch nicht gleich zu flennen. *(singt)* Bei mir biste scheen, für eine Mark und zehn ...

(Roswita schnieft)

HARRY: Sollen wir irgendwohin gehn? Komm, wir machen uns 'n schönen Abend. Gehn ins »Faß«, hm?

ROSWITA: Da bin ich doch sowieso jeden Abend.

HARRY: Von mir aus, dann gehn wer halt ... gehn wer halt ...

ROSWITA: Der Mannie hat gesagt, er bringt sich um.

HARRY: Was, der Mannie hat gesagt, er bringt sich um?

ROSWITA: Ja, ich hab doch gesagt der Mannie ...

HARRY: Ach der Mannie, der bringt sich doch im Leben nicht um, ich scheiß dem auf'n Kopf, wenn der sich umbringt, das gibts doch gar nicht ...

ROSWITA: Warum soll er sich denn nicht umbringen, der kann sich genauso umbringen wie jeder andere ... außer mein Mann, das Arschloch bringt sich nie um.

HARRY: Es kann sich doch nicht einfach jeder umbringen, ich meine verdammt nochmal ...

ROSWITA: Ich hab so Angst vor dem Tod ... *(schnieft)*

HARRY: Unsinn. Scheiße, Scheißtod. Scheiß ich drauf. Umbringen! Wenn ich das schon hör ... also, wo gehn wir hin?

ROSWITA: Gehn wir zu mir.

HARRY: Da ist doch schon der Mannie.

ROSWITA: Ja und? Der stört dich doch nicht!

HARRY: Doch der stört mich.

ROSWITA: Möcht mal wissen, bei was der Mannie dich stören soll ...

HARRY: Der stört mich einfach, verstehst du? Der stört mich. Verdammte Scheiße, begreif doch, der stört mich!

ROSWITA: Brüll mich doch nicht so an!

HARRY: Ach leck mich am Arsch.

ROSWITA: Ich denk gar nicht dran. So einen Ton brauch ich mir nicht gefallen zu lassen, wenn dir der Suff nicht bekommt. Kommt, Hundis, wir gehn ...

(Roswita klappt ihre Handtasche zu und geht. Die Hunde japsen.)

HARRY: Hau doch ab, blöde Kuh! *(ruft)* Dir ham se den Bockschein ja auch nur aus Mitleid gegeben!

ERIKA: Und was ist mit'm Zahlen?

HARRY: Geht auf mich. Wie immer.

ERIKA: Dann ham Sie jetzt sechzehn Mark achtzig.

(Pause)

ERIKA: Hoffentlich regnets bald.

(Verkehrsdurchsage in HR 3. Die Verkehrsstaus lassen nach. Es hat Tote gegeben. »Und weiter gehts mit Musik.« Bleibt kurz stehen, dann weg.)

12. WALTER, HARRY, POLIZIST.

(Im Radio läuft leise eine Sportübersicht)

WALTER *(gähnt)*: Gott, war das wieder ein langer Tag! Na, du kriegst die Kurve wohl auch nicht, Harry?

HARRY: Oh bitte, ich kann meinen Durst auch woanders abwickeln.

WALTER: Reg dich doch nicht gleich auf.

HARRY: Ein Wasserhäuschen ist wie das andere ... aber ein Durst ist niemals der gleiche, hä ...

WALTER: Ja, ja. Wo schaffst du eigentlich momentan?

HARRY: Meinungsforschung, ich mach Meinungsforschung.

WALTER: Meinungsforschung, so. Was forschste denn da?

HARRY: Ich will dir mal was verraten. Das sind geheime Erhebungen, Top Secret, verstehst du? Na ja, wenns unter uns bleibt, ich sag dir was. Zum Beispiel – nur damit du weißt, worums da geht, ne –: Hast du gewußt, daß der Anteil von Marzipanessern bei SPD-Wählern über 65 von 1962 bis 1977 von 88,3% auf – halt dich fest – sage und schreibe 61,2% zurückgegangen ist?

WALTER: Ach komm! *(lacht etwas unsicher)*

HARRY: Ja, da staunste, was? Mein Lieber, das ist Politik ohne Flachs! Wenn das die CDU rauskriegt ...

(Ein Polizeiauto hält. Tür. Schritte.)

HARRY: Aha, Vadder Staat ...

POLIZIST *(im Näherkommen)*: 'n Abend.

WALTER: Na, habt ihr Durst?

HARRY: Ja, ja, bei der Affenjagd wird die Kehle trocken, was? Hä hä ...

POLIZIST: Wir ham einen Hinweis.

WALTER: Mein Gott, was für'n Hinweis denn?

HARRY *(laut)*: Da! Da isser! Mann, is das ein Affe!
POLIZIST: Was? Wo?
WALTER: Harry!
HARRY: Eben war er da oben auf'm Dach! Wie der Blitz! Zack! Weg! Ein Riesenvieh!
WALTER: Du siehst schon Gespenster. *(zum Polizisten)* Kommt vom Bier, macht nix.
POLIZIST: Zeigen Sie mal Ihren Ausweis.
HARRY: Wer? Ich? Ach so, natürlich. Da oben sitzt der Gorilla und terrorisiert den Schornstein, und ich bins wieder gewesen.
WALTER: Den kenn ich doch, harmlos wie drei Tage ...
POLIZIST: Ausweis!
HARRY: Na hier doch. Ist der nicht Klasse! Gestern erst in der Moselstraße gekauft. Fünfhundert Mäuse, aber 1 a Arbeit, gell? Tja, die Jungs ham was drauf ...
WALTER: Harry!
POLIZIST: Den sollten Sie mal verlängern lassen.
WALTER: Siehste!
POLIZIST: Der ist schon ein dreiviertel Jahr abgelaufen.
HARRY: Und ich leb trotzdem noch! Haste Töne!
POLIZIST *(will sich nicht provozieren lassen)*: Also bei Ihnen ist dieser verdammte Affe nicht?
WALTER *(lacht)*: Wer hat euch denn den Bären aufgebunden?
POLIZIST: Na schön. Hinweis ist Hinweis. 'n Abend dann.
(Polizist entfernt sich. Tür. Polizeiauto fährt weg.)
WALTER: Du mit deiner Schlechtschwätzerei!
HARRY: Das war bestimmt die Roswita. Hetzt mir die Schmiere auf den Hals, weil ich mit ihrem fetten Bratkartoffelarsch nicht ins Bett bin ... wo ich gestern erst die Magda beerdigt hab.
WALTER: Trotzdem ... deine Schlechtschwätzerei ...

Harry *(leise, nah)*: Ja Walter, und du bist sicher, daß du den Affen nicht hast? Der braucht nämlich viel Zucker, weißte ... *(er lacht leise)* Gib mir noch 'n Kurzen, Walter. *(singt)* Für eine Mark und acht ... die ganze Nacht.

13. Walter, Harry, Erwin, Rudi, Frau im Radio, Reporter.

(Mit donnerndem Getöse rasen die Motorräder vorbei. Im Radio eine flotte Nummer, z.B. Abba »Honey Honey«)

Walter: Da rase se wieder, die Rocker.

Erwin: Den ganzen Sonntag. Na ja, was solle se sonst mache?

Walter: Und selbst? Was macht die Kellnerei?

Erwin: Plattfüß und Fettleber, des hatt mer davon.

Harry: Es spricht der Trinker voller Mut / was andren schadet tut mir gut ...

(Lachen)

Erwin: Der Harry! Immer 'n schönen Spruch parat, gell? Ach, ich war heut mal wieder drauße auf der Rennbahn – was bin ich eingebroche! Nicht einen Sieger! Nicht einen Platz!

Harry: Ich war mal draußen, da lief einer, der hieß »Schwips«. Ich voll auf den gesetzt, und wer fängt'n noch im Finish ab? »Anarchist«!! Da soll man nicht verzweifeln an dieser Welt ...

Walter: No und – der FSV? Schaffen ses noch?

Erwin *(entrüstet)*: Ach die steigen doch nie ab! Mit der Mannschaft! Die könnte doch ganz vorne mitmische ...!

(Fahrradklingel. Schritte)

Erwin: Der Rudi! *(ruft)* Gell Rudi, die könnte ganz vorne mitmische!

Rudi *(im Näherkommen)*: Wen meinst'n jetzt, Erwin?

Erwin: Wen meinsten, wen meinsten? Den Sportverein natürlich!

Rudi: Ach laß mich in Ruh mit dene Schlappekicker! Die Kerle tauge doch nix! Komm, Walter, gib mer schnell 'n Schoppe zum Kloppe un sechs Fläschcher zum Mitnehme.

Erwin: Ich glaub, du kommst allmählich auch in die Wechseljahr, Rudi. Dich hälts net mehr am heimischen Herd.

Walter: Ja, ja, die Midlife-Krise.

Rudi: Du, die kann unsereins sich net leiste. *(trinkt)* No, und ihr? *(sieht Harry)* Ach, der Harry! Der hat'n Standbein, was, ihr Leut? Wenn des der Hölzenbein hätt ...! *(Lachen)*

Erwin: No und? Kuckste dir net den »Tatort« an?

Rudi: Ach, »Tatort«, laß mich lebe ... wenn ich dene ihre gelackte Visagen schon seh, wird mirs grad schlecht. Un, is de Kanzler jetzt zurückgetrete, Walter?

Walter: Sieht der so aus, als hätt er genug vom Regieren? *(Er stellt das Radio lauter.)* Pscht, horcht.

Frau im Radio: Uffm Balkon ham wa't Obst und Jemüse stehn, wa ...

Reporter: Und Ihr Mann ist außer Haus?

Frau im Radio: Na, der holt'n Bier, wa ...

Reporter: Und auf dem Balkon stand in seiner Riesengröße und Bedrohlichkeit der gejagte Menschenaffe, die Queen of Sheba ...

Frau im Radio: Na ick hatte eher den Eindruck, daß det Äffchen es sich da jemütlich jemacht hatte und 'n paar Mohrrüben zu Jemüte führte ...

Reporter: Was empfanden Sie bei diesem Anblick?
Frau im Radio: Wat heeßt empfinden, wa? Wat hast du hier valorn, ha ick jesacht, un schon is det Äffchen an die Rejenrinne hoch und weg …
(Gelächter / harter Schnitt)

14. Walter, Erika, Harry, Rudi, Erwin, Herr Faltermann, Kunden.

(Im Radio »Paloma blanca« / Instrumentalversion + U. Jürgens »Griechischer Wein«. Situation: Harry monologisiert, nah; Erwin hört ihm zu und reagiert ab und zu. Im Hintergrund sind Walter, Rudi und der später dazukommende Herr Faltermann in ein Gespräch über Politik (tritt der Kanzler zurück, ja oder nein?), Fußball (wird Eintracht Frankfurt deutscher Meister, ja oder nein?) und den entlaufenen Affen (soll man ihn laufen lassen, ja oder nein?) verwickelt, von dem aber nur ab und zu ein Gesprächsfetzen (z. B. »Traumhaft, der Grabowski!« oder »die SPD ist einfach keine Arbeiterpartei mehr!«) herüberkommt; das sollte von den Schauspielern improvisiert werden. – Dazu kommen in immer kürzeren Abständen Kunden, die von Erika bedient werden; mit den dazugehörenden Geräuschen ein stetig anschwellender Geräuschpegel. Das Ganze wird organisch immer lauter, bis die Diskutanten, das Radio (gleichfalls immer lauter) und die Geräusche des Geschäftsbetriebs Harrys Monolog quasi ersticken … jeder brüllt jedem seine Meinung und seine Bestellung an den Kopf, bis dann, bei Beginn der 15. Szene, eine knappe halbe Minute nur Stille, Atmen und ein entferntes Flugzeug zu hören sind.)

HARRY: ... was zuviel ist, ist zuviel, Magda, hab ich ihr gesagt. Andere bringen deinen Lebensmut vielleicht nicht auf, aber dafür gehnse mit dem bißchen, was se haben, auch sparsamer um. Madame, ich küsse Ihre Hand nicht mehr! *(singt)* Bei mir biste scheen ...

ERWIN: Ja, ja, die Frauen ...

HARRY: Ha! Was heißt hier aufrechter Gang, wenn du dir mit der Hand die Eingeweide halten mußt?

ERWIN: Ja ja, mer hats nicht leicht, aber leicht hats einen.

HARRY *(singt)*: Hei wir singen und sind froh / bei unsrer lieben Tante Jo! *(trinkt)* Prost, Kumpel. Aber sie wollt' ja immer nur high life im Leben, letzte Ausfahrt Liebeskummer, und dann die lange Reise durch die Krankenhäuser und die Klapsmühlen mit null Chance in der Hand und drei Flaschen Leergut im Koffer ... *(trinkt, rülpst heftig)*

(Hier ist »Paloma blanca« zu Ende / »Griechischer Wein« bis zum Schluß von 14. Herr Faltermann kommt, großes Hallo, Lärm wird stärker.)

HARRY: Mit voller Hose ist leicht stinken, hab ich recht?

ERWIN: Ha ha. Und ob ...

HARRY: Aber so voll bin ich noch nie gewesen, daß ich nicht gewußt hab, woher der Gestank kommt!

ERWIN: Ei, is doch gut! Hast ja recht!

HARRY: Einmal treff ich sie in voller Kleddage und Kriegsbemalung und mit ihrem alten Pappkoffer an der Haltestelle und frag sie, he, wo willst du denn so früh am Morgen hin? Ich kam grad von der Nachtschicht im »Schoppenbläser«. Mir reicht es, hat sie gesagt, daß ihr meine Eltern hier kaputt gemacht habt, ich verlasse dieses Land der Sozialhyänen und der Fabrikfetischisten, ich scheiße auf diese Stadt der Rechtsfixer und Linkswichser ... *(lacht leise)* Hähä, die war ganz schön angestochen ...

(lebhaft) Du, stell dir das vor, diese Menschenschlangen an der Haltestelle, morgens um halb sieben, Wahnsinn, alles hält den Atem an ... Mensch Magda, hab ich gesagt, hab dich doch nicht so, wenn jeder, der nach Mallorca macht, so auf den Putz haut ... geht doch nicht ... Mallorca, hat se gedröhnt, das könnte euch so passen, mit euerm Mallorca könnt ihr mich nicht verscheißern, laßt ihr euch Mallorca andrehn, ich mir nicht! ...

(leise) Mann, ich denk schon, wenn die Streife nicht bald kommt, wird se gelyncht ... aber nix da, im Gegenteil, bald nicken die doch alle tatsächlich mit'm Kopf. Recht hat se, aber verrückt isse trotzdem, ham die gemeint. *(trinkt)*

ERWIN: Und dann?

HARRY: Und dann? Dann gehn wir ins »Schmale Handtuch« und versaufen ihre paar Mark, was sonst? *(lacht)* Erwin, ich erzähl doch nur Märchen!

ERWIN: Du hast ja 'n Kakadu in der Kommode!

(Ab hier schwillt der Geräuschpegel enorm an.)

HARRY: In meinem Beruf bekomm ich die Wahrheit billiger als du deine Schuheinlagen. Die Wahrheit! Die Tränen der Sozialhyänen! *(singt)* Für eine Mark und zehn ...

ERWIN: Ja, ja, in meinem Beruf komm ich auch so auf dreißig vierzig Körnchen am Tag ...

(Höhepunkt des Gebrülls, etwa:)

KUNDE: Vollmilch hab ich gesagt! Voll-milch!!!

ERWIN: Die Sonne macht den Stich erst schön!

RUDI: Grabowski! Immer Grabowski!

FALTERMANN: Fortschritt! Verhältnisse! Besser als sonst!

WALTER: Und wer bezahlts???

ERIKA: Sechs sech-zig!!!
ERWIN: Ich muß ja haam! Mei Frau! Ich muß haam!
KUNDE: Henninger, net Binding!!!!
RUDI: Eine Traumflanke!
WALTER: Ob Affe oder Verbrecher ...!!!
ERIKA: Flaschenpfand!!!
WALTER: Immer wir! Immer wir! Der einfache Mann!!!!!
(»Griechischer Wein« voll aufgedreht / harter Schnitt)

15. WALTER, ERIKA, FALTERMANN, HARRY, JUNGE FRAU.

(Erst lange Stille, ein Flugzeug weit weg)
WALTER: Ja, das wars mal wieder.
FALTERMANN: Ich trink dann auch aus ...
ERIKA: Ach Herr Faltermann, lassen se sich ruhig Zeit, bis mein Mann die Kass' gemacht hat ...
WALTER: Ja, ich fang schon mal an ...
(Walter macht Kasse)
ERIKA: Die Sonntage sind doch immer irgendwie am schlimmsten.
FALTERMANN: Ja, da kommt immer alles zusammen, gell?
ERIKA: Als ob die Leut nur werktags vertragen würden.
FALTERMANN: Komisch, aber ich frag mich manchmal auch, was ich mache, wenn ich pensioniert werde.
ERIKA: Ach, Herr Faltermann ... ham Sie kein Gärtchen?
FALTERMANN: Vielleicht sollte ich mir eins zulegen, ja ...
(im Hintergrund Schritte, die junge Frau)
JUNGE FRAU: Guten Abend.

HARRY *(der still vor sich hingetrunken hat)*: Oh, schön' Abend. Na, fehlt noch was?

FALTERMANN: So, ich hab dann ausgetrunken. *(legt Geld hin)* Also, recht schönen Abend noch!

ERIKA: Gleichfalls, und grüßen Sie Ihre Frau!

WALTER: Ja, Herr Faltermann!

FALTERMANN: Werd ich machen. *(geht)*

ERIKA *(zu Harry)*: Und Sie trinken dann auch aus, gell?

HARRY: Moment mal ...

JUNGE FRAU: Kann ich noch was haben?

ERIKA: Ja, zum Mitnehmen.

JUNGE FRAU: Haben Sie einen Whisky?

HARRY: Oh, Whisky! Du, da empfehl ich dir ...

JUNGE FRAU: Ich komm schon zurecht.

ERIKA: Da oben, kucken se mal. Da steht er.

HARRY: Bloß nicht den Bourbon! Der ist mies, sag ich dir!

JUNGE FRAU: So? Kannst du mir einen empfehlen?

HARRY: Von denen da – nicht einen! Aber wir können ja einen trinken gehn, ich kenn da ...

JUNGE FRAU: Nein, ich brauch einen für zuhause.

HARRY: Na ja klar, aber die da ...

ERIKA: Die sind alle gut.

JUNGE FRAU: Ich nehm den für 23 Mark.

ERIKA: Ist recht.

(Erika holt den Whisky und packt ihn ein.)

HARRY: Hör mal, mir ist der Whisky scheißegal. Kannst du mich nicht mitnehmen? Ich mein, einfach so ... ich komm hier nicht mehr weg, ich krieg die Kurve nicht mehr, verstehst du das?

JUNGE FRAU: Ja, ich versteh das. Aber da hast du Pech. Ich bin lieber allein.

ERIKA: So, 23 Mark dann. Und Sie trinken aus.

HARRY: Ja, ja, gleich ... *(Junge Frau bezahlt)*

HARRY: Ich wär ja auch lieber allein, aber ich bin ja schon allein, und ich schaffs nicht, verstehst du?

JUNGE FRAU: Du, das kriegst du schon hin.

HARRY: Ich weiß nicht. Ich bin echt auf der Rolle.

JUNGE FRAU: Ach, das sind wir doch alle.

HARRY: He, du gefällst mir. Nee echt, du, glaubst du nicht ...

JUNGE FRAU: Du, das geht nicht.

(Sie geht, Harry ein paar Schritte lang mit ihr.)

ERIKA: Sie bleiben mal schön da und bezahlen!

HARRY: Ja, gleich ... hör mal, laß uns doch einfach kurz ein Bier trinken ... irgendwo ...

JUNGE FRAU: Das bringt nichts. Tschau.

(Harry bleibt stehen.)

HARRY: Ist das zu begreifen ...? Verstehst du das ...? Nee, ich versteh das nicht. Ah, du hast Mundgeruch, Mann, du stinkst aus'm Maul. Ha ha! Klar! Na, dich knall ich noch, du Pißnelke, dich leg ich noch auf die Matte, du triefäugige Blindekuh, warts ab! Ach, Schit!

(Er geht zum Wasserhäuschen zurück.)

16. WALTER, ERIKA, HARRY, PENNER.

ERIKA *(keift fast)*: Jetzt gibts nichts mehr! Gehn Sie in eine Wirtschaft, wenn se immer noch nicht genug ham!

HARRY: Komm, Walter, es ist doch noch früh ...

WALTER: Was früh ist, bestimm ich. Gell, Erika?

ERIKA: Sie kriegen nichts mehr! Morgen ist auch noch ein Tag.

HARRY: Morgen, morgen, das hat doch mit heute gar nichts zu tun ... komm, noch 'n schnellen Schnaps!

WALTER: Da haste noch ne Flasche Bier zum Mitnehmen, komm, eins zwanzig, so, aber jetzt ist Schluß, Feierabend! Wir wollen auch mal Feierabend haben!

(Auf leisen Sohlen kommt der Penner.)

PENNER: He, Kumpel, haste mal ne Zigarette?

HARRY *(trinkt)*: Ach du ... immer noch nüchtern?

ERIKA: Hier gibts jetzt nichts mehr, ab jetzt. Walter, mach dicht.

PENNER: Oh ja. Ich seh die Farben der Ursprünglichkeit, ich seh das Paradies.

(Der Rolladen wird heruntergezogen.)

HARRY: Das Paradies, was? Ich auch. *(schreit)* Mitten drin im Paradies! Aber ihr, ihr seid draußen. Hört ihr? Ihr habt zugemacht – ihr habt euch ausgeschlossen!

PENNER: Mann, das Paradies ist hier auf Erden.

HARRY *(brüllt)*: Und die Queen of Sheba, die kriegt ihr nie! Habt ihr gehört? Nie! Das ist mein Affe! Klar?! *(zum Penner)* Da, nimm'n Schluck.

PENNER: Oh nee Mann, machs gut. Ich bin lieber da, wo's friedlich ist.

(In der Ferne Polizeisirene, die langsam näherkommt.)

HARRY *(brüllt, während er sich entfernt)*: Den kriegt ihr nie! *(singt)* Bei mir biste scheen ... für eine Mark und zehn ... für eine Mark und acht, die ganze Nacht ...

ERIKA *(im Häuschen, nah)*: Jetzt randaliert er.

WALTER: Wenn er hier nix trinkt, trinkt er woanders.

ERIKA: Komm, wir fahrn heim. Hoffentlich regnets bald.

Hessischer Rundfunk 27. 7. 1981

Gesegnete Wirklichkeit

Im ersten Teil von Graham Greenes Autobiographie (»Eine Art Leben«) erfuhren wir, daß der Schriftsteller schon in seiner frühen Jugend unter jenem bösen Fluch litt, den die Franzosen *le cafard* nennen und der mit »tödliche Langeweile« kaum annähernd übersetzt ist – es gibt im Deutschen keinen entsprechenden Ausdruck; wir pflegen mit der Macht, nicht mit der Ohnmacht mythischen Umgang. Der junge Greene bekämpfte diesen »state of mind« mit jener Art von Roulette, die niemand anderes als die Russen des 19. Jahrhunderts erfunden haben konnte, und fing, davongekommen, an, Romane zu schreiben – auch eine »Art Leben«.

Fast 30 Jahre nach dem Klacken der Revolverkammern auf den Feldern um Berkhamstead wird Graham Greene – inzwischen weltberühmter Romancier (»Die Kraft und die Herrlichkeit«, »Das Herz aller Dinge«) und Drehbuchautor (»Der dritte Mann«) – wieder vom Fluch der Langeweile, der Rastlosigkeit, des *cafard* gepackt, und obwohl er jetzt im dafür typischen Alter von annähernd 50 ist, scheinen Begriffe wie »midlife crisis« diese Verfassung so wenig zu beschreiben, wie etwa »Weltschmerz« den Zustand des Jünglings Greene getroffen hätte: »Ich war in jener Verfassung, in der man sich nur nach Flucht sehnt, und die wohl die meisten Männer in mittlerem Alter packt, obwohl sie mich schon früh, selbst schon als Kind, befallen hatte – Flucht vor Langeweile, Flucht vor Niedergeschlagenheit.« Er bittet einen befreundeten Psychiater um eine Elektroschocktherapie; sie wird verweigert. Wohin flieht man vor einem Geistes- und Seelenzustand, den die Fachleute »manisch-depressiv« nennen? In den Tod? Greene wählt wieder eine Art Russisches

Roulette, doch diesmal ist es kein ratloser Jüngling, sondern ein weitgereister, in einem Dutzend Büchern erprobter Schriftsteller, der das Spiel bestimmt: »Zum Selbstmord fehlte mir der Mut, aber ich machte es mir zur Gewohnheit, in Krisengebiete zu reisen, nicht um Stoff für Bücher zu sammeln, sondern um das Gefühl der Ungewißheit wieder zu finden, das ich während der Luftangriffe auf London so wohltuend empfand.«

Auf diesen Einsätzen in den Landschaften, die Greene an anderer Stelle »die gesegnete Wirklichkeit« nennt, begegnen ihm die kriegführenden Ideologien unserer Zeit, die Schauplätze, die Charaktere und Geschichten, die er in seinen Büchern »Der stille Amerikaner« (Vietnam), »Unser Mann in Havanna« (Kuba), »Die Stunde der Komödianten« (Haiti), »Reisen mit meiner Tante« (Paraguay) und seinem Meisterwerk »Der Honorarkonsul« (Argentinien) verwenden wird. Einmal, 1958, in den letzten Tagen des Belgischen Kongos, reist er auch gezielt, um sich einem Stoff zu nähern, es wird seine extremste Reise, ins Herz seines Glaubens und an den äußersten Rand von »Greeneland«, in eine Leprakolonie: »Ein ausgebrannter Fall« ist vielleicht Greenes schwierigstes, auch umstrittenstes Buch geworden, für ausgebrannt hielt er sich auch selbst. Was in der Autobiographie ausgespart ist wie alles rein Private, seine Erkrankung Anfang der 60er Jahre, von Ärzten für Krebs gehalten, erwies sich als Bronchitis – wieder hatte die Kugel den Todessüchtigen verschont, und die überwundene Existenzkrise jener Zeit hat uns dann den gelösten Greene der reifen Jahre und der spröden, harten Alterswerke geschenkt, der noch bei seinem letzten Roman, dem »Menschlichen Faktor«, unerschütterlich davon überzeugt ist, daß Schreiben Scheitern heißt.

»Fluchtwege« ist eine einzige Fundgrube für jeden Greene-Liebhaber (und warum sollte ich verschweigen, daß mich die Bücher dieses Mannes zusammen mit weniger anderen solange begleiten werden, wie ich selber schreiben und selber nach Wirklichkeit suchen werde?), und es wäre zu wünschen, daß gerade viele Schriftsteller meiner Generation, diese frühreifen Klassiker, die ihr Handwerk so jämmerlich beherrschen, sich die gelassenen Ratschläge, die ironische Selbstkritik und die welterfahrene Skepsis dieses Autors hinter die Ohren oder in ihre Kladden schrieben: »Es ist eine sonderbare Tatsache, daß man Kontinuität nicht am Schreibtisch herstellen kann – man muß sich mit seinen Figuren bewegen.« Zu lesen, mit welchen Qualen sich der über 40jährige Erfolgsautor herumschlug, als er zum ersten Mal einen Roman in der 1. Person erzählte, bleibt für mich wohl immer eine spannendere Lektüre als alles, was unsre Heilsucher von ihren welterschütternden 68er Erfahrungen auch heute noch aufdröseln. Und Greene bin ich auch dankbar für ein Wort von Scott Fitzgerald, das mir ins Schwarze zu treffen scheint:

»Das Wesen des Schriftstellers zwingt ihn, ständig Dinge zu tun, die er nie wieder gutmachen kann.«

»Greeneland« wird von Kritikern die Welt Graham Greenes genannt (so wie das Adjektiv »seedy«, mit »schäbig« nur so behelfsmäßig übersetzt wie leider fast alle seine Romane bei Zsolnay behelfsmäßig eingedeutscht wurden, auf die typischsten seiner Charaktere zutreffen soll), als hätte er sich das alles zusammengesucht oder heranphantasiert: Westafrika und Brighton Rock, Mexiko und den Whiskypriester, die Leichen in den Reisfeldern Vietnams und die Leprakolonie, die Diktatoren Lateinamerikas oder die Geheimdienste und ihre dreckigen Deals. Ihnen schreibt Greene ins Stammbuch: »›Das *ist* Indochina‹, will ich schreien, ›das ist Mexiko, das ist Sierra Leone, sorgfältig und genau beschrieben. Ich bin genauso Zeitungsreporter gewesen wie Romancier – glauben Sie mir doch, das tote Kind *hat* in genau dieser Haltung im Graben gelegen. Im Kanal von Phat Diem *haben* die Leichen aus dem Wasser geragt ...‹ Aber ich weiß, diese Auseinandersetzung ist sinnlos. Sie glauben nicht, daß die Welt, die sie nicht bemerkt haben, so ist.«

Es gab viele und sinnlose Spekulationen, warum die alten Herren, die den Nobelpreis vergeben, fünft- und sechstrangige Eintagsfliegen mit ihm illuminiert haben, aber nicht einen der größten Erzähler dieses Jahrhunderts. Mag sein, daß ihnen »Greeneland« in der Tat zu schäbig ist, mag sein, daß sie völlig abwegige lyrische Silbenstecher der Nobel-Ehren für würdiger halten als einen Romancier und Reporter, der einen Teil seiner Bücher ganz bewußt als »Entertainments« klassifiziert. Ich nehme an, daß ihnen Greene, ein Zeitgenosse, der sich (wie in Berlin) die Mauern und Mächte dieser Welt immer von beiden Seiten angesehen hat, suspekter ist als so mancher eifrige literarische Diener ideologischer Herren.

In den »Fluchtwegen« beschreibt Greene zwei Episoden, die einem Schriftsteller wie ihm womöglich mehr bedeuten dürften, als die Gelder einer Dynamit-Fabrik. In einer *Fumerie* in Saigon findet der passionierte Opiumraucher zwei abgegriffene Taschenbuchausgaben seiner Bücher, in die er Widmungen schreibt. Und nach der Veröffentlichung von »Die Stunde der Komödianten« erhält er die einzige Besprechung, die er je von einem Staatspräsident bekommen hat. Der Diktator Duvalier schreibt: »Le livre n'est pas bien écrit. Comme l'oeuvre d'un écrivain et d'un journaliste, le livre n'a aucune valeur.« Manchmal gehört auch die Literatur zur gesegneten Wirklichkeit.

Literaturtip Nr. 1 (Oktober 1981)

Reagan bringt Segen

Der Pseudo-Künstler Beuys tritt in der Pseudo-Unterhaltungssendung »Bananas« auf und gibt Pseudo-Musik zum besten: »Sonne statt Reagan«.

Die Zeitschrift *konkret* veranstaltet ein Preisausschreiben: »Wem fällt zu Reagan etwas ein?« In zwei Monaten über 1000 Einsendungen, darunter der Spruch »Widdi, waddi, wödi, Ronald ist ein Blödi« und – von Bella Keilhauer-Ebel, 11 Jahre – der Button »Sonne statt Reagan«.

Besetzte Häuser in Westberlin verzieren ihre Fassaden vor dem Besuch des amerikanischen Präsidenten mit folgenden Parolen: »Hier endet der amerikanische Sektor«, »Yanks go home«, »Am 11. Juni fällt Reagan« und – nicht zu glauben, aber wahr: »Sonne statt Reagan«.

Gut, möchte man sagen, die Szene. Jedem Sozialarbeiter sein El Salvador, jedem Bissinger seinen Gremliza, jedem taz-Redakteur sein Rollkommando. Die Väter hatten Stalingrad und Auschwitz, die Söhne hatten den Reibach, und die Enkel wollen ja schließlich auch ihren Spaß. »No future« war schon immer die deutsche Parole schlechthin, und Gewalt und Hetze statt Argumenten und Vernunft, das hat nicht erst seit »SA marschiert« Tradition.

Dazu noch der Wald, auch ein klassisches Thema aller Teutonen, überhaupt am Busen der Natur, diesen, wie Grabbes Cherusker-Hermann zu sagen pflegte, »die Welt durchrollenden Augenwimpern des Wodan«, wohlauf! Ein dichter Smog liegt über dieser Republik, es ist einer aus den Abgasen überforderter Gehirne und den Ofenheizungen des deutschen Gemüts, das – wieder einmal – vor den Realitäten der Zeit in die Winterquartiere gewichen ist. Von einem Extrem ins andere, gestern noch überfüllte Philosophieseminare, heute »Denken – nein danke«.

Aber unsere Schriftsteller, wo sind sie?

Nun, sie waren soeben im Kurhaus von Scheveningen, darunter allerdings viele, die seit mindestens zehn Jahren keinen lesenswerten Satz veröffentlicht haben. In diesem Kurhaus aber diskutierten sie über den »Frieden«. Denn mag »No future« dieser Tage auch schon reichlich abgenudelt sein, nichts, was nur richtig hoffnungslos ist, könnte so abgenudelt sein, daß deutsche Literaten es nicht noch einmal – und zwar schön sämig! – aufkochen könnten. Wo dann folgerichtig von einem »vielleicht letzten Appell an die Vernunft« die Rede ist und Frau Drewitz gleich eine Buchreihe »Frauenschicksale im Nicht-Krieg« vorschlägt (man hört die Lektoren schon ächzen und die Druckmaschinen vernehmlich seufzen), rechnet der emsige Herr Engelmann, den sich die westdeutschen Autoren nicht grundlos zum Vorsitzenden gewählt haben, schon der Versammlung vor, daß die fleißige Runde, da nun auch Sowjetrussen dabei sind, »als Multiplikatoren 140 Millionen Menschen erreichen« könnte (FAZ, 28. 5. 1982). Bertelsmann wird das gerne hören: Warum soll auch immer nur die Schwerindustrie ran dürfen. Schließlich haben unsere Feuilletonisten auch schon den Ausdruck »literarisches Schwergewicht« geschnitzt, er drängt sich jetzt auf: mit allen Schwergewichten ins 140-Millionen-Geschäft. Literatur plus Erdgas; Lenins Erben haben gewiß ein Feeling dafür.

Nun liegt es mir fern, den in Scheveningen Versammelten unterstellen zu wollen, sie hätten – womöglich mangels anderer Themen, sie haben ja nun auch schon so viel zu Papier gebracht – den »Frieden«, die »Friedensbewegung«, kaltschnäuzig oder blauäugig, als Thema der neuen literarischen Saison ausgerufen. Zwar hat man den Eindruck, daß ganze Druckstraßen damit ausgelastet sind, entsprechende Produkte (»Autorinnen warnen vor dem Atomtod«) herzustellen, aber angesichts der Flaute auf dem Buchmarkt, na bitte. Anzumerken hätte ich zu dem plötzlichen literarischen Boom in Sachen Frieden nur: Es hat nicht *ein* politisches Thema von Brisanz in diesem von der Politik verunstalteten Jahrhundert gegeben, an dem sich nicht gerade deutsche Literaten gründlich die Feder und ganz anderes verbrannt haben. Das hündische Kriechen der Intelligenz vor den politischen Begriffen, von dem ein solchermaßen Gebrannter, Gottfried Benn, später schrieb – es galt 1968, es gilt 1982. Denn der Frieden, um den es geht, ist kein absoluter Begriff wie Hausmacher Leberwurst, auch er ist ein politischer Begriff und ebenso dehnbar wie der Begriff der Freiheit, für wen und wofür, und warum nicht für die dort über den Bergen? Oder wäre der Frieden doch teilbar, für uns ein bißchen und für Argentinien ein bißchen weniger, und Afghanistan geht leer aus?

Reagan, finde ich, bringt Segen. Denen, die mit der Angst Kasse machen, aber auch denen, die statt Angst Politik machen. Im übrigen gilt gerade hier: Die Hunde bellen. Die Karawane zieht weiter. Die Sonne auch.

TIP 12/1982

Der Klub, in dem wir alle spielen

Der Schwede Per Wahlöö, der 1975 im Alter von nur 49 Jahren starb, hat sich mit einem umfangreichen Werk als einer der markantesten europäischen Erzähler des dritten Viertels unseres Jahrhunderts profiliert. Bevor er Mitte der 60er Jahre in Zusammenarbeit mit seiner Frau Maj Sjöwall jene Serie sozialkritischer Polizistenromane begann, deren schließlich zehn Bände dem Autorenpaar weit über das traditionelle Krimi-Publikum hinaus Millionenauflagen und Weltruhm sicherten, schrieb der ehemalige Journalist und Weltenbummler Wahlöö eine Reihe von Romanen, die auch in der Edition der rororo-Thriller erscheinen, obwohl sie – streng genommen – diesem Genre nur im weitesten Sinn zuzuordnen sind.

Das gilt vor allem für den zuletzt aufgelegten Roman »Foul Play«, die Geschichte eines Fußballklubs in der tiefsten schwedischen Provinz. Dafür enthält dieser Roman, der 1959 in Schweden erschien, so gut wie alles, was realistische zu populärer, populäre zu realistischer Literatur machen kann: eine verständliche, einfühlsame Sprache, eine spannende, doch nie anbiedernd erzählte Handlung, eine Moral, die weder so billig ist, daß wir sie verachten, noch so exklusiv, daß wir uns ihrer schämen müßten. Mit anderen Worten: »Foul Play« ist ein Roman, bei dessen Lektüre es einem warm ums Herz wird, und selbst dann, wenn der Ich-Erzähler mit dem Zeigefinger des Autors wackelt, wird Wahlöö an keiner Stelle so penetrant ideologisch wie in den späteren Kriminalromanen. Der Blick, den der Autor auf die schweißgetränkte, dreckige Fußballposse in dieser hinterletzten Weltgegend wirft, ist so ungetrübt, daß wir uns alle in ihm spiegeln können.

Sportlergeschichten sind meist um Protagonisten gebaut, die – ob Amateure oder Profis – den Sport selbst ausüben, Muskelmänner, die in die üblen Machenschaften der Absahner verstrickt werden, oder moderne Gladiatoren, deren schweißverklebte Augen sich auch noch mit Tränen füllen, wenn sie – natürlich auf dem Höhepunkt ihrer Karriere – das Blut auf dem Lorbeer gewahr werden. Anders »Foul Play«. Diese Fußballerstory vom Aufstieg eines Punktlieferanten in der C-Klasse bis in die großen Stadien der Zweiten Division wird nicht aus der Perspektive des genialischen Spielmachers oder des kaltschnäuzigen Abwehrrecken erzählt, sondern aus der eines Funktionärs. Der namenlos bleibende Ich-Erzähler Wahlöös muß nur in den wilden Gründerjahren des Klubs gelegentlich das Trikot überstreifen, wenn einer der Jungs noch seinen Samstagnachtrausch ausschläft. Ansonsten ist sein Stammplatz »auf der Innenseite der Sperre vor dem Funktionärsausgang im Stadion«, und im Klub versieht er die Funktion des Obmanns. In dieser Eigenschaft wird er die rechte Hand des neuen Bosses, eines machthungrigen Emporkömmlings, der, imgrunde fußballfremd, mit dem Aufstieg des Klubs seinen eigenen managt, wobei er auch schon mal über die eine oder andere Leiche geht. Wahlöö läßt uns von Anfang an nicht im Zweifel, daß dieser Fußballroman ein politischer Roman ist, und so kann man jede seiner grotesken, tragikomischen und bitteren Szenen aus der Fußballwelt auch wie ein Gleichnis auf Machtkämpfe und Karrieren in ganz anderen Milieus lesen: ob Provinzkicker oder »Neue Heimat« (um nur das aktuelle Beispiel zu nennen) – egal, in welchem Schlamm du dich wälzt, zur Sau wirst du überall.

Doch bleibt Wahlöö immer nah an seinen Figuren und deren Schicksal, und seine Fußballkenntnisse machen »Foul Play« mit zum besten, was Schrifstellern zu diesem

Thema bisher eingefallen ist. Ob es die grandiose Beschreibung eines Spiels der B-Mannschaft auf einem Dorfacker in der Wildnis ist, das in eine allgemeine Massenschlägerei ausartet, oder ob er schildert, wie der Klub-Boss und sein Obmann versuchen, einen weltfremden, aber schußstarken Mittelstürmer einzukaufen, der als Torfstecher in einem öden Moorland arbeitet – Wahlöö kennt diese Welt genau, und noch die mieseste seiner Figuren läßt er nie zum bloßen Maskottchen verkommen. Die Rede, die ein versoffener alter Sportreporter, »Das Blatt« genannt, beim zehnjährigen Klubjubiläum hält (wobei der Boss aus gegebenem Anlaß auch dieses Datum ein bißchen türken läßt), bringt schließlich das, was Fußball, was jedes Kollektiv, was der Klub ist, in dem wir alle spielen, präzise auf den Punkt: »Ich hab hier gestanden und gesehen, wie ihr eure Medaillen und Pokale bekommen habt, und ihr glaubt vielleicht, daß ihr sie verdient habt, und der Vorstand glaubt vielleicht, daß ihr angespornt und eher dazu bereit sein werdet, euer Leben und Blut deswegen zu opfern. Aber das werdet ihr nicht, im Gegenteil. Es gab eine Zeit, da wäre das so gewesen, aber das ist vorbei. Das war damals, als ihr nur eine Fußballmannschaft wart. Und eine Fußballmannschaft ist wie ein kleines Kind, ein Kind, das weint, wenn es verliert, und das lacht, wenn es gewinnt. Und wenn es weint, gibt man ihm einen Lutscher – oder einen blanken Pokal. Aber Lutscher sind schädlich für Stärke und Wachstum. Es muß Dresche und Faustschläge geben. Woher sollen die kommen, fragt ihr. Vom Vorstand? Oder von der Stadtverordnetenversammlung? Oder vielleicht vom Publikum? Auch falsch. Die müssen vom Klub kommen, und der Klub besteht aus so vielen Einzelteilen, daß keiner mehr als ein paar von ihnen gleichzeitig sehen kann. Ja, vielleicht ist er sogar unsichtbar …«

TSV München 1860 läßt grüßen.

Mit ebensolchem Genuß habe ich gelesen, was Wahlöö zu jenen seltsamen Apologeten des Proletensports Fußball zu sagen hat, die seit einger Zeit auch bei uns die Spalten der Kulturseiten mit inbrünstigen Hymnen auf Balltreter füllen – eine Spezies, die schon im Schweden der 50er Jahre fröhliche Urständ gefeiert haben muß: »Wenn sie den Sport entdecken, sitzen sie meistens, ohne Spleen und unbeeinflußt von der Fahlheit oder von Ballantine, vor dem Glotzkasten, auf dem sie sich ein Spiel zwischen Real Madrid und Botofago oder so ansehen, und es durchschauert sie ein großzügiger Nazismus und sie denken, dies sei ›Schönheit‹ und ›Spannung‹ und ›Reinheit‹ und ›Kraft‹, und am nächsten Tag stellen erstaunte Leser, die nie bis zu den Sportseiten einer Zeitung vorgedrungen sind, fest, daß man ein Randgebiet der Kultur entdeckt hat, das ›Fußball‹ heißt ...« Und er folgert: »Das Los des Sports ist es, ständig von Leuten diskutiert und beurteilt zu werden, die nichts davon verstehen. Aber das ist leicht so, wenn man sich in ein Problem vertieft und auf dessen äußerster Spitze landet«.

Obwohl er am Schluß nicht nur von der Presse, sondern auch von seinem Klub, aus dem der Boss nun »etwas richtig Großes« machen will, die Nase voll hat, ist das Resümee, das der Erzähler zieht, frei von Bitterkeit, ja, er ist davon überzeugt, daß sie im Klub »eine Menge erreicht« hätten. So endet dieser Roman mit einer Note, die noch ganz auf die Nützlichkeit des Vernünftigen setzt, und das Vernünftige ist noch allemal das, was menschliche Energien vom Schlechten auf das etwas Bessere lenkt, auch wenn es das Zweitschlechteste sein mag. Erst in ihren späteren Romanen prangerten Wahlöö/Sjöwall die Gewalt, mit der einzelne reagieren, als Reflex jener Brutalität an, die dabei ist, unsere Gesellschaft zu zermürben.

Woher wir unsere Dresche beziehen und die Faustschläge, die uns die Luft abschnüren; woher der Smog kommt, nicht nur der, der den Himmel über unseren Städten verkleistert, sondern auch der, der unsere Hirne vergiftet; wo die Punkte vergeben werden, die unser Leben trotz des Platzvorteils zu einer Kette von Heimniederlagen machen – Wahlöö hat es in jedem seiner Bücher zu zeigen versucht. Die Macht der großen Tiere und die Korrumpierbarkeit der kleinen, dieses Dilemma, aus dem uns kein revolutionäres Fanal mehr den Weg erhellt, dies immer wieder aufschreiben gegen die Trägheit und die Mutlosigkeit – was sollte Literatur heute noch anderes, was hätte sie je mehr gekonnt?

Was aber den Fußball betrifft, den Fußball und nur ihn, sei Wahlöös Buch auch all denen empfohlen, die angesichts der WM-Übertragungen aus Spanien wieder von »großzügigen Nazismen durchschauert« werden. In die Kriegsberichterstattung aus den südlichen Arenen könnte seine Lektüre jene Perspektive des Normalmenschlichen bringen, die dem Profifußball allmählich abhanden zu kommen droht. Was ja niemanden hindern muß, doch immer wieder zum Torschrei anzusetzen – mich am allerwenigsten.

TIP 13/1982

Die Messer der Leiden

Dichter und Dirne, Künstler und Kurtisane, ein klassisches Motiv durch die Jahrtausende, und auch für die Religiösen und die Sozialarbeiter ist gesorgt, seit Jesus von der Sünderin sagte: »Sie aber hat meine Füße mit Salbe gesalbt. Derhalben sage ich dir: Ihr sind viele Sünden vergeben, darum hat sie mir so viel Liebe erzeigt.« Das Hohelied der Deklassierten, wer hätte es überzeugender singen können als die, die ihre Berufung gern als Kreuzgang begriffen, und wer hätte lohnender über Ausbeutung und Selbstausbeutung als Hebel des schöpferischen Akts nachgedacht?

Freilich bezieht, wer im Sozialstaat Affinität zum Asozialen bekundet, zwangsläufig engagierter außerhalb des Elfenbeinturms Posten als der Dandy des 19. Jahrhunderts, der auch auf dem Hurenpfuhl die ästhetische Assoziation weit mehr suchte als den problemlosen Abgang (Baudelaire: »Ich träumte bei dem Leib, der schamlos sich befleckt, / Von einer Schönheit mir so streng versagtem Segen«). Selbst Henry Millers Ausschweifungen in diesem Milieu lesen sich deshalb neben den leidenschaftlich nüchternen Reportagen Nelson Algrens – und Algren lebte so lange auf der dunklen Seite der Straße, bis ihn die Literaturkritiker, die ja auch mal gerne Sightseeing im Neondschungel machen, von den Schattenmenschen nicht mehr unterscheiden konnten – wie Litaneien eines hoffnungslosen Romantikers. Aber mag sie auch längst nicht mehr so schick sein und den Kassenwarten und Rentenbearbeitern unseres bundesrepublikanischen Schrifttums ohnehin verdächtig – die Position auf dem Strich bringt auch heute noch jede Diskussion über die gesellschaftliche Stellung des Schriftstellers und jede Aufgeregtheit über unsere Stoibers auf den Punkt. Auch als Ratte und Schmeißfliege passe ich allemal besser zu dem Gesindel vor meiner Haustür als zu den Herrschaften, die hierzulande über abendländische Gesittung ihr politisches Geschäft betreiben.

Zu diesen Gedanken animiert das neue Buch von Karin Struck, in dem sie uns wissen läßt, wie weit sie sich vorgewagt hat in die schmutzigen Gefilde der Gegenwart. Wer allerdings bisher schon den Verdacht hatte, die jüngere deutsche Literatur werde von den Fraktionen der Sozialarbeiter und der Psychotherapeuten dominiert, kommt auf den 547 Seiten von »Kindheits Ende« voll auf seine Kosten: Karin Struck hat ein Kompendium für Verständigungstexter, einen Leitfaden durch die Labyrinthe der deutschen Innerlichkeit, aber auch den Baedeker der Selbsterfahrungs-Reisen geschrieben und dabei – von Hasch und Grün bis Frieden und Feminismus – nichts ausgelassen, was der Szene lieb und teuer ist. Denn eines läßt sich nicht bestreiten: Diese Schriftstellerin, diese Frau und Mutter hat, als sie sich auf die Gestrauchelten und Gefallenen, die Misfits der Stadt Münster einließ, nicht nur ein schnödes literarisches Sujet gesucht, sondern nichts weniger als die Rettung gefährdeter Seelen, und sie hat, wo sie als Sozialhelferin scheiterte, doch wenigstens die klassische Mission des Künstlers dadurch erfüllt, daß sie sich sagen kann: »Die Stellvertreterexistenz ist zu Ende.« Das gilt für uns alle, logo: was für unsere Sozialfälle das Asyl, das ist für uns nun einmal die Verlagsanschrift. Suhrkamp-Haus steht nicht auf Skid Row.

Das Buch: Nach zwei gescheiterten Ehen schließt Karin Struck, Mutter zweier Kinder (und Autorin des Romans »Mutter«, 1975) im Herbst 1977 eine dritte Ehe mit einem jüngeren Mann, von dem wir nicht eben viel erfahren, außer daß er drogenabhängig ist und schon vor der

Hochzeit zu seiner Braut sagt: »Du bist wie die Leute vom Sozialamt«. Man kann sich vorstellen, wie diese Ehe verlief; eine *Mission Impossible* für beide. Angeregt von Peter Handkes Journal »Das Gewicht der Welt«, beginnt Karin Struck ein Tagebuch zu führen, in das sie vier Jahre ihre Leiden mit dem jungen M, ihre Träume, Pläne, Arbeiten, ihren Alltag einträgt, alles unter dem Motto eines Pink-Floyd-Verses: »Childhood's end: your fantasies/merging harsh realities«. Erstaunlich, was sie bei ihren anderen Pflichten alles zusammengetragen hat, »der Mensch ist ja nicht untätig« (Peter Kuper), aber das scheint mir schon reichlich, mit drei Kindern, kaputtem Ehemann, umgeben von Drogenköpfen, und es klingt ehrlich, wenn sie öfter notiert: »Verzweifelt versuche ich, die Arbeit aufrechtzuerhalten«. Dazu noch Träume von Peter Handke und eine leibhaftige Alice Schwarzer, die ihr das Ende der Fahnenstange ankündigt, dicke Brocken überall. Freilich, ihre endlosen und von nicht allzu viel Sachkenntnis getrübten Auslassungen über das Drogenproblem – nicht, daß wir es verharmlosen möchten – und die Unmenge der Träume, die beim besten Willen nur ihren Psychiater, ihren Geistlichen oder gleich den lieben Gott angehen, also Karin Struck erspart ihren Lesern nicht viel, auch nicht ihre Angst, alles was sie geschrieben habe, werde in einer Diktatur gegen sie verwendet – niedriger hängen, finde ich; die einzige Diktatur, die momentan möglich scheint, kann nur die Gesinnungsdiktatur einer Geistesausrichtung sein, in der die Talente der Karin Struck gewiß gefragt sind.

Für den Schriftsteller hat das Tagebuch ja immer auch die Funktion des Rechenschaftsberichts, ist es ein nützliches Ventil, um jene Ängste abzulassen, mit denen er sich von Berufs wegen ärger plagt als sein Drucker oder sein Lektor: die Sinnfrage! Karin Struck macht es sich auch da zum Erbarmen schwer, man möchte sie trösten: solange bei Suhrkamp ein solches Deutsch durchgeht, wird diese Autorin so bald nicht brotlos werden. Sätze, daß meine Poren wimmern: »Nach der Rückkehr aus Köln überstürzten mich die Kinder«; »Die Nachrichtensendungen fangen an mit Reden über das Militär«; »Meine Mutter ist in Weinlaune und hat ihr erlaubendes Gesicht aufgesetzt«; »Das Stück Heilheit bewahren«; »Daß ein leeres Loch ist, wenn er nicht kommt« usw. Fragwürdiger noch als solche stilistischen Patzer sind Passagen, bei denen man seine Zweifel hat, ob bei dieser Autorin über der sonstigen Arbeit nicht die Arbeit des Nachdenkens zu kurz kommt, etwa: »Ich denke an Widerstandskämpfer. Und daß der 14. Juli der Unabhängigkeitstag in Frankreich und der Tag meiner Abtreibung ist«, oder: »Ich erwähnte M gegenüber die Penis-Symbole bei der Bundeswehr, sagte, Schießen, Sprengen seien wie Spritzen, Explodieren beim Bumsen des Mannes«. Und: mir graut vor Eltern wie jenen Kölner Besetzern, die Karin Struck, inzwischen dreifache Mutter, zustimmend zitiert: »Unsere Kinder sind der Ausdruck unserer Hoffnungen dafür, daß unser Kampf erfolgreich sein wird; unsere Kinder sind auch ein Stück Protest gegen den herrschenden Materialismus, gegen Funktionärstum und Profi-Politik.« Ja, und schwarzbraun ist die Haselnuß.

Kein Zweifel, Karin Struck hat, nachdem die asozialen Drogenköpfe über Bord gegangen sind, bei den Ökopaxen Anker geworfen; und man muß die Biographie dieser Schriftstellerin leider auch als Beispiel für viele kaputte Sozialisationen der späten 68er Bewegung begreifen. Sie bringt es selbst auf den Nenner: »In der Gegenbewegung zu den Verhärtungen der SDS-Bewegung damals in Bonn, wo der SDS ›stalinistisch hart‹ war und das ›Subjektive‹ verachtete, habe ich das Kind mit dem Bade ausgeschüttet. Erschrocken vor der Umstellung der Welt durch Begriffe und Systeme, habe ich das Aussprechen der Gefühlsschwankungen proklamiert. Danach geriet das große Kind Karin, wie alle Kinder von seinen sinnlichen Glücksmöglichkeiten schon frühzeitig weggerissen, in die Fänge der Drogensüchtigen. Gefühle ohne die Kontrolle des Verstands haben die Gefährlichkeit von künstlichen Paradiesen.«

Man versteht, wie schwer dieses Buch zu lesen ist; ein solches Beispiel für die unsägliche Vermischung von Polit-Klischees (»das Aussprechen ... proklamiert«) und Regenbogenpresse-Niveau (»Fänge der Drogensüchtigen«) steht auf diesen 547 Seiten leider nicht allein und belegt unbarmherzig die Verkitschung von Sprache ohne die Kontrolle der Kritik. Aber auch darin ist sie ganz Kind der neuen Zeit, daß sie – »Seht, wie ich leide!« – schon durch ihr schieres Pathos in denen, die ihre Gefühle nicht recht teilen und ihren Sachverstand in vielem anzweifeln möchten, ein Schuldgefühl wecken kann: Hat neben so viel Leid der Verstand noch Rechte?

»Vielleicht muß es ihm noch schlechter gehen, damit ich ihn lieben kann«, notiert Karin Struck auf Seite 323, und da geht es mir dann doch gegen den Strich, und ein böser Vergleich drängt sich mir auf: Sonthofen als Liebeskonzil, Strauß der Sozialhelfer der Nation. Auch die Politik der Grünen läßt sich in diesem Licht vielleicht besser erkennen, und so tröstet sich denn die Autorin des geplanten Buches »Friedenssehnsucht« über das Scheitern ihrer dritten Ehe mit platter Ideologie hinweg: »Es ist nicht der ›Pflegetrieb‹ der Frauen (Klischee), der mich getrieben hat, M zu helfen; es ist der menschliche Trieb, die Erde und das Menschliche, das Lebendige zu pflegen. Es ist der ›Pflegetrieb‹ der Grünen, der lange verkümmert war und endlich wieder auflebt.«

Genau. Martin Walser wird schon gewußt haben, warum er bereits 1973 zu ihr gesagt hat: »Sie sind ein Medium«. Und so sieht man das Medium denn bei einer seiner Lesungen – es handelt sich wohl um eine kulturelle Form des Tischrückens – irgendwo im weiten Land, umgeben von lauter Gläubigen. Beharrlich klappern die Stricknadeln, beharrlich ist auch das Seufzen, das aufklingt, wenn die Schrifstellerin vorliest, wie leidensvoll das Leben ist, aber wie herrlich auch die Heilheit, die es zu pflegen gilt. Man drängt sich aneinander, man strömt gemeinsam dahin, man hat ja vernommen, was Herbert Achternbusch, der es doch wissen muß, anläßlich der »Klassenliebe« (1973) der Autorin geschrieben hat: »Distanz, das sind die Strahlen, die uns vernichten.«

Ich weiß nicht, was dieser Bierkopf Achternbusch sich dabei gedacht hat, aber Literatur ohne Distanz ist für mich wie Weißbier ohne Zitrone. Im Ernst, ich verstehe ja den Rückzug in den Muff und an den Ententeich, der gerettet werden muß, mag die Welt über den Bergen auch in die Brüche gehn, aber für literarisch tauglich halte ich ihn nicht. Was der Friedensbewegung durchgehen mag – der Rückzug ins Allgemeine –, das ist in der Literatur nicht frei verfügbar. Literatur ist nach wie vor so konkret wie das alltägliche Leben – die nächste Mark, und woher sie kommt –, und wenn Karin Struck weiterhin Literatur machen will, dann sollte sie über dem drohenden Krieg (wann hätte je keiner gedroht, und in welchen wären wir nicht verwickelt, auch wenn er am Rand der Welt, von uns aus gesehen, stattfindet) nicht ihr Handwerk vergessen und über dem grünen Pflegetrieb nicht die Pflege ihrer Sätze. »Leiden«, schreibt sie, »waren die Messer, mit denen ich Bücher aus mir herauswühlte.« Vielleicht sollte sie ihre Messer zum Scherenschleifer bringen, glatte Schnitte verheilen besser. Solange der Schriftsteller sich nicht stationär behandeln lassen muß, dürfte er keine Gelegenheit haben, um festzustellen, daß seine Leiden sich von denen der anderen Leute nun doch nicht sonderlich unterscheiden. Bei denen fließen nur keine Bücher raus, sondern ganz gewöhnliches Blut.

TIP 15/1982

Ein Mann für diese Welt

Die beiden pensionierten Reichsbahnbeamten im Abteil hatten kein gutes Wort für ihren alten Arbeitgeber. »18 Minuten Verspätung bis Magdeburg, da siehst du doch, wie die Dinge liegen, Wilhelm.« Da war selbst der Krieg ein besseres Thema für zwei alte Stabsgefreite: »Weißt du noch, der Iwan mit seinem Panjewagen?« – »Es gab ja Seelen von Menschen darunter.« – »Nochmal nach Moskau heute? Nicht für geschenkt.« Es schien ein passendes Gespräch für diese Reise nach Osnabrück, wo ich Erich Loest besuchen wollte, den Schriftsteller aus Sachsen, den es dorthin verschlagen hat. In Hannover stieg ich um, und die Landschaft wechselte, nach Bückeburg kamen wir ins westfälische Hügelland, es war ein verhangener Tag, aber die Porta Westfalica war gut zu sehen. Kühe im Dunst, sterbende Wälder, ordentliche Bahnhöfe, saubere Städtchen, Landschaft mit Möbelfabriken und Aufsichtsbeamten, Grossomärkten und Kommunikationszentren.

Ich blätterte in den Unterlagen, die ich dabei hatte, Archivmaterial über Loest, einen der populärsten und erfolgreichsten Schriftsteller der DDR, der sein politisches Engagement als überzeugter Kommunist mit heftigen Verfolgungen, mit sieben Jahren Zuchthaus bezahlt hat und seit März 1981 in der Bundesrepublik lebt. Ich hatte seinen Lebenslauf »Durch die Erde ein Riß« mit großer Spannung gelesen und auch darüber geschrieben (TIP 25/82), seinen Karl May-Roman »Swallow, mein wackerer Mustang« preise ich jedem, der hören mag, als eines der schönsten Bücher deutscher Sprache an, die seit dem Krieg geschrieben wurden; nun war ich gespannt, den Mann selbst zu treffen, dessen neuer Erzählband den Titel »Ein Mann für diese Welt« tragen soll, und der seinem

Karl May den wunderbar tragikomischen Satz zugeschrieben hat: »Ich schinde mich bis zum Zusammenbrechen, damit kein Schriftsteller nach mir elend leben muß.«

Loest wohnt bei Freunden am Stadtrand von Osnabrück; Neubauten, Bungalows, Gärten. Wir setzen uns in sein Arbeitszimmer, und er sagt: »Wissen Sie, das ist hier eine Gegend, wenn ich im Kamin die ›Neue Osnabrücker Zeitung‹ verbrenne, kommt gleich eine telefonische Nachfrage von der Freiwilligen Feuerwehr, was das für ein komischer Rauch ist.« Loest ist heute 57, sieht aber trotz schwerer Magenoperationen jünger aus, ein untersetzter breitschultriger Mann, den man auf den ersten Blick sympathisch findet – und nach dem zweiten nicht zum Gegner haben möchte. Er brachte Tee und stellte mich der Dame des Hauses vor, die mich mit Butterbroten versorgte. Ich fragte Loest nach der Gruppe, die er ins Leben rufen wollte, ein Zusammenschluß von DDR-Autoren im West-Exil, die er Gruppe 76 nennen wollte – nach dem Jahr, in dem Biermann ausgebürgert wurde.

»Eines haben wir ja erreicht«, sagt Loest, »letztes Jahr im Oktober die große Zusammenrottung von 22 Autoren in Marburg, das war schon prima, das ist aber nicht wiederholbar.« Jetzt kam ein pfiffiger Ausdruck in seine Augen. Er erzählte von seinem Plan, ein Domizil für diese noch gar nicht existente Gruppe zu besorgen. »Es gibt hier doch, im Land verstreut, diese Akademien. Da bot sich in der Nähe das Osteuropäische Institut in Flotow an, die haben viel Platz und eine phantastische Bibliothek. Da sollten wir ein Schutzdach finden, wo auch einer von uns mal ein paar Monate sein kann, vielleicht zwei Dreimonatsstipendien im Jahr, daß man mal die Jungen, die in Westberlin sitzen, da rausholen kann. Und zusätzlich vielleicht zweimal im Jahr eine Tagung. Das«, sagte er und legte die breite Stirn in Falten, »muß man einüben, und dazu gehört auch Geld. Ich habe das in Bonn beim Innerdeutschen Ministerium schriftlich und mündlich anhängig gemacht, ein Professor aus Schwäbisch-Gmünd hat das beim Bundeskanzleramt ins Gespräch gebracht, ein Dreivierteljahr sind wir vertröstet worden, jetzt, im Herbst, gibt es vielleicht einen Termin. Der zuständige Ministerialbeamte schrieb, die Verzögerung habe nicht nur finanzielle oder organisatorische Gründe, ich kann daraus schließen, daß es politische Gründe sind. Dabei hätte das natürlich schon vor Jahren passieren müssen, wenn es jetzt nicht gelingt, dann gebe ich es auf.«

Ich fragte ihn, welche »politischen« Gründe er sich vorstellen könne, und er sagte: »Daß das ein linker Laden würde – und das würde es ja auch. Dabei bitte ich die Konservativen – es gibt ja auch diesen eher rechten Freundeskreis – herzlich, da hinzukommen. Als wir in Marburg waren, kam einer zu mir und sagte, ich sei der einzige, der das hätte machen können. Ich habe darüber nachgedacht, es ist ja so: Ich bin mit niemandem verfeindet, kann mit jedem reden von links bis rechts, es ist richtig, ich könnte so streng integrieren; vor allem, wenn ich es nicht mache, macht es keiner.« Er überlegte, dann sagte er: »Es könnte ja auch eine schöne Wirkung auf die DDR haben, wir könnten ein Gewicht darstellen in diesem Streit Engelmann gegen Zwerenz, diesen Querelen, die ja tief gehen.«

Ich sagte, in mir habe, als ich davon las, die Hoffnung gekeimt, daß auch bei den rein hiesigen Autoren so eine Gruppe vielleicht etwas in Bewegung bringen könne, Stoßrichtung: die Apparatschiks, die bei VS und PEN den Kurs bestimmten. Loest nickte und erzählte gleich eine passende Geschichte. »Ich bin«, sagte er, »beim PEN gewesen in Berlin im Mai, frisch in den PEN-Club aufgenommen, habe mich richtig gefreut und fühlte mich geehrt. Dort wurde dann zwei Tage lang gefochten um eine Resolution. Ich habe das nicht gleich durchschaut, ich weiß doch nicht, wer wer ist, ich weiß ja nicht, daß der eine in der DKP ist und der andere ihr nahesteht und wie die sich die Bälle zuspielen. Da sagte einer was ganz Vernünftiges, und dann haute der Walter Jens den in die Pfanne, ich kam gar nicht dahinter, warum. Dann steht der Engelmann da und erklärt einfach alles, was ihm vorgeworfen wird, zu Mißverständnissen. Dann wird abgestimmt, hinterher kommt die Frage, worüber haben wir eigentlich abgestimmt. Am Ende war einer Resolution zugestimmt, die die Nato-Raketen verurteilt und die SS-20 überhaupt nicht erwähnt, das war dann geschafft. Wenn wir nun eine Kraft darstellten, dann wäre da auch einer von uns dabei, und es wäre doch schön, wenn gerade bei einer solchen Veranstaltung der Kunze wäre.« Er lehnte sich zurück und lächelte mit heiterer Melancholie: »Aber es wird schon nichts werden.«

Loest holte Bier und kündigte an, wir gingen dann noch in Jaques' Weindepot. Ich wußte, daß er nach seiner Zuchthausstrafe unter Pseudonym Kriminalromane geschrieben hatte, um seine Familie durchzubringen, Krimis nach traditionellem Strickmuster, die in London spielten und Riesenauflagen erzielten. Darauf war er heute noch stolz. »So viel Geld hatte ich vorher und nachher nicht, es kamen ja auch Tantiemen aus der CSSR, aus Polen, Bulgarien. Irgendwann hat mir's dann aber gereicht.« Vom Kriminalroman und dessen Möglichkeiten, auch politische Themen zu beackern, kamen wir auf den westdeutschen Literaturbetrieb, wie ihn Loest kennengelernt hatte. Er war ja dieses Jahr auch in Klagenfurt gewesen beim großen Wettvorlesen um den Bachmann-Preis, gegen den Rat seines Lektors, der natürlich wußte, daß ein Mann wie Loest bei den Kunstgewerblern keine Chance hatte, aber Loest war doch froh, daß er da war – so bekam er Informationen aus erster Hand.

»Es ist ja bekannt«, sagte er, »daß dies die Privatveranstaltung des Marcel Reich-Ranicki ist – der übrigens, als sie noch lebte, heftigste Schmähkritiken über die Bachmann verfaßt hat. Die Jury bestand dieses Jahr aus Leuten, die alle in der FAZ schreiben. Es wird ja dann ausgelost – durch Reich-Ranicki –, in welcher Reihenfolge gelesen wird. Ich kam auf den völlig undankbaren ersten Platz, die favorisierten Damen – es war von vornherein klar, daß diesmal eine Frau das Rennen machen sollte – waren auf den günstigsten Plätzen ganz am Schluß. Alle wußten – fragen Sie mich nicht, woher –, Karin Reschke ist die Favoritin. Karin Reschke war als letzte Leserin gelost am vorletzten Tag, wo sich die Lesung über Nacht noch einprägt – ein phantastischer Platz. Die Roth, die den Preis dann gekriegt hat, war die vorletzte überhaupt, als allerletzte kam eine kleine Schweizerin, die mir schon leid tat. Die Reschke, die ich sehr mag, las eine ganz beschissene Geschichte, ich glaube, die war auf den Preis hin geschrieben, handgestrickt, mit E. T. A. Hoffmann drin, aber Jens machte die sehr fertig, da blieb nischt mehr. Na ja«, sagte er und goß noch etwas Bier nach, »mir ist es gut gegangen, es waren alle sehr lieb zu mir, wir waren mit dem Auto dort, da hatten wir schon den halben Urlaub raus. Wissen Sie, einer sagte, das ist die Literatur für Leute ab 8000 Mark Monatseinkommen, der hat natürlich recht.«

Ich fragte ihn, ob die jüngeren Autoren mit ihm etwas anfangen könnten, und er mit ihnen. »Ich habe einen Gewährsmann gefragt«, sagte Loest, »wie diese Leute sozial einzuordnen seien. Ja, bekam ich zu hören, das sind alles freie Schriftsteller, die haben in einer Anthologie mal gestanden und dann gesagt, jetzt bist du Schriftsteller, und nun leben sie doch sehr abhängig von Stipendien und Preisen. Ich habe gefragt, und die Frauen, sind die wenigstens gut verheiratet, mit Chefarzt, nein, nicht mal das. Das ist also eine hungrige Schicht, so viel erlebt haben sie ja auch wieder nicht, und darüber wird nun geschrieben, über den Geliebten, der weggegangen ist, aber den Papagei gehabt hat, der kommt jetzt durch die Wand durch, so ein Zeug. Ich habe«, sagte er, »da doch einiges kennengelernt von Ängsten und Zwängen, mit denen ich Gott sei Dank nichts zu tun habe. Ich bin weder so arm wie die noch so erfahrungslos.«

Wir verstanden uns immer besser, und ich nahm auch noch die letzte Wurstschnitte. »Hier machen ein paar große literarische Namen jetzt spektakuläre Aktionen«, sagte Loest, »aber wenn ich mir ansehe, was geschrieben wird, dann muß ich feststellen, daß die Politik nicht drin ist in den meisten Romanen. Zur Durchleuchtung der Gesellschaft tragen sie nicht das bei, was Amt der Literatur ist. Nehmen wir nur mal Westberlin, diese seltsame Stadt, was könnten, was müßten da für Romane spielen. Der Verfall einer Partei, Garski, was geschieht jetzt in der CDU – was hätten die Amerikaner da für Romane geschrieben! Balzac in Paris! Da liegt diese einmalige Stadt, und es gibt keine Literatur darüber!« Ich fragte ihn, worauf er das zurückführe, aber da mußte er auch passen. »Vielleicht haben die Schriftsteller tatsächlich geglaubt, sie müßten ganz anders schreiben, Schluß mit dem Roman, Realitätsverlust – komm'se, gehn wir ins Weindepot.«

Die Dame des Hauses fuhr uns zum Weindepot und fand dann auch, nachdem wir einige Sorten Roten und Weißen probiert hatten, den richtigen Tropfen für uns, einen Sancerre, der zwar trocken, aber auch süffig war. Loest erzählte von ihrer Reise durchs Loire-Tal, nach dem fünften Schloß war da doch der alte Klassenkämpfer erwacht in ihm, obwohl das Essen natürlich – übers Essen und Trinken konnte man mit Loest stundenlang reden. Mit dem Wein gab es Brothäppchen mit Entenklein, und dann kamen nach und nach einige Bekannte, jemand, der bei der Stadt etwas war, ein Professor an der Uni Osnabrück, ich merkte, wie sie Loest mochten, obwohl da immer eine Distanz blieb von seiner Seite. War er nun auf Besuch hier, für immer? Er erzählte die Anekdote mit dem CSU-Stadtrat aus München, den er irgendwo traf. »Ich sagte, ich wäre aus Mittweida in der Nähe von Karl-Marx-Stadt, daraufhin sagte der Stadtrat, wissen Sie, Herr Loest, Sie können mich für konservativ halten, ich sage Ihnen, für mich bleibt das immer – Leipzig.« Beim 17. Juni hätte er, sagte er, 20 oder 30 Termine haben können, Veranstaltungen, Reden, Feierlichkeiten, und, sagte er, »eines Tages bin ich dann der letzte, der noch Augenzeuge war, mit 80 Jahren stehe ich dann als Wackelgreis auf dem Podium und erzähle vom 17. Juni, wißt ihr, Kinder, das war so, als die Panzer rollten …«

Der Professor – er war Politologe – und seine Frau lotsten uns noch mit zu sich. Sie hatten eine neue Wohnung bezogen, die wir alle bewunderten, ich bewunderte auch die Sammlung von Literatur zur Mafia, und Loest bekam eine alte Ausgabe der »Alraune« von Ewers verehrt. Er mochte Bücher, das sah man, er hatte den passionierten Blick für sie und die zärtliche Hand eines Mannes, der mit ihnen sein Brot verdient, eines Handwerkers; in Bauzen II, im Knast, hatte ich gelesen, war er ein As bei der Montage von Klemmbrettern gewesen. Wir tranken Rotwein, knabberten Nüsse, der Politologe hatte ein Anliegen, er hatte ein Buch über die Einflußnahme der

Natostaaten auf die portugiesische Politik nach der Revolution von 1974 geschrieben, nun fragte er, ob Loest mit seinen Rundfunkkontakten etwas dafür tun könne, und Loest sagte: »Wird gemacht«. Dann kam er auf eins seiner Lieblingsthemen zu sprechen, Fußball, und für diesen Sachsen, das wurde offenbar, war Fußball weit mehr als ästhetischer Reiz für ein Intellektuellenhirn, es war der Sport der kleinen Leute, sonntägliches Glaubensbekenntnis, Religion; wenn er über den legendären Dresdener SC mit Helmut Schön sprach, hatte er einen Ausdruck in den Augen wie einer, der über Erscheinungen berichtet. Beim Abschied, die »Alraune« unterm Arm, küßte er der Frau des Professors galant die Hand, und ich dachte: So sind heimatlose Linke in der ganzen Welt, mit etwas ausgebeulten Hosenbeinen stehen sie mit einem Buch unterm Arm in fremden Wohnungen und küssen ihren Gastgeberinnen die Hand, dann gehn sie nach Hause in ihre Stube und träumen von der Zeit, als sie von ihrer Regierung des Umsturzes verdächtigt und vor die Wahl gestellt wurden, abzuschwören oder im Knast zu verschwinden.

Wir saßen dann noch lange bei Loest vor dem Kamin, wo er Holz und die »Neue Osnabrücker Zeitung« verbrannte, tranken Weißwein, aßen Schmalzbrote und schwatzten. Ob er sich vorstellen könne, je wieder zurückzugehen in die DDR? Er wiederholte, was Biermann ihm gesagt hatte: »Wenn sie uns drüben die Freiheit geben, die wir hier haben, Erich, dann können wir ja auch hierbleiben.« Aus irgendeinem Grund kam ich auf Lassalle zu sprechen, der – wie Rosa Luxemburg, wie Rathenau und so viele andere große Deutsche – starb, bevor er seine Aufgabe auch nur annähernd erfüllen konnte, und die Dame des Hauses zeigte mir die Büste Lassalles, die Loest aus Leipzig mitgebracht und hier aufgestellt hatte. Und im Badezimmer hing an einer Wand ein Grundriß des Fußballstadions des VfL Osnabrück. Wer den Fußball liebt, ist fast überall auf der Welt wenigstens ein bißchen zuhause ...

Loest hatte 1981 den von der Stadt Neumünster neu gestifteten Fallada-Preis bekommen, einen idealeren Preisträger kann man sich nicht vorstellen, mit Sachkunde und Respekt sprach er von Fallada, aber wie war das mit dem Kutisker-Roman? Fallada hatte 1944 als Auftragsarbeit einen antisemitischen Roman über den Niedergang des jüdischen Bankhauses Kutisker & Barmat begonnen, doch selbst sein DDR-Biograph Crepon mißt dem Projekt kaum mehr als die Funktion eines Schutzschildes zu, mit dem der gefährdete Schriftsteller drohende Gefahren abwehren wollte. »Aber wenn er den Roman doch geschrieben hat, würde ich den Preis zurückgeben!« rief Loest. »Das wäre ich mir schuldig.«

Die Dame des Hauses brachte eine neue Flasche Wein, und ich brachte einen Toast auf den Karl May-Roman aus. Ich glaube, Loest war ganz gerührt. »Siehst du«, sagte die Dame des Hauses, »irgendwann setzt sich das Buch noch durch.« In der Bundesrepublik sind bis jetzt nur 6000 Exemplare verkauft, was sich vielleicht ändert, wenn der Film realisiert wird, der im Gespräch ist. Ein anderes Projekt war ein Film über die Hitler-Jugend, Loest war ja selbst Fähnleinführer gewesen und hatte in seinem Lebenslauf geschrieben: »Es gibt keinen Roman über die Hitlerjugend, und auch der Chronist wird keinen schreiben« – nun war also wenigstens ein Fernsehspiel geplant, vielleicht, hoffte ich, wird mehr daraus: Es gab noch so viele weiße Flecken, und schon lange beunruhigte mich das Phänomen, daß die weißen Flecken auf den Landkarten fast verschwunden sind, die in unserem Bewußtsein aber immer größer werden.

Loest sagte: »Kennen Sie die Werkstattgespräche, die Bienek vor 12, 15 Jahren gemacht hat, Werkstattgespräche mit Schriftstellern nach amerikanischem Vorbild? Das müßte eure Generation auch wieder machen, das ist wichtig, wissen Sie das?« Er vertiefte sich in das Thema, daran lag ihm. »Das muß jede neue Generation machen, festhalten, was die Literatur in ihrer Zeit geleistet hat, wie sie ausgesehen haben, die Dichter, was sie gesagt haben und verschwiegen haben. Das ist ganz, ganz wichtig, denken Sie drüber nach.«

Irgendwann verabschiedete ich mich, er brachte mich noch hinaus, das Hotel lag ganz in der Nähe, später fiel mir ein, daß ich der Dame des Hauses einen Handkuß gegeben hatte, also sowas! Am nächsten Morgen beim Frühstück lief im Radio ein Lied der Veronika Fischer, die auch seit zwei Jahren bei uns ist, in diesem satten, kränkelnden Westen.

TIP 21/1983

Berlin 1980
Foto Süddeutscher Bilderdienst

Der dritte Weg

> Denke einen Gedanken zu Ende – und du vermagst die Welt zu verwandeln. Doch nimm ihn zurück, und er ist nicht geschehen, ist weniger als der Schatten eines Traumes. Die Tat jedoch – sie ist klar und eindeutig, aber unwiderruflich.
>
> Vicki Baum, *Feme*

Erster Teil: Anwerbung

1

Manchmal rauchte Jansen gern Pfeife. Er mochte das Mundstück zwischen den Zähnen, den heißgerauchten Pfeifenkopf in der Hand, sogar den bitteren Tabaksud auf der Zunge. Von einer Pfeife konnte ein gutes Gefühl ausgehen, wie von einem Zündschlüssel, wenn das Auto sofort ansprang, oder von einem frisch geschliffenen Messer. Jansen griff in die Taschen seiner Windjacke, aber er wußte, daß er die Pfeife nicht dabei hatte, die Peterson's, die Sonja ihm geschenkt hatte. Er mußte sie gestern in der Kneipe liegengelassen haben. Oder vorgestern? Mattscheibe. Die Trinkerei wurde langsam zuviel. Er schwang die Arme, stampfte auf und stieß die Luft tief aus. Doch den Nebel bekam er damit nicht weg, weder den in seinem Kopf noch den da vorn am Ende der Straße, durch den ein Scheinwerfer vom Wachtturm auf der anderen Seite der Mauer ein diffuses bläuliches Licht wirbelte.

Irgendwo in dem Haus, vor dem er wartete, ging plötzlich ein Fenster auf, und es war, als ob ein Fetzen Musik hinausgeschleudert würde wie ein Feuerwerkskörper – ein Fetzen Musik, der explodierte, knallte und zischend verglühte. Er zuckte zusammen und schaute nach oben, aber das Fenster war schon wieder zu. Alles dunkel. Um fünf stand in dieser Gegend so leicht keiner auf, nicht im Januar. Gingen wahrscheinlich grade ins Bett mit ihren Schlampen, schoben noch eine Nummer, während die Briketts friedlich brieten. Na, das wird ihnen bald vergehen, dachte er. Hoffentlich kommen die Jungs jetzt, damit wir die Scheiße hinter uns kriegen. Er hatte das Gefühl, beobachtet zu werden, und starrte auf den Türkenimbiß an der Ecke, wo in diesem Augenblick die Neonbeleuchtung eingeschaltet wurde. Als er rüberging, fuhr ein Wagen an, der vor dem Abbruchhaus geparkt hatte. Jansen sah zwei Männer. Der auf dem Beifahrersitz drehte sich nach ihm um. Hab ich vorhin gar nicht gesehn, dachte er. Müssen Bullen sein. Hoffentlich geht das heute ohne Zoff ab. Er wartete, bis der Türke aufmachte, dann drängte er sich in die Imbißstube mit ihrem muffigen Geruch nach kaltem Hammelfett und süßem Schmalz. An der Wand verstaubte ein Porträt von Atatürk.

»Tee und 'n Kebab«, sagte Jansen und hauchte in die Hände. Könnte wenigstens seinen Ofen anschmeißen, bevor er aufmacht, fand er. Er hatte noch zwei Zweimarkstücke und zog sich eine Schachtel Zigaretten. Der Türke strich eine Zeitung glatt und schüttelte den Kopf. Er war unrasiert und hatte rotgeäderte Augen. Um diese Zeit sah keiner gern in den Spiegel.

»Kebab nix jetzt«, sagte er. »Kebab später.« Natürlich, der Grill war noch kalt, und am Spieß hing nur eine verkohlte Schwarte. »Toast? Salat? Bulette?«

»Tee«, sagte Jansen und steckte sich eine Zigarette an. Auf der Oranienstraße wurde der Verkehr langsam dichter. Der Nebel flockte. Berlin, wenn es Tag wird, dachte er.

Der Türke stellte ihm eine Tasse Tee hin. Das Radio war an, und Jansen hörte etwas von Smog, Smogwarnung Stufe 1. Bald konnte man nur noch mit Gasmaske rumlaufen. Er trank einen Schluck Tee. Der Türke beobachtete ihn, während er Tomaten zersäbelte. Der weiß genau, warum ich hier bin, dachte Jansen. Das Abbruchhaus stand schwarz und unheimlich drüben an der Mauer, und der Scheinwerfer von der anderen Seite fing ein weißes Tuch an einem vernagelten Fenster ein, das dort hing wie das Zeichen zur endgültigen Aufgabe.

»Ja«, sagte er, um dem Mann zuvorzukommen, »das Haus wird heute abgerissen.« Der andere sah ihn nur an, warf die Tomatenscheiben in eine rosa Plastikschüssel und zog die Folie von einer Salatgurke. »Da hat ja längst keiner mehr drin gewohnt«, sagte Jansen, »ist total verrottet.« Er schob die Teetasse weg und drückte die halb gerauchte Zigarette in der Aschenschale mit der silbernen Aufschrift AK BANK aus. Warum verteidige ich mich vor dem Kebabmann, dachte er verbittert, was versteht der schon. »Was macht das?« Der Mann sah ihn an und schwieg. Jansen legte ein paar Münzen auf den Tresen und machte, daß er rauskam.

Jetzt gingen doch schon Lichter an, und er stellte sich in den Schatten eines Haustors. Man sah zwar keine Menschen in den Fenstern, aber er wußte, daß sie hinter den Vorhängen standen. Er machte die zweite Zigarette an, als endlich der VW-Bus um die Ecke bog. Greiner stieg als erster aus. Greiner war der Kolonnenführer. Naumer, der Boß, kam im eigenen Wagen und ging die letzten hundert Meter zu Fuß.

2

»Irgendwas stinkt hier«, sagte Greiner, als sie sich in den zweiten Stock hochgearbeitet hatten. Die Kegel ihrer Taschenlampen erfaßten herausgerissene Stromleitungen,

Schimmelflecken an den Wänden und Stuckreste an den Decken und setzten sie zu surrealen Mustern zusammen. Das Haus zitterte unter den Hammerschlägen, mit denen die Arbeiter die Waschbecken, die Spülen und zurückgelassenen Möbel zertrümmerten.

»Stinkt auch nicht mehr als sonst«, sagte Naumer. Er war ein korpulenter Mensch mit Bluthochdruck, einem Schutzhelm auf seiner 100-Mark-Frisur und einem Bundeswehrparka über seinem Anzug, der gut zwei Mille gekostet hatte. »Hopp, Kinder, seht zu, daß ihr fertig werdet. Die Abrißbirne muß bald kommen.« Er war nervöser als sonst.

Jansen wünschte wieder, er hätte die Pfeife zwischen den Zähnen und könnte sich mit süßem holländischen Tabak einnebeln. Er stieß eine Zimmertür auf und ließ den Strahl seiner Taschenlampe wandern. Eine Rauhfasertapete hing in Streifen von der Wand. Aus einem alten Kunstlederkoffer hing der Ärmel eines roten Kleids. An der einen Wand standen leere Pilsflaschen in Reih und Glied, und in einer feuchten Waschpulvertrommel raschelte etwas unter Lumpen und zerknülltem Papier. Durch die kaputte Fensterscheibe und das davorgenagelte Lattenkreuz sah man die Lichter auf der anderen Straßenseite.

»Menschenskind Jansen, mit Ihnen ist heute anscheinend gar nichts anzufangen.« Das war natürlich Naumer. »Steht da und kiekt Löcher in den Plafond. Da sind schon genug drin, Mann. Tempo! Oder wollen Sie lieber mit dem Vorschlaghammer arbeiten?«

Jansen stand als Arbeiter auf der Lohnliste, aber inoffiziell war er eine Art rechte Hand von Greiner und hatte sich um alles und gar nichts zu kümmern. Manchmal war es immer noch erstaunlich, welche Druckposten man in der Baubranche als Sohn eines erfolgreichen Architekten ergattern konnte, auch wenn man den alten Bastard seit zehn Jahren nicht mehr gesehen hatte. Und das Abrißunternehmen Naumers gehörte ja schließlich auch zur Baubranche. Wo nichts abgerissen wurde, konnte auch nichts gebaut werden. Er wollte Naumer gerade mit irgendeiner Floskel abwimmeln, als sie nebenan Greiner aufschreien hörten.

»Schaun Sie sich diese Schweinerei an«, keuchte Greiner. Er war ein stiernackiger Bayer mit einer Vorliebe für Bockbier und Schwulenwitze, aber jetzt sah er aus wie ein angegangener Stinkkäse und hielt sich am Türrahmen fest. Das Zimmer war das kleinste in der Wohnung, kaum größer als eine Kammer. Ein Matratzenlager bedeckte den größten Teil des Bodens. Die Taschenlampen von Jansen und Naumer schnitten ein Kreuz darüber, bis sie sich schließlich darin festkrallten. Naumer hielt scharf die Luft an und ließ sie langsam und ächzend entweichen, und Jansen knipste die Lampe aus und versuchte, sich eine Zigarette anzustecken. Sie waren beide alt genug, um Leichen gesehen zu haben, aber die hier mußte schon so lange in dem blutverkrusteten Schlafsack gelegen haben, daß die Ratten sie gefunden hatten. Greiner verzog sich fluchend. Zwischen den Hammerschlägen der anderen hörten sie, wie er kotzte. Naumer stieß Jansen seine Taschenlampe in die Seite.

»Kommen Sie hier raus, Jansen, hier holen wir uns noch die Pest.«

Sie gingen in die Küche. Jansen schien es, als setze sein Boß zu einer längeren Erklärung an, aber dann reichte es doch nur zu einem knappen, mißmutigen Spruch: »Schöne Schweinerei. Dabei haben die Bullen das Haus die ganze Zeit observiert.«

Jansen wollte ihm gar nicht zuhören – er versuchte sich gerade zu erinnern, mit wem er zuletzt geschlafen hatte –, aber das Wort »observieren« ließ ihn aufhorchen. Obwohl es natürlich stimmte – die Polizei hatte auf alle Häuser ein Auge, die zum Abriß freigegeben wurden.

»Wahrscheinlich wieder so ein Rauschgifttoter«, sagte Naumer, »ein Fixer – schleicht sich hier rein, verpaßt sich den goldenen Schuß, und ich hab jetzt die Scherereien am Hals.«

Jansen trat seine Zigarette aus. »Wie kommen Sie auf Rauschgift, Chef?«

»Was soll es denn sonst sein?«

Sie knipsten gleichzeitig ihre Lampen an und ließen sie noch einmal vorsichtig Bögen ziehen.

»Haben Sie das da gesehn, Chef?«

»Was ist das denn für 'ne Parole?«

An die Wand war in krakeligen Lettern das Wort »Feme« gemalt. Es war sicher rote Farbe, denn das Blut, das hier vergossen worden war, sah viel schmutziger aus.

»Politik«, sagte Naumer, »das hat mir ja zu meinem Glück noch gefehlt.«

Jansen wollte ihn fragen, woher er wisse, daß Feme etwas mit Politik zu tun habe, aber er ließ es. Es schien nicht der richtige Augenblick zu sein.

3

Sie kamen mit und ohne Sirenen, sie kamen sofort, und sie kamen von überall her. Später, als Jansen zum Nachdenken kam, beeindruckte und beunruhigte ihn am meisten die Schnelligkeit, mit der die Polizei »die Situation« – wie es im internen Bericht zweifellos hieß – unter Kontrolle brachte. Eben hatten Naumer und er noch in der Kammer gestanden, mit dem Bündel am Boden und dem roten

FEME an der Wand, starr wie Figuren in einem angehaltenen Film, und im nächsten Augenblick war ein Tumult ausgebrochen, den nur ein kühler Beobachter als präzis organisiertes Spektakel erkennen konnte – Sirenen, kreischende Bremsen, grüne Uniformen, Blitzlichter, scharfe Kommandos, das aufgeregte Bellen eines Suchhundes, ein Stampfen, unter dem das Abbruchhaus nicht weniger bebte als zuvor unter den Hammerschlägen des Demolierungstrupps, dessen Leute jetzt frierend auf der Straße standen, mit dem Rücken zu dem Polizeikordon und dem Pulk von Gaffern, aus dem vereinzelt mit belegter Stimme ein Fluch drang.

Der Tumult war wie ein Spuk gekommen und wieder verschwunden, aber in dem hektischen Durcheinander hatten sich Jansen einige Bilder mit unangenehm scharfen Konturen eingeprägt: Greiner, dann Naumer mit dem Rücken zu Jansen, flankiert und streng ins Gebet genommen von zwei Männern in Regenmänteln, dunkle Silhouetten auf dem Hinterhofbalkon mit dem rostigen Eisengeländer; eine junge Frau in einer Lammfelljacke in offenbar vertraulicher Unterhaltung mit einem Mann, der eine getönte Brille trug und ein ernstes Gesicht machte, während er mit seiner Wildlederstiefelette eine leere Bierfalsche hin und her wendete; dann Greiner, der mit hochrotem Kopf und ohne Jansen anzusehen nach unten polterte; schließlich der Mann mit der dunklen Brille, der Jansen heranwinkte: »Einen Augenblick, bitte«, und als Jansen mit ihm in das rückwärtige Zimmer ging, sah er, daß das Bündel immer noch dalag.

»Tja, Herr Jansen«, sagte der Mann, »ich muß Ihnen auch ein paar Fragen stellen, geht ganz schnell, Sie wollen ja auch wieder an die Arbeit – rauchen Sie?«

Er hielt Jansen eine Rothhändlepackung hin, die aussah, als sei sie grade erst aufgemacht worden – das Stanniolpapier war noch nicht abgerissen – aber die Packung war schon halb leer. Jansen fingerte sich eine Zigarette raus. Der Mann gab ihm Feuer. Aus der Nähe hatte er ein sehr junges Gesicht mit einem dünnen Flaum auf der Oberlippe. Die dunkle Brille gab ihm etwas Affiges.

»Eine unangenehme Geschichte, Herr Jansen«, sagte der Mann. Er stelllte sich nicht vor. Das hatte er auch noch nicht gelernt. »Arbeiten Sie schon lange bei Naumer?«

Jansen pickte einen Tabakkrümel von den Lippen und ließ sich Zeit mit seiner Antwort. »Das wissen Sie doch sicher schon alles«, sagte er schließlich und fand es ärgerlich, diesem Milchbubi, der mindestens zehn Jahre jünger war als er, so ein Eingeständnis machen zu müssen.

»Aber Herr Jansen, ich bitte Sie – wir haben mit dem Fall grade erst angefangen.«

»Da brauchen Sie doch nur Ihren Computer zu fragen.«

»Herr Jansen, Sie machen Ihre Arbeit, und ich mache meine, da verstehen wir uns doch? Sie sind also bei Naumer seit ...«

»Zwei, drei Monaten.«

»Aha. Zwei, drei Monate. Darf ich fragen, was Sie vorher gemacht haben?«

»Was hat das mit Ihrem Fall zu tun? Falls es Ihr Fall ist.« Jansen lächelte verkniffen und trat seine Zigarette aus. Der Milchbubi nahm plötzlich seine Brille ab, und Jansen sah, daß er einen Fehler gemacht hatte – die Augen, in die er sah, waren so alt, wie es die Dreckarbeit verlangte, mit der sie sich zu befassen hatten.

»Sehn Sie mal«, sagte der andere, »allmählich frage ich mich, warum Sie sich so anstellen. Ihnen braucht diese Geschichte doch keinen Kummer zu machen, so wie die Dinge aussehen.« Er grinste und setzte die Brille wieder auf, aber für Jansen würde er nie mehr wie ein Milchbubi aussehen. »Kommen Sie, nur ein paar Fragen, reine Routine ... rauchen Sie noch eine? Na klar, würde mir auch den Magen umdrehen, so früh am Morgen ...«

Jansen beantwortete seine Fragen – es war wirklich reine Routine, aber er nahm sich trotzdem in acht – und wurde dann zu den Männern mit den Regenmänteln gebracht, die sich immer noch mit Naumer unterhielten. Die beiden waren ein anderes Kaliber – harte Gesichter mit leeren Augen, die es noch nie nötig gehabt hatten, etwas zu verbergen. Einer redete, der andere starrte Jansen an wie ein Stück Fliegendreck auf seiner Frühstücksstulle. So oft er später darüber nachdachte, was diese beiden Staatsschützer ihm eingebleut hatten, er konnte sich nicht an einen einzigen Satz erinnern, aber das war vielleicht auch gar nicht nötig, er mußte nur an ihre Gesichter denken. Und wenn die Gesichter auch zerfaserten und sich in Nichts auflösten – es genügte, daß er sich daran erinnerte, wie er sich gefühlt hatte, als der, der bis dahin nichts gesagt hatte, den Mund aufmachte, als müßte er ihn mit einem Stemmeisen aufbrechen, und sagte: »Sie halten also den Mund, Jansen. Das wär's dann.« Er hatte den Fliegendreck von seiner Stulle abgekratzt; jetzt würde er sie aufessen.

Sie verschwanden viel langsamer, als sie gekommen waren, aber um so leiser – kein Blaulicht, kein Martinshorn, keine aufheulenden Motoren. Jansen sah von oben zu, wie zwei Männer in Lederjacken das in eine Plane gehüllte Bündel in einen Ford Kombi mit zivilem Kennzeichen schoben. Die Menge war völlig stumm. Der Kombi fuhr weg, dann gab Naumer das Zeichen. Sie konnten weitermachen. Ein einziges Spruchband wurde entfaltet, auf dem in roten Lettern stand: »WER HÄUSER ABREISST, BRINGT AUCH MENSCHEN UM«. Aber als die Abrißbirne endlich zum ersten Schlag ausholte, standen die beiden Mädchen, die das Spruchband hielten, allein am Fuß der Mauer. Die neblige Luft war ätzend vom Smog, und als Jansen gegen Mittag auf sein Bett fiel, hustete er schwarzen Schleim.

4

Das war am Mittwoch gewesen. Am Freitagvormittag fühlte sich Jansen immer noch nicht besser. Wenn er nicht seine Rücklagen angreifen wollte, mußte er sich was besorgen. Er trank eine Tasse Beuteltee und röstete im Backofen eine trockene Schnitte Scheibenbrot, die prompt verkohlte. Er stopfte das schwarze Ding in eine der übervollen Plastiktüten, die sich in der Kochnische breitmachten, als hätten sie vor, den Winter hier friedlich zu verschimmeln, und rief aus reiner Gewohnheit Sonja an. Ihre Stimme kam immer noch direkt aus der Hüfte.

»Was ist denn, Rolf?«

»Ich bin abgebrannt, Sonja, ich brauch 200 Mark. Ich komm gleich vorbei.«

»Weißt du was? Versuch's mal mit Arbeit.«

Wenn sie wollte, konnte sie direkt witzig sein. Das Dumme war nur, daß sie alles genau so meinte, wie sie es sagte. Das machte vielleicht ihren Reiz als Stripperin aus, aber im Alltag konnte sie einen damit ganz schön nerven.

»Ich bin krank, Sonja. Mir kommen die Eingeweide bröckchenweise raus. Der Smog.«

»Seit wann trinkst du Smog? Außerdem reiche ich nächste Woche die Scheidung ein.«

»Dann mußt du auch für mich aufkommen. Du bist der Verdiener in der Familie gewesen.«

»Probier's doch mal, Rolf.«

Sie ließ offen, was er probieren sollte – als Verdiener anfangen, oder bei ihr mit gezücktem Fahrtenmesser, die Peterson zwischen den Zähnen, Alimente kassieren –, und legte auf. Es blieb ihm nichts anderes übrig: Er mußte raus. Nach zwei Jahren in Berlin kannte er niemanden, der ihm auch nur das Fahrgeld für die U-Bahn geliehen hätte.

Jansen war 37 geworden, aber mit seinen drahtigen Einsachtzig, dem etwas starren Lächeln, das auf seinem Mund lag, als ob es dort vergessen worden wäre, den wenigen Falten um die grauen Augen und dem dichten rötlichblonden Haarschopf konnte er noch für dreißig durchgehen. Er war nie ernsthaft krank gewesen, nur schlief er in letzter Zeit schlecht, eigentlich hatte er schon immer schlecht geschlafen, auch bevor Sonja abgehauen war, lange davor – länger, als er zurückdenken mochte. Ich kann mein Geld immer noch mit allem verdienen, dachte er, während er auf die U-Bahn wartete. Auch mit meinen Händen. Er schaute vom Bahnsteig hoch. Der Gegenzug fuhr ein. Sein Blick fiel auf eine Kamera neben der Kabine, in der der Zugabfertiger seine Durchsage machte. Hm, ist mir noch gar nicht aufgefallen, daß die Dinger jetzt auch in der U-Bahn sind. Sein Zug kam, und beim Einsteigen dachte er: Komisch, daß von dem Toten nichts in der Zeitung war. Aber es war natürlich gar nicht komisch. Es paßte. Alles wurde doch vertuscht.

Naumers Geschäftsleitung mit dem Personalbüro – das Abrißunternehmen war nur ein Teil des Schattenreichs, das er sich zusammengestohlen und in Durchstechermanier einverleibt hatte – lag in der Bleibtreustraße. Vor dem Café, in dem die Models und ihre Stenze ihr Müsli löffelten, lungerten zwei Punks mit Irokesenschnitten, deren grüne Farbe dringend aufgefrischt werden mußte.

Aus der Nähe sah Jansen, daß sie höchstens fünfzehn sein konnten – blasse Gesichter mit Augen, die schon so enttäuscht waren, daß man sich fragte, wie man selbst so alt geworden war. Sie wollten eine Kippe von ihm, aber er hatte keine Kippe; er gab ihnen eine Mark. Jetzt hatte er selbst nur noch eine. Aber er hatte ja Naumer.

»Ich brauch Schuß«, sagte Jansen zu dem Mädchen, das die Personalabteilung darstellte. Sie hatte eine Art seidenen Partyanzug an und viel Rouge im Gesicht.

»Jansen«, sagte sie, als hätte sie ihn noch nie gesehen, und fuhr mit einem überlangen rosa Fingernagel eine Spalte in ihren Unterlagen nach. »Ach so, Sie sind das. Sie können keinen Vorschuß mehr bekommen.« Sie sagte es, ohne ihn anzusehen. Jansen spürte, wie ihm das Blut in den Kopf stieg.

»Was soll das denn? Ich hab diesen Monat noch keinen gehabt.«

»Ja, ich weiß auch nicht. Da müssen Sie sich an Herrn Naumer wenden.«

»Das werd ich auch.«

Sie schob ihre Papiere beiseite. »Herr Naumer ist jetzt nicht da.«

»Dann warte ich eben.«

Sie sah ihn immer noch nicht an. »Herr Naumer ist in Westdeutschland. Vor Montag kommt er nicht zurück.«

Jansen spürte den kalten Schweiß an seinem Hemdkragen. Sein Herz schlug dröhnend und unregelmäßig wie ein spuckender Motor. »Hören Sie mal, Sie kennen mich doch.« Er bemühte sich, seinem Lächeln etwas Kumpelhaftes zu geben, den kollegialen Tonfall hinzukriegen, von Arbeitnehmer zu Arbeitnehmer. »Ich hab doch sonst auch immer Schuß gekriegt, Naumer hat mir gesagt, daß es da keine Schwierigkeiten gibt. Zweihundert Mark, das ist doch nicht die Welt.« Es klappte nicht; sie sah ihn einfach nicht an. In diesem Augenblick kamen zwei Arbeiter von einer Demolierungskolonne, die er flüchtig kannte, aus dem Kassenzimmer; ein junger Spund, der ewig einen Walkman umhatte, und ein Jugoslawe, mit dem Jansen schon ein paar Biere getrunken hatte. Sie verstauten ihre Scheine im Blaumann. Jansen nickte ihnen zu.

»Also, Herr Jansen«, sagte die Sekretärin und schaltete ihre Schreibmaschine ein, »ich hab dann auch noch zu tun. Wie gesagt, Herr Naumer ist nicht da.«

»Das werden wir ja gleich sehen«, blaffte Jansen und war schon aus ihrem Büro und in dem Korridor, an dessen Ende Naumers Allerheiligstes lag, mit den schwedischen Stahlmöbeln und dem Hundertwasser mit persönlicher Widmung an der Wand und dem Safe dahinter, dessen Alarmanlage, wie es in der Firma hieß, den Polizeipräsidenten persönlich aus dem Schlaf riß, wenn er je geknackt werden sollte. Oh ja, bei seinem Eintritt in die Firma – so hatte Naumer es jedenfalls genannt – hatte auch Jansen einen Augenblick auf einem jener kühn konstruierten Sessel Platz nehmen und ein Tröpfchen Wodka kippen dürfen, er war schließlich »der Sohn meines alten Lehrers«, wobei unklar blieb, was ein Fachmann für den Bau von Trabantensiedlungen einem beigebracht haben konnte, der sich auf den Abriß von alten Wohnquartieren spezialisierte.

Jansen ignorierte Naumers Zerberus im Vorzimmer, diese Geierwally in ihrem Chanelkostüm, er stürmte gleich zum Allerheiligsten und riß die Tür auf. Also war er doch da, natürlich war er da, unterhielt sich mit Greiner und einem Mann in einem blauen Trench, den Jansen nicht kannte. Der Wodka war auch schon aufgefahren.

»Herr Naumer, da gibt es –«, er wollte noch einmal neu ansetzen, gleich in die vollen, aber er kam gar nicht weiter, Naumer war schon auf den Beinen, und er hatte auch schon seinen Spruch parat: »So eine Unverschämtheit lasse ich mir nicht bieten, Jansen. Sie sind entlassen. Holen Sie sich am Montag Ihre Papiere.«

»Entlassen? Sie können mich doch nicht rausschmeißen, nur weil ich Vorschuß haben will ...«

»Ich diskutiere nicht mit Ihnen, Jansen.«

Und Greiner hatte auch noch was zu melden: »Schieb ab, Jansen. Wir brauchen dich nicht mehr. Du mit deinem ewigen Blaumachen, also!« Der Mann im Trench besah sich den Hundertwasser, als ob er ihn kaufen wollte.

»Warum lassen Sie sich denn verleugnen, Herr Naumer?« Jansen spürte eine Bewegung hinter sich, dann lagen auch schon die Hände auf seiner Schulter, er hatte nichts mehr zu verlieren, er schrie: »Ich komm Ihnen schon drauf, was Sie zu vertuschen haben, Naumer!«, dann rissen sie ihn weg. Es waren der Jugo und der Walkman-Typ, natürlich.

»Faßt mich bloß nicht an!« brüllte Jansen, aber da er keine Anstalten machte, das Vorzimmer zu verlassen, faßten sie ihn schließlich doch an und zerrten ihn durch den Korridor zum Ausgang. Die Türen standen offen, und die Angestellten sahen zu, wie Jansen von seinen finster blikkenden Kollegen rausgeworfen wurde. Niemand sagte etwas, und alles, was Jansen sagte, als sie ihn durch die Schwingtür zerrten, war: »Ihr Schweine.«

Sie gaben keine Antwort. Der Junge verstand ihn auch sicher nicht, denn er hatte den Walkman voll aufgedreht, und der Jugo sah aus wie einer, der nur das tut, wofür man ihn bezahlt. Sprechen gehörte nicht zu diesem Job.

Als er draußen war, atmete Jansen tief durch. Er mußte husten, aber es war nur ein trockener Husten, bei dem nichts rauskam. Auf der anderen Straßenseite stapften die Punks mit ihren Knobelbechern durch den verharschten

Schnee. Mit einer Mark kam man heute wirklich nicht mehr weit.

5

»Die ganze Elektronikbranche ist eine reine Überwachungsindustrie«, sagte Jansen mit Nachdruck und klopfte die Zigarette, die ihm irgendwann einer gegeben hatte, auf den Tresen, ohne zu merken, daß der halbe Tabak rausfiel. Beim Sprechen schliff er die Worte etwas ab, aber das störte den Mann nicht, mit dem er sich unterhielt. Der Mann hatte den Kopf in die Hände gestützt und schlief. Jansen beäugte die Zigarette und sagte: »In jedem Eisschrank ist schon ein Sender drin. Glaubst du, die wissen nicht, was du ißt? Jedesmal, wenn du dir ein Bier rausholst, macht es Klick, und irgendwo geht ein Lämpchen an, und sie wissen schon: Jetzt trinkt er wieder ein Bier. Weißt du, wie das heißt?«

»Ja«, sagte die Blonde hinterm Tresen. »Geschlossene Abteilung heißt das.«

»Fast!« sagte Jansen lächelnd. »Es heißt der Sonnenstaat. Geben Sie mir noch ein Bier, junge Frau.«

Die Blonde war mindestens fünfzig und hatte ein Gesicht, dem immer noch nicht alles gleichgültig war, obwohl sie schon so lange übte. Sie trug einen eng sitzenden braunen Pullover unter dem sich zwei Melonen wölbten, und eine schwarze Hose aus einem Kunststoff, der in dem schummrigen Licht speckig glänzte. Jansen hatte ihren Namen vergessen, aber das war ihm nur recht. Er wirkte wie ein Mann, der fest entschlossen ist, so lange zu trinken, bis er jeden Namen vergessen hat, den er je gewußt hat.

Als sie ihm das Bier gebracht und gleich vier Mark

kassiert hatte, setzte sie sich zu dem einzigen anderen Gast, einer Frau, von der Jansen bisher nur wahrgenommen hatte, daß sie ein bißchen schielte, schwarze Haare hatte und Campari trank. Er mochte Campari nicht. Jansen trank nur Bier und scharfe Sachen. Er setzte die Flasche an und versuchte sich zu erinnern, was er eben gesagt hatte, aber sein Blick blieb an dem Markstück hängen, das neben dem Aschenbecher lag. Das Markstück glänzte so merkwürdig. Vielleicht war es Falschgeld. Jansen starrte die Münze an. Nein, sagte er sich, Falschgeld würde mich doch nicht auch noch auf sich aufmerksam machen. Das Ding will mir ein Zeichen geben. Unwillkürlich stecke er die Hand in die Hosentasche. Ah. Jetzt fiel es ihm wieder ein. Er nahm die Scheine heraus, hielt sie aber unterm Tresen und warf nur einen flüchtigen Blick darauf. Ein Hunderter und zwei oder drei kleine Scheine. Er steckte sie wieder ein, versuchte nonchalant zu lächeln, nahm das Feuerzeug, das sein Nachbar neben dem Bierglas liegen hatte, und steckte sich die Zigarette an.

Über den schimmernden Bäuchen der Brandy- und Likörflaschen konnte er sich im Spiegel erkennen. Fast hätte er genickt, wie man einem Fremden zunickt, der sich neben einen setzt und dreinsieht, als wäre er dankbar für jedes freundliche Wort. Jansen sprach mit sich selbst, denn was er dort in dem fleckigen Glas mit den angeklebten Sprüchen (»Ob Hagel oder Schnee – Hertha BSC«) und den Penthouse-Titten ausmachte, sah auch so aus, als hätte es ein bißchen Aufmunterung nötig. Du hältst dich doch ganz gut, Junge. Nur ein bißchen Geld fehlt, sonst ist noch alles da. Tausend Mark hast du gestern abgehoben, und jetzt hast du noch hundertfünfzig. Das kann jedem passieren. Er wußte nicht mehr, was er mit dem Geld gewollt hatte – war es um eine Reise gegangen?

Wichtiger war jetzt, sich daran zu erinnern, was er mit dem Geld gemacht hatte. Nun ja, er hatte getrunken. Du bist immer noch dabei, alter Junge. Vielleicht haben wir auch ein kleines Spielchen gemacht. Dann hast du dich aber gut gehalten, wenn du immer noch 150 Mark hast. Doch ein Gefühl von Stolz wollte nicht aufkommen. Statt dessen fing er an zu zittern. Er machte einen Lungenzug und mußte sich die Hand mit der Flasche vors Gesicht halten, um das Würgen zu verbergen. Das kommt nur, weil du nichts gegessen hast. Nimm einen Schluck Bier, das ist auch Brot. Er trank einen Schluck Bier, der auch unten blieb, und machte gleich einen Lungenzug hinterher. Diesmal würgte er nicht halb so stark. Merk dir das, immer erst ein Schluck Bier und dann die Zigarette, nicht umgekehrt. So verkommen kannst du doch noch nicht sein, daß du dir das nicht mehr merken kannst. Sein Blick fiel auf die schwarzhaarige Camparitrinkerin. Sie löste das Kreuzworträtsel in der BZ und fragte die Bedienung, wenn sie etwas nicht wußte. Die Bedienung ging dabei ihre Kassenbons durch. Die Musikbox war still, und auch von der Straße drang kaum ein Laut, und so konnte man schon einen Augenblick annehmen, dies sei der Frieden, von dem alle redeten. Der Frieden und die Frau.

»›Die Grundlage des Zusammenlebens der freien Völker‹ mit vier Buchstaben«, sagte die Schwarzhaarige. »Was kann das denn sein, Peter?«

Die Blondine, die also Peter hieß, hatte etwas mit ihren Bons durcheinandergebracht; sie fluchte vor sich hin und sagte: »Komm, Kindchen, mach mich nicht nervös.«

Jansen räusperte sich, hob seine Bierflasche und sagte: »NATO.«

Die Schwarzhaarige sah ihn überrascht an, als fiele er ihr jetzt erst auf. Ihr Mund hatte einen angenehm sanften rötlichen Schimmer, und ihre Zähne glänzten hell.

»Du bist ja ein richtiger Schlaumeier! NATO. Da wär ich nie drauf gekommen.« Sie schrieb die vier Buchstaben auf und sagte anerkennend: »Dann stimmt ja auch der Schauspieler mit fünf Buchstaben. Siehste: Delon, nicht Gabin.«

»Hab ich dir doch gleich gesagt, Ilona«, sagte Peter und legte die Bons beiseite. Dann sahen ihn beide an, als hinge nun alles von ihm ab – er hatte das Kreuzworträtsel gelöst, jetzt war er der Mann im Haus. Er wedelte mit der Kippe, die zwischen seinen Fingern verqualmte: »Trinkt ihr was mit?«

Er rückte nach oben an den Tresen. Der dritte Gast schlief immer noch, aber da nichts los war, ließ die Bedienung ihn in Ruhe. Sie sagte: »Ich kenn Otto doch. Wenn ich ihn jetzt 'n bißchen schlafen lasse, fährt er nachher noch nach Hause und kommt heut abend wieder mit ner Rolle. Schmeiß ich ihn raus, greift ihn die Polente, und seine Olle läßt ihn die ganze Woche nicht mehr weg. Ja, da siehste mal – und Otto war mal 'n großes Tier beim Senat.«

»Ach, das ist doch schon tausend Jahre her«, sagte Ilona und machte Jansen schöne Augen. Sie hatte sie dick bemalt, aber das Schielen ließ sich auch mit Make-up nicht beheben. »Kommste mit auf Zimmer?«

»Gleich«, sagte Jansen. Er war noch an Otto interessiert. »Und dann haben sie ihn rausgeschmissen?«

»Klar doch«, sagte Peter und goß sich noch einen Persiko ein. »Da war irgendwas mit dem Osten. So ein Verdacht, verstehst du. Da mußte der Stasi ihn fallen lassen.«

»Die Stasi?«

»Oder wie heißt das bei uns? Sag bloß, das weißt du nicht, Mister Nato.«

Sie sah Jansen an, als wüßte sie alles von ihm – ein

Blick, der einen nackter machte, als man zur Welt gekommen war. Jansen fühlte sich plötzlich schmutzig und sehr nüchtern. Er trank das Bier aus. Was hatte er hier verloren?

»Auf Zimmer?« fragte Ilona wieder. Er hatte ihr eine Mark für Musik gegeben, und jetzt schepperte der alte Apparat seine Botschaft: »Let's dance«, »Life is a party«. Das Leben ist eine Partei, dachte Jansen, und Parteiausschluß wird mit dem Tod bestraft. Er spürte ein Hämmern im Kopf, als übe dort einer auf rostigen Benzinfässern das Bongospielen.

»Laß uns doch noch einen trinken«, schlug Jansen vor. Er hatte nicht gehört, was Ilona gesagt hatte, aber es war sicher nichts, was mit einem frischen Bier nicht besser wurde.

»Komm lieber jetzt und trink nachher noch was«, sagte Ilona. Sie klang so praktisch wie eine Nachtschwester, die dem Patienten erklärt, daß er nach ihr klingen soll, ehe er ins Bett macht.

»Ich glaub, ich kann jetzt gar nicht«, sagte Jansen.

»Siehste, hab ich dir doch gleich gesagt«, sagte Peter.

»Natürlich kannst du«, meinte Ilona und legte ihm ihre Hand auf den Schenkel. Er fühlte ihre Nägel durch den Stoff. »Ich bring ihn dir schon hoch, deinen Piepmatz.«

Jansen sah ihr voll ins Gesicht, aber da war nur ihr Schielen und der weiche glänzende Mund. Das Hämmern in seinem Kopf verstärkte sich. Der Apparat setzte scheppernd die Nadel in die Rille, und es ertönte die Polonaise Blankenese.

»Also komm«, sagte Jansen.

Draußen war es so dunkel, als wäre tiefste Nacht. Die wenigen Autos fuhren im Schrittempo. An der Ecke stand ein Mannschaftswagen der Polizei, und zwei Uniformierte musterten gleichgültig einen Fixer, der nur eine Hose, ein offenes Hemd und Sandalen anhatte und gerade versuchte, eine Zigarette zu drehen. Er zitterte so stark, daß das Blättchen weggeweht wurde. Tränen liefen ihm übers Gesicht. Ilona zog Jansen um die Ecke. Vor dem Stundenhotel stand ein Mädchen mit silbern gefärbtem Haar und mottenzerfressenem Pelzmantel und fütterte ihrer Promenadenmischung eine Portion Fritten mit Ketchup. In dem Auto, das weiter unten am Straßenrand parkte, knatterte der Polizeifunk. Jansen gab dem alten Mann, der in seinem Verschlag an der Treppe hockte und sich von einem billigen Radio mit billiger Popmusik berieseln ließ, zwanzig Mark. Ilona nahm die zwei zerschlissenen Frotteehandtücher in Empfang und schob Jansen die halbdunkle Treppe hoch: »Komm, mein geiler Schatz, jetzt mach ich dir's schön.«

Das Zimmer war gerade groß genug für ein längsseits gestelltes Bett mit einem durchgetretenen Vorleger, ein Nachtkästchen, von dem der rostfarbene Lack abblätterte, und ein Waschbecken. Die Birne, die unter einem verstaubten rosa Schirm an der Decke flackerte, schien es nicht mehr lange machen zu wollen. Der schwere dunkle Vorhang vor dem Fenster tat das seine, um der Atmosphäre eine Düsternis zu verleihen, die – mit dem Blumenmuster der alten Tapete, dem säuerlichen Geruch nach Turnhalle und dem Aschenbecher mit dem Brandenburger Tor und dem Aufdruck »Berlin grüßt die freie Welt« – zu einer Zeit zu gehören schien, die nur dort überlebt hatte, wo sich die alten Instinkte nach altem Brauch abreagierten. Von nebenan kam ein helles Lachen und ein Geräusch, als würde jemand in die Hände klatschen, und dann wippte ein Bettgestell. Jansen hockte mit dem Rücken zur Wand auf dem Bett und betrachtete die flauschige gelbliche Überdecke, die mit Brandlöchern übersät war. Das Wippen wurde schneller und entschiedener und brach plötzlich ab. Murmeln. Auf der Straße schrie jemand: »Dann macht mich doch alle!« Ilona hatte Hose und Bluse ausgezogen und setzte sich jetzt in BH und Strumpfhose zu Jansen: »Komm, gib mir mal mein Geld.«

Jansen gab ihr den Hunderter, und dann streifte sie ihm die Hose und den Slip runter und griff sich seinen Schwanz. Sie beugte sich über ihn und leckte die Eichel ein bißchen, und Jansen betrachtete ihr Gesicht mit den bemalten schielenden Augen und den Resten von altem Puder und dem Pickel im dunklen Flaum auf der Oberlippe und den Hals, der für den gedrungenen, starken Körper etwas zu kurz war. Eine feuerrote Narbe lief quer über den Halsansatz, und eine zweite entdeckte er auf dem Rücken, unterhalb der Schulterblätter am Verschluß des Büstenhalters. Sie schmatzte und schlabberte an seinem schlaffen Glied und half mit den Fingern nach. Ein Nagel war abgebrochen, und Jansen steckte eine Hand in ihr Haar und rieb es, als könnte das Knistern einen Funken übertragen. »Siehst du«, stöhnte Ilona, »er wacht schon auf«, und sie machte weiter, und Jansen machte die Augen zu und versuchte sich Sonja vorzustellen, Sonja im Bett, frühmorgens nach der Arbeit, nach ihrem Stripper-Job, wie sie ihm einen blies – als hätte sie sich nicht nur ein paarmal dazu herabgelassen in diesem einen Jahr ihrer Ehe, die so plötzlich und sinnlos verpufft war, wie sie begonnen hatte –; Sonja frühmorgens in dem Strip-Club am Kurfürstendamm, als Jansen sie zu einem Drink einlud und einfach fragte »Willst du mich heiraten?« und sie ihre Puderdose zuklappte – das war wohl der Anfang des Films, auf den sie gewartet hatte – und nicht »Ja« sagte oder »Ich glaub, bei dir piept's« oder »Du, toll«, sondern »Was brauch ich denn dazu?«, in der irrigen Annahme, für alles andere werde Jansen schon sorgen. Am dritten Tag nach der Trauung war sie die ganze Nacht mit einem Düsseldorfer Kunsthändler unterwegs, und es bereitete Jansen nicht die geringste Genugtuung, als der Mann ein halbes Jahr später wegen Steuerhinterziehung und illegaler Einfuhr von Antiquitäten hochging. Nein, mit Sonja hatte es keinen Zweck. Er machte die Augen wieder auf und starrte auf einen Riß in der Wand. Der Riß sah aus, als würde er nicht lange allein bleiben.

Ilona hatte sich aufgerichtet und rieb jetzt mit beiden Händen seinen Schwanz, der sich vor dieser unerwarteten Attacke am liebsten irgendwohin verkrochen hätte, wo es dunkel und warm und sicher war, aber Ilona sagte »Mensch, dich krieg ich noch hin, und wenn's den ganzen Tag dauert«, und Jansen lächelte und schloß wieder die Augen und überließ sein Ding den ungeschickten Fingern, die besser dazu getaugt hätten, Babywindeln zu waschen oder Tomaten zu ziehen, und hoffte aufs Beste, und langsam schwoll sein Glied tatsächlich an, und er dachte an andere Frauen, die er gekannt haben mußte, brachte aber nur eine Serie von zerfließenden Gesichtern und Körpern zusammen und dachte dazwischen an Essen, an etwas zu essen, Eisbein fiel ihm ein und Coq au vin und das Filet Capriccio in dem italienischen Restaurant, wo er mit Sonja manchmal gegessen hatte, wenn er Geld bekommen hatte, Sonja, Sonja, und dann sah er plötzlich den Berg vor sich, den Berg im Tessin, den er als Zehnjähriger an einem Sommertag mit seinem Vater bestiegen hatte, und er glaubte, das Flimmern der Sonne auf den Steinen zu spüren, den Duft der Pinien zu riechen und die eiskalte Limonade zu schmecken, die grüne Waldmeisterlimonade, die es danach gegeben hatte und die ihm plötzlich so köstlich vorkam wie keines von all den Getränken danach, und er spürte den Gummi, den Ilona über sein Glied streifte, und hatte wieder den tauben, toten Geschmack im Mund, den pelzigen Geschmack vom Schutt der eingerissenen Häuser, von Smog und Schnaps, von Trennung, von Berlin. Wieder hämmerte es in seinem Kopf, und er spürte, wie er keuchte, er spürte das Reißen an seinem Schwanz und die Nägel, die sich in seine Schenkel bohrten, und er wußte plötzlich, daß sie nicht allein waren in diesem düsteren Zimmer, und als er die Augen aufmachte, sah er das Bündel aus dem Abrißhaus auf dem Bettvorleger, die Blutlache und das Wort FEME an der Wand. Er zuckte zusammen und stöhnte auf, und sein Samen spritzte in den Gummi, und Ilona sagte mit einer Stimme, die in der Kälte und dem Todesgefühl so künstlich klang, als gehörte sie zu einem Werbespot für einen neuen Teppichreiniger im Fernsehen: »Siehste, ich hab doch gesagt, bei mir wird's was.«

»Du bist schon eine Nummer, Ilona«, sagte Jansen.

»Wie meinste das denn?« Sie machte zwei von ihren Marlboros an und gab ihm eine.

»Wie ich's sag. Wer hat dir denn die Narben verpaßt?«

Das Bündel mit dem Toten war weg, aber Jansen starrte ihre Narben an, als erinnerten sie ihn an etwas, das er lieber vergessen hätte.

»'n Typ, was denkst du denn.«

»Doch kein Freier?«

Sie zog den Gummi mit einem heftigen Ruck ab, stand auf, zeigte ihm ihr massiges Hinterteil mit dem geblümten Slip und warf den Gummi in den Abfallkübel unter dem Waschbecken.

»Du fragst zuviel«, sagte sie und betrachtete in dem rechteckigen Spiegel über dem Waschbecken ihr Gesicht. Dann sah sie, daß mit Jansen etwas nicht stimmte – er war plötzlich aufgesprungen und starrte den Riß in der Wand an. Der Riß teilte sich in etwa zwei Meter Höhe, und genau an diesem Punkt war etwas, das von weitem wie ein schwarzer Fleck aussah. Jansen schob das Bett quer und besah sich den Fleck aus der Nähe. Ilona zog an ihrer Zigarette und sagte: »Was machst du denn da?«

»Ich glaube, da ist ne Kamera dahinter«, sagte Jansen.

Ilona stieg in ihre Hose. »Ich weiß«, sagte sie und schielte ihn an, »die sind für unsere Sicherheit da, die Kameras.«

Jansen starrte sie an. »Für eure Sicherheit? Spinnst du?«

Sie wurde heftig. »Du Blödmann, glaubst du, wir lassen uns gern mit dem Messer ficken?«

»Und wer sitzt am andern Ende? Wer hat uns jetzt zugesehen? Die Sitte?«

»Quatsch doch keinen Scheiß. Der Typ unten. Außerdem geht dich das 'n alten Scheißdreck an.«

Er stellte sich dicht vor sie hin, ohne sie anzufassen, aber vor seinem Gesichtsausdruck wich sie bis zur Tür zurück.

»Der Typ unten?« fragte Jansen. »Der Alte im Kabuff mit seinen Frotteehandtüchern? Und ob mich das was angeht.«

»Es ist für unsere Sicherheit«, wiederholte Ilona. »Für unsere Sicherheit!«

Jansen sagte nichts mehr. Er zog sich an, und sie gingen. Als Ilona dem alten Mann den Schlüssel gab, sah Jansen ihn an, aber der Alte brabbelte nur etwas ohne von ihm Notiz zu nehmen, hängte den Schlüssel an den Haken und setzte sich wieder auf den wackligen Stuhl zu dem Radio, das immer noch dieselbe Popmusik spielte. Sie klang noch billiger als vorher.

Von dem Fixer auf der Potsdamer war nichts mehr zu sehen, aber die Polizisten hockten noch im offenen Mannschaftswagen und fummelten mit ihren Schlagstöcken.

»Komm, ich geb dir noch einen aus«, sagte Jansen und ging mit Ilona in die Bar zurück.

An den Wänden fielen ihm die Lichtergirlanden auf, vielleicht weil sie wie Pariser aussahen, in denen bunte Neonlichter glühten. Ein paar neue Gäste hatten das Videospiel mit Geld gefüttert und schossen jetzt mit dem Lasergewehr die elektronischen Vögel ab, die aus dem Wald schwirrten. Jansen bestellte einen Campari und ein Bier, aber Ilona tat, als wäre sie für immer mit ihm fertig – so hatte auch Sonja ausgesehen, wenn sie sich frühmorgens von ihm abwandte und ihren Drink ein paar Barhocker weiter bringen ließ – und setzte sich zu Otto, der wieder ganz munter schien und Peter und eine Farbige mit Persiko traktierte: »Kommt, Mädels, jetzt tun wir uns noch einen rein! Man lebt nur einmal.«

Jansen nahm sich sein Bier und sah den Touristen zu, die mit dem Spielzeuggewehr schossen – er hörte nicht genau hin, aber einer mit einem Gesicht, das aussah, als sei es von einer Kraftmaschine zusammengepreßt und anschließend von einer Höhensonne gegrillt worden, erzählte dauernd etwas von einem Fratz, den er vor dem Heimflug noch vernaschen mußte, Kegelbrüder, dachte Jansen, und nach einer Weile ließen sie ihn auch mal ran: »Na, Sportsfreund, zeig mal, was du kannst!« Aber Jansen, der sonst ein treffsicherer Schütze war, egal ob mit der Jagdflinte oder auf dem Rummelplatz, brachte nicht einen einzigen Vogel zur Strecke, und als er die Runde bezahlt hatte, belief sich seine Barschaft noch auf sechs Mark siebzig. Er stellte sich mit dem Bier, das er noch nicht angerührt hatte, zu Otto und den Mädchen, und die Farbige sagte »Er ist einfach zu ihm hingegangen und hat gesagt, jetzt bist du dran, Mustafa oder wie der hieß, und hat die Schrotflinte hochgehoben und abgedrückt, den hat es fünf Meter nach hinten gerissen, ich hab's vom Balkon gesehn, und der andere ist in den Imbiß reingelaufen und hat sich in der Küche versteckt, und da saß er noch im Müllsack, als die Bullen kamen, total High Noon«, und Otto sagte »Wenn ich die finde, die mir den Ring gemopst hat, Uhr versteh ich ja noch, aber Ehering, also da hab ich kein Verständnis mehr, und ich verkehre zwanzig Jahre hier«, und Ilona sagte »Komm, gib noch einen aus«, und Jansen sagte »Später» und stellte die Bierflasche auf den Tresen. In der Musikbox behauptete einer: »Denn nur in der Kneipe bin ich frei.« Und an einer Hauswand, an die Jansen sich zum Pinkeln stellte, stand in weißer, schon verwitterter Schrift: FOLTER MIT SENDERN. Es schien Jansen von allen Behauptungen, die er in letzter Zeit mitbekommen hatte, die logischste zu sein.

6

Der Schuldspruch war schon vor Jahren gefällt worden, und das Tribunal hatte die Todesstrafe einstimmig verhängt. Es war nicht leicht gewesen, den Verräter aufzuspüren. Und noch jedesmal war es ihm bisher gelungen, sich wenige Stunden vor der Hinrichtung mit einer neuen Finte seinen Verfolgern zu entziehen. Aber jetzt hatte er keine Chance mehr; denn der Mann, der ihm diesmal zur Flucht verhelfen sollte, war der Agent, der das Todesurteil zu vollstrecken hatte.

Er vergewisserte sich, daß der Wagen nicht im Halteverbot stand, und betrachtete den riesigen Betonklotz am Ende der Straße, dessen tausend erleuchtete Fenster den Horizont dahinter um so dunkler wirken ließen. Die Nacht war tropisch warm. Trotz der Hitze schienen alle Fenster geschlossen zu sein, und außer dem fernen Flügelschlag eines Hubschraubers, der über dem Wald stand, war nur das Zirpen von Grillen zu hören und vom Autokino neben dem halbfertigen Supermarktpalast ein schwermütiger Tango.

Er ging jetzt rascher. Tausend erleuchtete Fenster schienen ihn anzustarren. Er glaubte das Surren von tausend Eisschränken zu hören, das Seufzen von tausend Menschen, die nicht schlafen konnten, tausend Streichhölzer, die eine Zigarette anzündeten, eine Kerze oder den Gasherd. Er sah tausend zerwühlte Betten, tausend verstopfte Ausgüsse, tausend Müllsäcke, an denen magere struppige Katzen schnüffelten. Tausend Umarmungen, tausend Küsse, tausend Flüche – und tausend Telefone, die er jetzt, mit einem einzigen harten Ruck der Zange, von der Außenwelt abschnitt. Tausend Särge in einem Haus, dachte er, aber in dieser Nacht wird nur einer geschlossen. Er gab das verabredete Klingelzeichen, und während er auf den Fahrstuhl wartete, nahm er den Revolver aus dem Halfter an der Wade. Ich könnte in jedes dieser tausend Zimmer gehen und hätte jedesmal einen Verräter vor dem Lauf, dachte er, aber es ist richtig, daß wir nur die Verräter bestrafen, die wissen, daß sie sich selbst verraten haben. Die eloxierten Metallwände des Fahrstuhls waren mit obszönen Graffiti bedeckt, und mit verzweifelter Befriedigung registrierte er, daß von den politischen Parolen keine einzige auf die Organisation anspielte. Ich gehöre zu denen, dachte er, die namenlos bleiben müssen, auch wenn ihre Taten vielleicht die Welt verändern.

Der Fahrstuhl war angekommen, und alles, was ihm noch zu tun blieb, lag am Ende des langen, düsteren Korridors, wo ein Mann, der ihn noch nie gesehen hatte … doch plötzlich schrillte vorne eine Alarmglocke.

Jansen schreckte hoch. Sein Unterhemd war schweißnaß, und die Hand, die zum Lichtschalter griff, zitterte. Einen Augenblick hörte er nur seinen Herzschlag, dann klingelte es wieder, und im gleichen Augenblick war ein metallenes Knacken an der Wohnungstür zu hören. Jemand versuchte, die Tür aufzuschließen. Aber da hatte er Pech – Jansen ließ seinen Schlüssel immer innen stecken. Vielleicht wollte Sonja den Rest ihres Krempels holen. Aber die Stimme, die er draußen hörte, als er leise zur Tür tappte, konnte auch einem Detektiv gehören: »Sieht so aus, als müßten wir nochmal wiederkommen, aber dann laß ich die Tür aufbrechen, das sag ich Ihnen!« Jansen spürte einen kalten Hauch von Panik. Der einzige Ausweg war die Flucht nach vorn.

»Wer ist da?«

»Herr Jansen?« Leiser: »Er ist ja doch da, sehn Sie, man muß nur stur bleiben.«

»Wer sind Sie denn?«

»Hier ist der Hausmeister, machen Sie doch auf, Herr Jansen, es dauert nur einen Moment.«

Jansen schloß auf. Der Hausmeister war ein kleiner hagerer Kerl mit straff zurückgekämmten schwarzen Haaren und einem Gesicht, dem eine chronische Gastritis die Farbe von Haferschleim verlieh. Einen Schritt hinter ihm stand eine junge Frau, die mindestens einen Kopf größer war. Sie trug einen dunklen breitkrempigen Filzhut und einen Wildledermantel, der so neu aussah, als müßte noch das Preisschild am Kragen hängen. Sie hatte eine strenge Brille und ein noch strengeres Lächeln um die ungeschminkten Lippen.

»Tag, Herr Jansen«, sagte der Hausmeister, »gut, daß Sie aufmachen. Ich hätte die Tür nur ungern aufbrechen lassen, aber wat mutt, dat mutt, sagt meine Frau immer ...«

»Wieso wollen Sie meine Tür aufbrechen?«

Der Hausmeister sah kopfschüttelnd zu ihm hoch. »Ja, Herr Jansen, das Objekt ist gekündigt, fristgerecht, das hat Ihnen Ihre Frau doch sicher mitgeteilt, Sie sind doch noch verheiratet?« Er schnickte mit den Fingern. »Jedenfalls ist hier eine Interessentin, und ich bin verpflichtet, ihr das Objekt zu zeigen ... können wir dann?«

Er drängte sich einfach an Jansen vorbei. Die junge Frau folgte ihm und streifte Jansen mit einem mißmutigen Blick. Jansen blieb wie betäubt stehen. Da hat diese verdammte Kuh einfach gekündigt, ohne mir was zu sagen. Doch, irgendwas hat sie mir gesagt. Irgendwas Belangloses, Scheidung, oder Auto, oder vielleicht kriegt sie ein Kind. Aber nichts mit der Wohnung. Es war abgemacht, daß sie das Appartement bezahlte, bis er etwas gefunden hatte, das er sich leisten konnte. Er ging zum Telefon, ohne sich um den ungebetenen Besuch zu kümmern – der Hausmeister taxierte wohl schon, ob die Kosten für die Brandflecken im Teppichboden und den kaputten Badezimmerspiegel und die von Messerwürfen zernarbte Tür durch die Kaution noch abgedeckt waren, und die Frau sah sich fast verstört um: ein tragbarer Fernsehapparat, eine Matratze, eine Handvoll Bücher, konnte ein Mensch mit so wenig leben? – und wählte Sonjas Nummer. Aber sie hatte ihren Anrufbeantworter eingeschaltet, und als er nach den unvermeidlichen Takten ihrer derzeitigen Lieblingsplatte ihre arrogante Stimme hörte (»Wenn Sie mir etwas Interessantes mitzuteilen haben, rufe ich Sie zurück«, wer außer Sonja konnte so einen Scheiß auf Kassette sprechen), legte er auf und wandte sich an den Hausmeister.

»Sagen Sie mal, wenn hier schon seit ein paar Wochen gekündigt ist, warum kommt dann heute der erste Interessent? So'n Ding suchen doch ne Million Leute in Berlin.«

Der Hausmeister entdeckte gerade ein weiteres Brandloch. »Sieht ziemlich schlimm aus, Herr Jansen. Tja, wenn Sie schon fragen – Ihre Frau hat zwar erst heute gekündigt, aber in diesem Fall geht das in Ordnung, hat die Verwaltung entschieden.«

»Wieso in diesem Fall? Seit wann ist meine Frau was Besonderes?«

Der Hausmeister sah ihn griesgrämig an und zuckte die Schultern. »Ich hab meine Anweisungen, Herr Jansen. Außerdem brauchen Sie nicht so zu schreien. Ich hör noch ganz gut.«

»Würden Sie vielleicht nicht schreien, wenn man Ihnen die Wohnung unterm Arsch wegzieht?«

Der Hausmeister warf einen angeekelten Blick in die Küche. »Das kann ich nicht beurteilen. Mir zieht man nicht die Wohnung unterm Arsch weg. Pardon, gnädige Frau.«

Die gnädige Frau war schon an der Tür. Sie hatte sich nicht mal das Bad angesehen. Jansen rieb sein verschwitztes Hemd. Das alles war absurder als jeder Traum. Oder es war die logische Fortsetzung. Was würde er sehen, wenn er jetzt die Augen zumachte? Folter mit Sendern, Feme, einen Mann, den er erschossen hatte? Er ließ die Augen offen und sah den Hausmeister, der einen kalten Zigarrenstummel aus dem Mund nahm und sagte: »Das hat alles seine Ordnung, Herr Jansen. In vier Tagen ist der Erste, dann sind Sie draußen.«

Jansen schloß die Tür ab, fand eine Büchse Diätlimonade im Kühlschrank, trank sie in ein paar Zügen aus und stopfte sich eine Pfeife. Dann stand er rauchend an dem bullaugengroßen Fenster und sah hinaus. Der Nachmittagshimmel war schwarz von Ruß, und in den meisten Häusern brannte schon Licht. Auf dem Trümmergrundstück gegenüber stocherten dunkle Gestalten im Müll und Gerümpel, das dort in manchen Nächten heimlich hingekippt wurde. Kinder hatten ein paar Lumpen in Brand gesteckt. An der Ecke wartete eine Fixerin in einem kurzen Lederrock auf den ersten Autofreier des Tages. Jansen warf einen Blick auf den Radiowecker, den Sonja ihm von ihren fünfen dagelassen hatte. Es war kurz nach vier, Montag, in der letzten Januarwoche.

7

Jansen fühlte sich beobachtet. Am Wittenbergplatz stieg er aus dem Bus, blieb aber an der Haltestelle stehen. Vor dem KDW hielten einige Mannschaftswagen der Polizei; Blaulichter von Verkehrsstreifen wurden von den Schaufenstern reflektiert, in denen die Puppen sich spreizten. Bereitschaftspolizisten mit Schutzhelmen und Schilden drängten ein Grüppchen johlender Halbwüchsiger in die Ansbacher Straße ab. Der Verkehr lief reibungslos weiter. Schneeflocken fielen so zögernd, als sei ihnen, der Erde so nah, aller Mut vergangen. Jansen nahm ein Taxi. Der Fahrer war ein älterer Mann mit einer Baskenmütze und rauchte einen billigen Zigarillo. Als sie vom Warteplatz auf die Tauentzien einbogen, näherten sich auf der Gegenfahrbahn noch mehr Polizeiautos mit gellenden Sirenen.

»Die schießen wieder mit Kanonen auf Spatzen«, sagte der Fahrer und schaltete das Taxameter ein. »Wohin soll's gehn, junger Mann?«

»Biegen Sie erstmal in die Nürnberger ab«, sagte Jansen.

»Können Sie mir nichts Genaueres sagen?«

»Wir machen ne kleine Stadtrundfahrt.«

»Kommt Sie das mit dem Bus nicht billiger? Da kann ich Ihnen die Große Bärentour empfehlen, Osten inklusive.«

»Mir reicht der Westen.«

»Wie Sie meinen, Chef. Und wohin jetzt?«

Sie fuhren die Bundesallee runter, bogen rechts in die Berliner Straße ein und fuhren die Brandenburgische hoch zum Kurfürstendamm. Jansen konnte keinen Wagen entdecken, der ihnen folgte, und er konnte sich auch keinen Grund denken, weshalb man ihn beschatten sollte. Er wußte nur, daß es dafür gar keinen Grund zu geben brauchte, und daß das Bündel in dem Abbruchhaus keine Attrappe gewesen war. Jansen dirigierte den Fahrer zu Sonjas Nachtklub und ließ ihn eine Ecke vorher halten. Es machte fast zwanzig Mark. Wenn es so weiterging, waren seine Rücklagen bald verbraucht. Und dann? Er wartete, bis das Taxi weg war. Irgendwas würde schon kommen. Irgendwas kam doch immer.

Ehe er den Nachtklub betrat, sah er noch einmal die Straße runter. Ein Taxi hielt, und ein Pärchen in Pelzmänteln stieg aus. Im Licht der Bogenlampe sah er, daß es zwei Männer waren, die eng umschlungen in dem Appartementhaus gegenüber verschwanden. Ihr leises Lachen hing noch einen Augenblick in der Luft, dann löschte der wattige Schnee es aus. Ein Mann mit zwei Windhunden. Ein anderer im Trenchcoat, der die Bilder im Aushang des Nachtklubs studierte und zögernd unter dem rubinroten Neonlicht verschwand. Ein Streifenwagen, der zum Kudamm fuhr. Eine alte betrunkene Frau mit zwei Plastiktüten, in denen die Flaschen klirrten. Sie sah Jansen und rief: »Mensch Ede, wo kommst du denn auf einmal her?« Es war Zeit zu gehen.

Vor und nach der Show war der Eintritt im »Paris Club« frei, und so kam Jansen ungehindert zur Bar. Die kleine Bühne lag noch im Dunkeln, und auch sonst wurde am Licht gespart, so kurz vor dem Ersten, und auch noch montags. Nur in der Nische mit dem Marlon-Brando-

Bild im Stil der Neuen Wilden – der Künstler hatte damit wahrscheinlich seine Zechschulden bezahlt – waren zwei Geschäftsleute in ein Gespräch vertieft, während die Animiermädchen taten, als schmecke ihnen ihr Cocktail »Paris Special« (vier Teile Bluna und ein Teil Cinzano auf gestoßenem Eis). Und der Mann, den Jansen vorhin so zögernd hatte eintreten sehen, hatte sich gar nicht erst die Mühe gemacht, seinen Trenchcoat auszuziehen, sondern stand am Ende der Bar und trank ein Bier. Die zwei Mädchen an der Bar musterten Jansen einen Augenblick und beschäftigten sich wieder mit ihrem Make-up. Jansen machte dem Barkeeper ein Zeichen. Er hieß Kurt, hatte lange Haare und ein schmales Rattengesicht.

»Tag, Jansen«, flüsterte Kurt. Seit ihn ein unzufriedener Kreditgeber mal ein bißchen das Fürchten gelehrt hatte, konnte Kurt nur noch flüstern. Das war auch schon alles, was Jansen von ihm wußte. »Was trinkst du?«

»Will nur kurz mit Sonja sprechen. Ist sie schon da?«

»Sonja?« Kurt hauchte gegen das Glas, das er gerade abgetrocknet hatte, und hielt es prüfend ans Licht. »Sonja ist nicht da.« Er stellte das Glas langsam ab.

»Na, dann warte ich eben auf sie. Bring mir ein Bier.«

Kurt zögerte. »Da kannst du aber ne Menge Bier trinken, Jansen. Sonja kommt nämlich nicht mehr.«

Jansen erstarrte. »Was heißt das, kommt nicht mehr?«

Kurt hatte das Bierglas schon in der Hand, zögerte aber noch. »Ich weiß nur, daß sie nicht mehr kommt. Willst du trotzdem ein Bier?«

»Ja. Und 'n Aquavit dazu. Ist der Chef da?«

Kurt schenkte den Aquavit ein, zapfte ein Bier fertig und stellte beides vor Jansen hin. »Montags kommt der Chef erst später. Das macht dann dreizehn Mark.«

Jansen gab ihm das Geld. »Kurt, das ist wichtig für mich. Ich glaub, da ist irgendwas mit Sonja im Gang, verstehst du. Irgendwas Faules. Ich muß das wissen.«

Der Barmann wich seinem Blick aus. »Ich weiß nicht, was du meinst, Jansen.« Sein schmaler Mund verzog sich zu einem Grinsen. »Wenn ich eine Frau hätte, wüßte ich aber, wie ich so was rausfinde.«

Jansen kippte den Schnaps und trank einen Schluck Bier hinterher, ohne etwas zu schmecken. Er spürte, daß der Mann im Trenchcoat ihn beobachtete, aber schließlich, was sollte einer sonst tun, allein in einer Bar, wenn er keinen Bock auf Mädchen hatte? Das Problem war Sonja. Genau genommen nicht Sonja – wenn man davon absah, daß jede Frau wie Sonja ein Problem war, sobald sie fünfzehn wurde –, sondern das, was sie plötzlich dazu gebracht hatte, Job und Wohnung zu kündigen. *Ihren* Job und *seine* Wohnung, denn es war schließlich seine, auch wenn sie die Miete zahlte. Und das alles, ohne ihm ein Wort zu sagen. Sah ihr nicht ähnlich. Lag nicht auf ihrer Linie. Einen in die Scheiße reiten, ja. Aber nicht, ohne es vorher anzukündigen und auszukosten. Er trank noch einen Schluck und fragte sich, was er als nächstes unternehmen würde. Schließlich war *sein* Job ja auch weg. Job und Wohnung. Er merkte, daß Kurt ihn anstarrte, und dann tauchte in dem Gang am Ende der Bar, der zu den Garderoben führte, eine von den anderen Stripperinnen auf, eine Freundin von Sonja, Birgit oder Brigitte oder so ähnlich, und er winkte ihr lächelnd und war schon bei ihr, bevor Kurt reagieren konnte, und schob sie in den Gang, der nach Desinfektionsmittel und Deodorant roch, und sagte: »Ich will nur wissen, was mit Sonja los ist, Kleines, und du wirst es mir sagen, okay?«

Sie reichte ihm kaum bis zur Schulter und hatte hellblaue Augen, die starr und hilflos wirkten. Jansen spürte erstaunt, daß sie richtig zitterte unter ihrem Fähnchen aus Tüll, obwohl es im Gang ganz warm war.

»Sonja hat gekündigt«, sagte sie leise.

»Wann?«

»Gestern war ein Mann da und hat sich nach ihr erkundigt, und nach der Show hat sie gesagt ...«

Jansen sollte nicht mehr erfahren, was sie gesagt hatte, denn jetzt ging eine Tür auf, und zwei Kerle in viel zu grellen Anzügen betraten den Gang. Sie füllten ihn praktisch aus.

»Na haste Töne«, sagte der eine, »da macht sich doch einer an die kleine Maus ran«, und der andere sagte »Da hat der Chef nichts für übrig, wenn Gäste die Künstlerinnen belästigen«, und der erste sagte noch »Gäste? Sieht eher wie der Junge aus, der die Limo bringt«, und dann gingen sie einfach den Gang zur Bar runter, schnickten mit ihren beringten Fingern und schoben Jansen vor sich her, bis er mit dem Bierglas in der Hand an der Tür stand.

»Ich glaub, der will auch noch das Bierglas mitnehmen«, sagte der eine, und der andere sagte »Es gibt Leute, die kommen auf die ausgefallensten Ideen«, und als Jansen das Bierglas fallen ließ, war er nicht schnell genug – er sah gar nicht, wie sie ihn packten und hochhoben, er spürte nur den stechenden Schmerz, als ihm ein spitzer Schuh, der vorne mit Blei gefüllt sein mußte, in die Nierengegend trat, und dann das Pflaster, auf das er mit voller Wucht knallte, und eine ganze Weile später das Messer, das in seiner rechten Hand lag, über deren Rücken ein roter Riß lief.

»Das Messer würde ich lieber wegstecken«, sagte jemand.

»Gar nicht gewußt, daß ich es dabei hab«, sagte Jansen. Immerhin, sprechen konnte er noch. Wer sprechen konnte, konnte auch aufstehen. Er stand auf. Nur etwas übel war ihm noch. Er sah das Messer an. Es war das Buck Knife, ein amerikanisches Jagdmesser, das er einem GI mal für ein paar Mark abgekauft hatte; ein Klappmesser mit einer vier Zoll langen, leicht geschwungenen Klinge, die einen Zoll breit war. Er hatte wirklich nicht gewußt, daß er es dabei hatte, obwohl es fast ein Pfund schwer war. Er steckte das Messer weg und sagte: »Und wer sind Sie?« Aber er sah es schon – es war der Mann mit dem Trenchcoat.

»Mein Name ist Altmann.« Er hatte eine leise, höfliche Stimme, und in der Straßenbeleuchtung wirkte er mit seinem hageren Gesicht und den dunklen Augen und den grauen Koteletten wie der Prokurist einer Nähmaschinenfabrik, der jetzt, wo Nähmaschinen nicht mehr gehen, am liebsten wieder Gedichte geschrieben hätte; oder wie einer dieser melancholischen Detektive in Gangsterfilmen der Schwarzen Serie, dem keiner glaubt, daß er nur aus Rücksicht auf sein Magengeschwür nichts vom großen Kuchen abhaben will. »Sie sehn aus, als könnten Sie einen Schnaps vertragen.«

»Keine schlechte Idee«, sagte Jansen. Aber kaum hatten sie ein paar Schritte gemacht, kroch das Mißtrauen in ihm hoch, ein Mißtrauen, das an Angst grenzte und hartnäckiger war als die Schmerzen in der Nierengegend. Er blieb stehen. Altmann sah ihn von der Seite an.

»Da fällt mir ein«, sagte Jansen, »ich hab noch eine Verabredung. Tut mir leid, aber die geht vor.« Er versuchte zu lächeln. »Sie wissen ja, wie die Mädels sind.«

Altmanns Lächeln gelang besser. »Auf einen Schnaps wird es doch nicht ankommen. Ich kenne eine Pinte gleich um die Ecke. Sie müssen doch ganz schön was abgekriegt haben.«

Jansen entdeckte die alte Frau, die ihn angesprochen

hatte. Sie stand an der Litfaßsäule und schien Buchstaben für Buchstaben das ganze Kinoprogramm lesen zu wollen. Daß ich nicht lache, dachte Jansen. Er fühlte sich von allen Seiten eingekreist. *Warum*?

»Warum wollen Sie unbedingt einen Schnaps mit mir trinken?«

»Hören Sie, ich hab zufällig mitgekriegt, wie diese Kerle Sie fertiggemacht haben ...«

»Die haben mich nicht fertiggemacht. Außerdem, was geht Sie das an?«

Altmanns Lächeln wirkte immer noch ganz locker, aber in seiner Stimme schwang eine Härte mit, die Jansen an etwas erinnerte, das er nicht gleich einordnen konnte: »Ich seh nicht gern, wenn Leute so behandelt werden. Aber Sie müssen natürlich selber wissen, was Sie jetzt machen wollen.«

Der Schnee fiel dichter. Ein Schnaps konnte ja wirklich nicht schaden.

Die Pinte war auch gleich um die Ecke, eine trübe Eckkneipe voll Qualm und dem Geruch, den Männer verbreiten, die im Stehen und in nassen Mänteln den Augenblick hinausschieben, bis das Kleingeld für das Bier ausgegangen ist und ihnen nichts anderes übrigbleibt, als nach Hause zu tappen, wo alle Träume so tot sind wie die Glotze und der Rest Eintopf auf dem Herd.

Sie stellten sich etwas abseits an den Flipper, und Altmann hob sein Schnapsglas.

»Der tut Ihnen gut.«

»Tut das nicht jeder?«

»Manchmal auch nicht.«

Was für eine Scheiße, dachte Jansen, ich stehe hier mit einem Schnüffler und mache Konversation. *Warum*?

»Wissen Sie«, sagte Altmann, »ich bin Journalist. Die besten Stories liefert einem meistens der Zufall. Aber in dem Klub war ich nicht aus Zufall.« Er bot ihm eine Mentholzigarette an. Jansen schüttelte den Kopf. »Um drei Ecken rum hab ich gehört, daß mit diesem Laden nicht alles paletti ist.«

»Kennen Sie einen, bei dem das so ist?«

»Na, wie sagt man – es gibt solche und solche.«

Jansen sah sich den Mann genauer an. Dieses Gerede paßte überhaupt nicht zu dem Gesicht mit den dunklen Augen, die so mißtrauisch wirkten, als hätten sie schon zu viele Geheimnisse gesehen. Vorsicht, dachte er, mit dem darfst du nicht über Eis gehen.

»Kurz und gut«, fuhr Altmann fort, »ich sitze grade an einer Story über die Schattenseiten des Berliner Nachtlebens, und es könnte ja sein ...«

»Tut mir leid«, sagte Jansen schnell, »da haben Sie einen Schnaps umsonst ausgegeben. Mit dem Berliner Nachtleben kenn ich mich überhaupt nicht aus. Ich bin in der Baubranche. Für welche Zeitung arbeiten Sie, sagten Sie?«

Altmann lächelte müde. »Ich arbeite unabhängig.«

»Trotzdem, danke für den Schnaps«, sagte Jansen. »Ich muß jetzt gehn.«

Altmann griff in eine Seitentasche seines Burberry und drückte ihm eine Karte in die Hand.

»Rufen Sie mich mal an, Herr Jansen. Ich glaube, wir kommen doch noch zusammen.«

Erst als Jansen draußen stand, fiel ihm auf, daß der Schnüffler seinen Namen gewußt hatte. Nur nicht umdrehen, ermahnte er sich. Gehen. Er hatte keine Ahnung, wohin, aber wenn man mußte, fragte man nicht lange, welche Richtung man nahm. Der Schnee blieb jetzt liegen, weiche knisternde Flocken, und plötzlich wußte Jansen, woran Altmanns Stimme ihn erinnerte: an verräucherte Wohnküchen, an Frühstück mit Dreifruchtjoghurt und Dispute, die bis in die Nacht dauerten, an knatternde Fahnen im Wind, an Elaine, an Fabriktore im Morgengrauen, an seine Flucht.

8

Altmann ließ sich Zeit und trank noch einen Schnaps. Das Zeug schmeckte scheußlich, aber wer konnte sich schon leisten, empfindlich zu sein? Er bestimmt nicht. Er hatte den Schnaps wegen Jansen bestellt – typisch Jansen, diesen billigen Klaren zu bevorzugen –, und jetzt trank er noch einen hinterher, als Glücksbringer. Er rauchte eine Zigarette dazu – der Mentholgeschmack nahm dem Klaren etwas von seiner Brutalität. Und Altmann versuchte Brutalität zu vermeiden. Manchmal ließ sie sich natürlich nicht vermeiden. Ganz gewiß nicht bei der Operation Jansen. Das wird kein Deckchenhäkeln, dachte er. Trotzdem wollte er auch in diesem Fall auf gewisse ästhetische Kategorien achten. Er hielt sich – trotz allem und vielleicht gerade deshalb – für einen Genießer, um nicht zu sagen für einen Ästheten. Die echten Ästheten hatten schon immer Politik gemacht, statt Gedichte zu schreiben.

Er sah auf die Uhr und fragte sich, was Jansen jetzt machen würde. Natürlich hatten sie seine Gewohnheiten unter die Lupe genommen. Es war immer wieder verblüffend, wie selbst extreme Charaktere sich als Gefangene ihrer Gewohnheiten erwiesen; wie sie innerhalb bestimmter Spielräume zäh wie Maulwürfe ihr Terrain umpflügten. Und meistens mußte man diese Spielräume gar nicht so weit ziehen. Selbst die größten Freaks waren Sklaven ihrer Konventionen, man mußte sie nur richtig analysieren. Und Jansen war alles andere als ein Freak. Mit einem

Freak wäre Altmann auch nicht gedient gewesen. Nein, Jansen war der richtige Mann für den Job. Hätten wir nur mehr von der Sorte, dachte er. Alles, was sie von ihm wußten, bestätigte die Analyse. Bis jetzt jedenfalls. Aber er zweifelte keine Sekunde, daß auch weiter alles nach Plan verlaufen würde. Kurz vor elf. Welche Optionen hatte Jansen schon? Es war natürlich nicht auszuschließen, daß jetzt doch noch der oder die große Unbekannte auf den Plan trat. Der wahre Freund, die gute Fee für den echten Notfall. Aber Einzelgänger wie Jansen fielen in Notfällen auf die eigenen Füße, oder sie stürzten ab. Das waren die Optionen.

Altmann zahlte und ging. Workuta-Ilse stand mit ihrer Plastiktüte voll Flaschen an der nächsten Straßenecke. Sie sagte ihm, daß Jansen kein Taxi genommen hatte, sondern einfach so vor sich hingelatscht war, als wüßte er nicht, wohin. Gut so. Er schickte sie nach Hause – 1½ Stuben Hinterhof in Alt-Charlottenburg, Außenklo, ein Ofen, der nicht richtig zog, und zwei Katzen für die langen Nächt mit dem Samowar und den »Aufzeichnungen aus einem Totenhaus«. Altmann setzte sich in seinen Audi und fuhr durch den ersten richtigen Schnee des Winters, in dem selbst Berlin sofort wie eine Märchenstadt aussah. Ach, Berlin. Altmann liebte die Stadt. Er liebte nicht nur ihre Weltläufigkeit, ihre Großzügigkeit, ihre Tollheit, liebte nicht nur das Berlin bei Nacht oder das Museum Berlin, nein, er liebte Berlin als politische Metapher. Wo sonst als in Berlin war der dritte Weg zu finden, wo sonst waren auch nur seine Umrisse, seine Perspektiven zu erkennen.

Wem hier die Augen aufgingen, der mußte zwangsläufig zur Politik kommen – und die einzig noch mögliche, noch denkbare, noch ausstehende Politik war der dritte Weg. Und selbst, dachte Altmann, als er über den schneebestäubten Kurfürstendamm Richtung Gedächtniskirche fuhr – vorbei an der Schaubühne, an den lichtdurchfluteten Restaurants, den Buletten-Palästen, Kinos und Cafés, vorbei an der Berliner Uhr, deren bonbonfarbene Würfel erst im Schneewirbel richtig zur Geltung kamen, vorbei an den Luxuspuffs und den Würstchenbuden, an den langbeinigen Huren im Nerz und den pockennarbigen Asylanten mit den Heroinbriefchen im Plastikstiefel – und selbst, dachte Altmann mit einem Anflug von Bescheidenheit, selbst wenn das alles nicht wäre, bliebe Berlin immer noch die einzige Stadt, die vierundzwanzig Stunden lang die Karten mischt – verlier oder gewinn, aber bleib im Spiel.

In Schöneberg schlug seine Stimmung um. Er fuhr langsam zwischen den Streifenwagen, den Zivilfahndern, den schrottreifen Büchsen der Freaks, den Taxis und Zuhälterlimousinen, den Motorrädern mit ihren Lederreitern und den Fahrrädern mit den verträumten blassen Studentinnen in ihren Regenpelerinen vom Türkenmarkt, und seine Stimmung nahm sofort die schalen Farben der Umgebung, ihre Brüche und Ruinen auf und setzte sie um wie in einem chemischen Prozeß. Altmann störte jetzt der widerliche Geschmack des Klaren, der mit dem Menthol eben doch nicht wegzukriegen war. Schöneberg deprimierte ihn. Verkommenheit hinter Stuckfassaden, dazwischen die Klötze der Mietburgen und Versicherungen. Da war Kreuzberg entschieden besser, Kreuzberg war schon der dritte Weg. Schöneberg war verlottert wie ein Fin-de-Siècle-Bordell, wo das Rattengift sich allmählich gegen das Parfüm durchsetzt. In keiner westdeutschen Stadt hatte Altmann dieses Gefühl scharf abgegrenzter Bezirke, entgegengesetzter Perioden und Desasterzonen gehabt; freilich war er auch schon zu lange in Berlin, um sich in westdeutschen Städten noch wirklich auszukennen. Er versuchte, sich an Stuttgart zu erinnern, an Frankfurt, aber es fielen ihm kaum noch die Decknamen ein, die er damals benutzt hatte – Becker, Killmaier, Müller-Kosel? Nein, das war in München gewesen. Müller-Kosel. Verbrannte Legenden, verbrannte Identitäten, und auch die Städte gaben sich alle paar Jahre neue Gesichter. In seinem Job lernte man eins zuerst: du lebst nur heute. Er freute sich schon auf Jansen. Jansen würde schnell lernen. Jansen würde sich als Volltreffer erweisen. Er wird mein Schüler, dachte Altmann und wich einer Radfahrerin aus, die ohne Signal nach links abbog, und er dachte auch daran, daß er Jansen vielleicht in den Tod zu schicken hatte.

In der Mansteinstraße parkte er und lief zum U-Bahnhof Yorckstraße. Er nahm die Linie 7 und stieg an der Berliner Straße aus, wo er in die 9 Richtung Osloer Straße wechselte. An der Spichernstraße wechselte er zur Linie 2 und fuhr zum Wittenbergplatz. Er setzte sich einen Augenblick auf die Bank am Bahnsteig der Linie 3 Richtung Zoo und sprang im letzten Moment in den Gegenzug. An der Möckernbrücke half er einer jungen Türkin mit ihrem Kinderwagen, erntete ein dankbares Lächeln und geriet in eine BVG-Kontrolle. Er präsentierte seinen Fahrschein und erntete einen Rüffel: »Wie lange wollen Sie denn mit dem Schein noch im Kreis fahren?« Künstlerpech. Aber als besoffener Tourist aus dem Rheinland kam er immer durch: »Isch han doch nur die Potsdamer Straß jesucht, Se wissen doch – die Mädchens«, und die Kontrolleure ließen ihn angewidert laufen. Er nahm den nächsten Zug der 7, wartete an der Yorckstraße eine Viertelstunde, in der er beobachtete, wie zwei junge Türken sich hinter der Imbißbude von einem Mädchen bedienen ließen, das höchstens 14 sein konnte, und ging zum Audi zurück. Unter dem Scheibenwischer steckte ein Reklamezettel für den Penny-Markt. Er warf einen Blick darauf, fand das Zeichen, das er suchte – ein winziger roter Fleck über dem »i« von Sparpreise –, und fuhr los.

In der Discothek war nicht viel los, aber es reichte, um ihn nervös zu machen. Er mochte die Musik nicht, er mochte die Preise nicht, und er mochte es nicht, von arroganten Superblondinen in hautengen Latexanzügen geempelt zu werden – »He, Alter, paß doch auf, wo du hintrittst« –, vor allem nicht, wenn man sich fragen mußte, wie viele von ihnen eigentlich Jungen waren. Immerhin war Charlie pünktlich, stand mit seiner Fliegerjacke und seinen strähnigen Haaren und der blau getönten Brille zwischen den Bierkästen am Ende der Bar und ließ das Mädchen, mit dem er sich gerade unterhalten hatte, ganz gekonnt stehen: »Ich bring dir auch 'ne Cola mit!« Altmann bestellte einen Scotch on the rocks und tat, als suche er sich ein Girl aus – der Macker im weißen Trench, der noch was für die Matte braucht.

»Ist alles glatt gegangen«, sagte Charlie und winkte dem Barmann, der ihn übersah, obwohl ihn nichts ablenkte.

»Warst du dabei?«

»Direkt über der Straße war ich. Der Kolibri sitzt im Käfig, da gibts nichts zu rütteln.« Er kicherte, als hätte er einen guten Witz gemacht.

»Dann läuft alles weiter wie geplant«, sagte Altmann und nahm einen Schluck von seinem Drink. Gepanscht natürlich. Und das für acht Mark. »Du hörst dann von mir – auf dem üblichen Weg.«

»Ich hoffe nur, der Typ ist so gut, wie du sagst«, meinte Charlie, dem es endlich gelungen war, eine Cola zu bestellen.

»Du wirst es erleben.« Er sah Charlie zum erstenmal an, ein flüchtiger Blick von Trench zu Fliegerjacke, aber seine Stimme war gar nicht flüchtig, so leise sie auch blieb: »Wenn ich das Wort Kolibri nochmal aus deinem Mund höre, werde ich unangenehm, ist das klar?«

Charlie nickte, und eine leichte Röte überzog sein bleiches spitzes Gesicht mit dem dünnen Schnurrbart auf der Oberlippe und den Pickeln am Kinn. »Ich bin übrigens echt stier«, sagte er und schaute auf das bißchen Wechselgeld, ehe er es in der Hosentasche verstaute.

»Das läuft jetzt alles über den Neuen.«

Charlies Mädchen hatte es satt, auf ihre Cola zu warten, und holte sich das Glas: »Sag mal, meditierst du hier oder was?«

Er lächelte beziehungsvoll und sagte »Ich hab noch kurz was zu klären«, aber als er sich umdrehte, war Altmann schon weg. Einen Augenblick hatte er ein flaues Gefühl im Magen – er hätte doch gern etwas mehr gewußt, und wie zum Teufel sollte er die nächsten Tage klarkommen, wenn jetzt alles über den Neuen lief, der vor einer Stunde mit gefesselten Händen in die Grüne Minna verfrachtet worden war? Er zuckte die Achseln. Irgendwas fand sich schon.

9

Jansen streckte sich auf der Pritsche aus, machte eine von den Zigaretten an, die ihm der Dealer geschenkt hatte, der mit ihm eingeliefert worden war, und wartete, bis sich seine Muskeln entkrampften. Es war nicht das erste Mal, daß er in der Scheiße steckte. Nur keine Panik. Aber seltsam – seit ihn diese beiden Rauschgiftfahnder, zu deren lächerlichem Szene-Habitus auch eine gewaltige Knoblauchfahne gehörte, aufs Präsidium verfrachtet hatten, seit er wieder die Korridore gesehen und auf dem

Stuhl im Vernehmungszimmer gesessen und den lauwarmen Kaffee aus dem Plastikbecher getrunken hatte (»Wie trinken Sie ihn?« – »Ohne Milch und Zucker« – »Na prima, sind sowieso aus«), war er immer ruhiger geworden. Draußen wurden wieder ein paar Leute eingeschlossen, irgendwo im Stockwerk unter ihm fing ein Betrunkener an, zu randalieren, der Fixer auf der Pritsche gegenüber zitterte sich einen ab, und er dachte: Ich möchte nur wissen, wie sie mir den Stoff untergejubelt haben.

Sein Pech, daß er in die Razzia geraten war. Er war ziellos durch die Straßen gelaufen, wie er es immer tat, wenn er was zu überlegen hatte, und irgendwie war er in die Potsdamer geraten, wo plötzlich die Hölle losbrach, ein bösartiger Spuk – Dutzende von Polizisten in Uniform, manche aber auch in Zivil, von allen Seiten, aus allen Häusern gleichzeitig, aus Fahrzeugen, ja selbst aus dem Anhänger eines türkischen Gemüsetransportes. Er war einfach weitergegangen und schon fast bis zur Absperrung an der Alvensleben vorgestoßen, als sie ihn griffen – aber auch als er mit gespreizten Armen und Beinen und dem Rücken zur Straße über einem Auto lag, glaubte er noch, daß es unmöglich um ihn gehen konnte. So ein Aufwand? Nur für dich? Und *warum*? Dann langten sie in seine Taschen – erst die Windjacke, dann die Jeans –, und er spürte, daß etwas nicht mehr stimmte, denn die Bewegungen, mit denen sie seine Stiefel checkten (verdammt, du hast ja dieses blödsinnige Messer dabei – natürlich fanden sie es), waren schon fast behutsam, und als sie ihn umdrehten, hatten die Blicke, mit denen sie ihn musterten, direkt etwas Zärtliches – die Zärtlichkeit des Jägers, der sich über das erlegte Wild beugt.

Auf dem Präsidium hatten sie natürlich eine Feinwaage: genau 1,54 Gramm Heroin, 85%, »der gute neue

Hongkong-Stoff«, wie der vernehmende Beamte anerkennend bemerkte. »Tja, und dann natürlich das Messer, Jansen. Sieht nicht gut für Sie aus.«

Er steckte sich noch eine Zigarette an. Er wußte, daß er nicht schlafen würde. Nachts, mit der nackten Glühbirne über der Tür, die die Rauchschwaden anzog, dem Gibbern der Junkies, dem Gesang der Betrunkenen und den blechernen Sirenen, konnte man sich nicht mehr gut vormachen, ein paar Stunden Schlaf würden schon wieder alles ins Lot bringen.

1,54 Gramm Heroin. Ein Zellophanbriefchen, nicht größer als eine Briefmarke. Wert vielleicht 150, 200 Mark. Eine lächerliche Summe, allein in Berlin wurden am Tag Millionen auf dem Heroinmarkt umgesetzt. Andererseits genug, um einem jede Menge Scherereien zu machen. Heroin war keine Bagatellsache. Selbst wenn es nicht zur Verurteilung reichte, der Verdacht würde ewig an ihm hängen. Der Verdacht, und die Kontrolle. Wer konnte ein Interesse haben, ihn in sowas reinzureiten? Er war sich ziemlich sicher, daß die beiden Rausschmeißer im *Paris Club* ihm das Briefchen in die Hose praktiziert hatten. Aber wer hatte ihnen die Anweisung gegeben? Ihr Boß? Jansen hatte ihn nur einmal gesehen – ein kleiner Dicker mit einem gepflegten Stutzerbart und den Manieren eines armenischen Teppichhändlers –, und er bezweifelte, daß Sonja ihn angestiftet haben könnte, ihren Ehemann (oder war er schon Ex-Mann?) ausgerechnet mit Heroin hochgehen zu lassen. Eher schon Naumer. Irgendwie hing doch alles mit Naumer zusammen – mit diesem blödsinnigen Job bei Naumer und dem Toten in dem Abbruchhaus. FEME. So was gabs eigentlich nur im Kino. Aber Jansen wußte zu gut, daß das Kino längst nur ein schwacher Abklatsch der Wirklichkeit war. Vielleicht hing Naumer in dieser Sache mit dem Toten tief drin, vielleicht hing

Naumer auch mit dem *Paris Club* zusammen, vielleicht wollte Naumer einen unbequemen Zeugen aus dem Weg haben. Es hörte sich zwar völlig absurd an, aber manche Zusammenhänge erkannte man nur, wenn man die ausgefallensten Querverbindungen zog. Naumer, *Paris Club*, der Hausmeister. Möglich, daß Naumer das Appartementhaus gehörte oder daß es von ihm verwaltet wurde. Möglich, daß sie alle in der Heroinbranche drinhingen. Aber warum ihn mit einem Briefchen hochgehn lassen? Woher nahmen sie die Sicherheit, daß er nicht auspackte? Jansen, möchten Sie jetzt zu dieser Beschuldigung Stellung nehmen? Ja, Herr Kommissar. Und zwar war das so: Nach einem Jahr in Berlin hielt ich das Alleinsein nicht mehr aus. Ich ging in eine Bar und sagte mir: die erste Frau, die dir gefällt, fragst du, ob sie dich heiraten will. Zufälligerweise war es ein Strip-Schuppen, und die einzige Frau, die mir gefiel, war eine der Stripperinnen; ich weiß noch, weil ich es nie vergessen werde, daß sie einen Slip in Form eines roten Herzens anhatte, und später ... Angeklagter, kommen Sie zur Sache. Ich bin mittendrin, Euer Ehren.

Aber da war natürlich auch Altmann. Wenn ich einen Blackout hatte, als ich auf der Straße gelandet bin, dann hatte Altmann die Gelegenheit, mir was in die Tasche zu stecken. Aber warum sollte er? Und woher hätte er wissen sollen, daß ich damit in eine Razzia komme? Er tastete nach den Zigaretten, zählte sie – nur noch vier – und steckte sich noch eine an. Im Schein des Streichholzes sah er, daß dem Jungen auf der Pritsche gegenüber die Tränen übers Gesicht liefen. Er hielt ihm die Zigarettenschachtel hin.

»Komm, rauch eine, das hilft.« Der Junge schüttelte den Kopf, aber Jansen ließ nicht locker, bis er eine nahm und rauchte. Er war Palästinenser. Sie hatten ihn mit einer

Waffe und einem Pfund Shit erwischt, die er für 50 Mark irgendwohin bringen sollte. Er hatte noch eine jüngere Schwester in der Stadt, um die er sich jetzt Sorgen machte. Schließlich hatte er die Verantwortung. Seine Eltern waren tot, und sein älterer Bruder saß in Abschiebehaft. Eine Puste und ein Pfund Shit, dachte Jansen, für 50 Mark. Er fragte ihn nach der Adresse seiner Schwester, aber der Palästinenser schüttelte den Kopf. In dieser Nacht würde er keinem mehr vertrauen.

Also Altmann.

Journalist. Journalist kann sich jeder nennen, dachte Jansen. Recherchen im Bar-Milieu. Das taten Journalisten so gern und oft, wie sie Martin Bormann in Bolivien entdeckten oder das Ungeheuer von Loch Ness. *Die Schattenseiten des Berliner Nachtlebens.* Wissen Sie, daß man die Augen von Männern, die eine Frau abtasten, noch Stunden später auf ihrer Haut riechen kann, Herr Altmann? Ja, auch der Schwanz kommuniziert durchs Auge, also ich könnte Ihnen da Geschichten erzählen, exklusiv, für Vorkasse. *Ich glaube, wir kommen doch noch zusammen.* Sind wir's nicht längst?

Jansen drückte die Zigarette aus und schloß die Augen. Rothändle. Schwarzer Tabak. Der beißende Qualm, wenn Elaine sich schon frühmorgens eine Gitane ansteckte, während er noch den Kopf unter der Bettdecke hatte. Rolf, wir müssen raus. Ihr französischer Akzent, ihr französischer Tabak, ihre französische Möse. Er kuschelte sich an sie. Sie drückte die Zigarette aus und kam auch wieder unter die Decke, mit dem ganzen Feuer ihrer 23 Jahre, mit dem Geruch von Gitanes und Wein und frisch gewaschenem Haar.

Es schien ihm, als sei es im Winter gewesen, fünf Uhr früh im Winter, die ersten Straßenbahnen rumpelten vorbei, die ersten Sirenen dröhnten über die Stadt. Es war, in diesen kurzen Minuten, die die Zeit aufhoben, als ob sie ihm alles gäbe, und er würde nie verstehen, wie sie danach in die Kälte sprang und immer noch, aber diesmal schon mit dem scharfen Tonfall ihrer politischen Einstellung, rufen konnte: Rolf, wir müssen raus! Dann, zärtlich: Genosse, es ist Zeit.

Eine halbe Stunde später stand er mit zwei anderen frierenden Opfern politischer Einstellungen (aber ihre hießen nicht Elaine, sondern revolutionäres Pflichtbewußtsein, Klassenkampf, vielleicht Jutta) vor dem Fabriktor und versuchte, die am Abend noch ausdiskutierten, in der Nacht auf Matritze getippten und vervielfältigten Flugblätter der Gruppe Revolutionäre Aktion (GRA) an den Mann zu bringen. Wenn alles glatt ging, lagen die Flugblätter nachher so jungfräulich, wie sie aus der Hektographiermaschine gekommen waren, vor dem Tor oder auf dem Werksgelände, so daß Jansen vorschlug, sie wieder einzusammeln und anläßlich der nächsten Tarifrunde in der metallverarbeitenden Industrie (die Lohnforderungen der GRA lagen ohnehin in utopischen Bereichen) von neuem zu verwenden, aber seine studentischen Genossen waren Papierverschwendung gewöhnt.

Manchmal ging auch nicht alles glatt, dann warteten sie, bis die Streifenwagen (damals noch gemütliche VW-Käfer) in der Ferne zu hören waren, bevor sie unter dem Terror des Klassenfeindes die Aktion abbrachen und sich in der Mensa mit einem opulenten Frühstück stärkten, was Elaine überhaupt nicht gefiel – sie war Trotzkistin. Jansen war auch Trotzkist, aber die ideologische Seite überließ er Elaine, und ihre Liebe war vielleicht nicht so lauter wie die reine Lehre (er hatte freilich genug davon begriffen, um sich lieber an den realen Schmutz ihrer Kämpfe als an die weißen Seiten ihrer Pamphlete zu halten), aber dafür war sie leuchtend rot. Bis er auch begriff, daß sie mit ihrer Ekstase keineswegs ihn meinte, der glaubte, alles von ihr zu bekommen; sie war eine Nonne, die mit dem Messias schlief, nur daß ihr Messias vor 30 Jahren in dem weißen Haus in Coyoacán (Avenida Viena) vom Schergen des Satans ermordet worden war. Nun gut. Was konnte Trotzkismus sein, wenn Trotzki schon so lange tot war?

Permanente Revolution, sagte Elaine, die im übrigen als Buchhändlerin arbeitete. Ich schließe mich gern der permanenten Revolution an, sagte Jansen, wenn sie mich nicht von dir trennt. Du bist ein Kleinbürger, sagte Elaine zärtlich und schmiegte sich an ihn, mon petit bourgeois. Die erste Straßenbahn fuhr vorbei. Die Kerze erlosch. Sie steckte sich eine Zigarette an und blies den Rauch über seine Hüften. Nach zwei Monaten wußte Jansen, welche Sirene zu welcher Fabrik gehörte, und er kannte Elaines Körper von den Haarwurzeln bis zu der kitzligen Stelle an ihrer Fußsohle. Er hatte die rote GRA-Fahne mit dem schwarzen Stern im Morgengrauen vor Fabrikhallen hochgehalten und mittags auf den Straßen des Universitätsviertels vor den Strahlen der Wasserwerfer gerettet, er hatte sie in besetzten Häusern gehißt und, in sie gehüllt, mit Elaine geschlafen. Aber Elaine kehrte so plötzlich, wie sie gekommen war, nach Paris zurück – jetzt war es April, und manche Arbeiter nickten ihm fast anerkennend zu, wenn sie morgens zur Frühschicht antraten, und steckten sein Flugblatt zu den Butterbroten – war das die permanente Revolution?

Elaine schickte eine Ansichtskarte (vom Friedhof Père Lachaise) und einen kurzen Brief, der seltsam zerstreut wirkte (»Ich denke oft an dich, trotzdem es so viel zu tun gibt« – mit wem? wofür?), aber Jansen antwortete nicht. Es gab kein Wort, das als Antwort genügt hätte, nur die Tat. Dann zog er in eine andere Stadt, und als eines Morgens im Sommer das hartnäckige Schrillen der Türklingel ihn aus dem Schlaf riß (das Mädchen hieß Jutta, hatte einen kleinen Mund und arbeitete bei der Post), war es, als fordere die Tat, die er noch gar nicht begangen hatte (mit wem, wofür?), schon ein Bekenntnis zu ihr. Mitkommen, Jansen. Korridore, Vernehmungszimmer, Fingerabdrücke, Verbrecherfoto, der wacklige Stuhl, die ausgeleierte Schreibmaschine, Scheel an der Wand. Kommen wir also zur Gruppe Revolutionäre Aktion, Jansen. Milch oder Zucker? Gut, sind eh aus. Die Rede war von Benzinbomben, Sprengstoff, Sachschaden in Millionenhöhe, Brandstiftung, Zugehörigkeit zu einer kriminellen Vereinigung. Er mußte lachen – mein Schwanz in Elaines Muschi, das heißt also kriminelle Vereinigung? Das Lachen verging ihm, was ihm blieb war das Lächeln, das machte keiner kaputt. Die Rede war von Protokollen, Aussagen, Indizien, Beweisen, sie ließen ihn gehen, kamen immer wieder auf ihn zurück, alte Bekannte, wo arbeiten Sie jetzt, Sie haben doch Arbeit? Na sehn Sie, bei *dem* Vater.

Jansen tauchte weg. Einmal war er auch in Paris, es regnete die ganze Zeit, ein melancholischer Senegalese erklärte ihm, Trotzki sei auch in Afrika gestorben, die Revolution erledigt, eine Sache der Aasgeier, das Mädchen in der Rue St. Antoine hieß Françoise und hatte kurze Haare, wie Jean Seberg, es gab auch eine Demonstration der Gymnasiallehrer, er konnte zu wenig Französisch, um die Parolen zu verstehen, statt in die Buchhandlungen ging er lieber zu den fliegenden Händlern am Ufer der Seine, aber er kaufte nichts und fuhr zurück. Zurück zu den Wohngemeinschaften, in denen es immer weniger und schlechter zu essen gab und zu wenige Betten, zurück zu den erstarrten Ritualen, zu der kalten Schlacke, zu Aktionen, an denen er sich nicht beteiligte, denn nicht eine von ihnen war die Tat. Trotzki war tot, es war noch das gleiche Jahrhundert, aber Lichtjahre später. Alle waren erfaßt von Rasterfahndung, Nadis und Inpol, alle waren alte Bekannte, wie gehts, altes Haus? Immer noch dabei? Es war die elektronische Familiensaga, jede Rolle austauschbar. Leise surrten Überwachungskameras, klickten die Magnettonbänder. Jansen ging nach Berlin. Jansen heiratete. Jansen arbeitete in der Baubranche. Jansen, mon petit bourgeois.

Als er die letzte Zigarette ausdrückte, fing der Fixer an: »Ich brauch einen Schuß! Ihr Schweine, gebt mir einen Schuß!« Jansen dachte an Altmann. Altmann war der Finger, der in die Vergangenheit zeigte, und nur wer die Vergangenheit begriff, konnte sich auf die Gegenwart einen Reim machen. Der Fixer jammerte so lange, bis er Valoron bekam. *Ich arbeite unabhängig.* Jansen lächelte. Er war jetzt ganz entspannt. Als er endlich für zwei Stunden einschlief, träumte er weder von Sonja noch vom Tod eines Verräters. Er saß am Ufer der Seine und angelte, doch alles, was er aus dem Fluß holte, war eine zerschlissene rote Fahne, und die anderen Angler lachten so lange darüber, bis sie ihn mit ihrem Lachen ansteckten.

10

Der Palästinenser war der erste, der rausgeholt wurde. Er nickte Jansen zu, als würden sie sich bald wiedersehen. Kurz nach zehn wurde Jansen aufgerufen. Ein alter Beamter ließ sich die Rückgabe seiner persönlichen Effekten quittieren, ein anderer schlurfte mit ihm durch die endlosen Korridore zum Haftrichter. Vor dem Zimmer stand ein Mann um die fünfzig in einem gut geschnittenen dunklen Anzug und streckte ihm die Hand hin: »Dr. Nolte, Ihr Anwalt. Na, Sie sehen ja noch ganz munter aus unter diesen Umständen.«

Jansen gab ihm mechanisch die Hand. Die Überraschungen hörten gar nicht mehr auf. Jetzt hatte er auch noch einen Anwalt. »Kommt mir ein bißchen spanisch vor«, sagte er. »Ich hab keinen Anwalt.«

Dr. Nolte hüstelte und rückte seine goldgerahmte Brille gerade. Er hatte eine Burgundernase und eine Warze an seinem energischen Kinn. »Das ist schnell erklärt«, sagte er. »Meine Kanzlei vertritt – unter anderen – die ständige Untersuchungskommission im Komitee zur Verteidigung der Menschenrechte. Wie wichtig diese Arbeit gerade hier in Berlin ist, brauche ich Ihnen ja nicht zu sagen. Wir wurden heute früh auf Sie hingewiesen, und da ich ohnehin einen Termin hier hatte, bin ich gleich vorbeigekommen. Sonst hätte das natürlich einer unserer Referendare erledigt, es handelt sich ja um eine Bagatellsache, soweit ich sehe. Wenn Sie hier dann noch unterschreiben wollen ...«

»Herr Dr. Nolte, darf ich fragen, *wer* Sie auf mich hingewiesen hat?«

Der Anwalt lächelte behaglich. »Wissen Sie, wir könnten unsere Arbeit gar nicht leisten, wenn wir nicht ein paar gute Freunde und Helfer an den richtigen Stellen hätten. Hier, nehmen Sie meinen Stift ...«

»Ich bin mit Heroin hochgegangen.«

»Ja, ja, überlassen Sie das nur mir.«

Der Polizeibeamte gab ihnen ein Zeichen. Jansen unterschrieb. Wenn man so weit mitgespielt hatte, wollte man doch auch gern die nächste Karte sehen. Bis auf den Präsidenten im Wechselrahmen hatte sich im Haftrichterzimmer nichts geändert. Der Haftrichter war so anonym wie der Job, den er machte, ein gut geöltes Rädchen in der großen Maschinerie, die das Recht produzierte.

Dr. Nolte spielte den Fall piano. Heroin? »Mein Mandant bestreitet gar nicht, daß das Heroin bei ihm gefunden worden ist. Seiner politischen Einstellung nach kommt ein Handel mit Rauschgift für ihn nicht in Frage, und wir werden Atteste vorlegen, die eindeutig beweisen, daß er niemals Heroin genommen hat. Zu vermuten ist hier ein Racheakt seiner von ihm getrennt lebenden Frau, die in Unterweltkreisen verkehrt.« Der Haftrichter warf Dr. Nolte einen säuerlichen Blick zu und verwies auf die Hauptverhandlung, die zweifellos für Klarheit sorgen würde. Herr Jansen konnte einen festen Wohnsitz nachweisen, Fluchtgefahr wurde angesichts der zu erwartenden Strafe nicht angenommen, allerdings war da noch die Tatsache, daß der Beschuldigte ein Messer mit sich geführt hatte. Die alliierten Kontrollbestimmungen waren hier sehr eindeutig. Das Messer blieb beschlagnahmt, eine mögliche Anklageerhebung in diesem Punkt behielt sich die Staatsanwaltschaft vor.

Jansen schaute auf die Uhr. Das ganze hatte kaum fünf Minuten gedauert. Draußen stand schon der nächste. Der hatte keinen Anwalt. Vielleicht hatte er nur jemanden totgeschlagen oder sich bei der Berlinförderung vertan.

Der Anwalt überreichte Jansen seine Karte: »Sobald die Staatsanwaltschaft tätig wird, setzen wir uns zusammen.« Jansen hätte ihn gern gefragt, woher er so viel über ihn wußte. Na, er würde es ja noch erfahren (»Ich bin übrigens auch der Scheidungsanwalt Ihrer Frau«).

»Ach, übrigens –« Nolte winkte ihn einen Schritt beiseite, der Polizeibeamte begrüßte gerade einen Kollegen, »– können Sie sich eine Telefonnummer merken?« Er nannte eine mit sechs Ziffern. »Rufen Sie da doch mal an. Das sind Leute, die sich gern mit Ihnen unterhalten würden.« Er hob die Hände, als hätte Jansen einen Einwand gemacht. »Hat mit dem Komitee zu tun. Die halten sich gern auf dem laufenden.« Er bleckte seine Jacketkronen. »Wer weiß – vielleicht gibt es dort sogar was für Sie zu tun. Verteidigung der Menschenrechte, ja?«

Dr. Nolte eilte neuen Aufgaben entgegen, und Jansen hatte das sichere Gefühl, daß er ihn nicht mehr wiedersehen würde – außer, wenn er wirklich so viel Pech haben sollte, daß ohnehin alles egal war. Dann stand er mit seinem Entlassungsschein auf der Gothaer Straße. Der Schnee vom letzten Abend hatte sich doch nicht gehalten, nur dunkle, feuchte Streifen glitzerten in der Sonne. Ein heftiger Wind blies, und die Polizisten, die aus ihren Streifenwagen kletterten, hielten die Mützen fest. Jansen machte ein paar Schritte. Plötzlich fühlte er sich hundemüde und klapprig wie ein Operierter, den man zu früh aus dem Krankenhaus entlassen hat. Wenn nur jemand mit einem Auto da wäre, dachte er, egal wer. Sie haben mich hierher gebracht, warum übernehmen sie jetzt nicht weiter? Ich würde in alles einsteigen. Aber es gab kein Auto für ihn. Es ist der Schock, dachte er, der Schock setzt jetzt ein. Der Schock schien auf alles überzugreifen, was ihm vor die Augen kam: ein Kind schrie, als sei es zu Tode erschreckt, ein alter Mann drohte einem Autofahrer mit dem Stock, ein Betrunkener an einer Imbißbude fiel auf die Knie und heulte los. Eine Zeitungsschlagzeile verhieß balkendick: »RAKETEN – JETZT GEHT'S RUND!« Jansen ging in eine Telefonzelle, fand zwei Groschen und wählte die sechsstellige Nummer. Am anderen Ende wurde so prompt abgenommen, als hätte jemand gerade erst aufgelegt – oder die ganze Zeit auf diesen Anruf gewartet.

11

Die *Pension Central – Hotel Garni* lag in der Nähe des Nollendorfplatzes zwischen einem türkischen Gemüseladen und einem Videoclub. Im Treppenhaus des verwahrlosten Gebäudes aus der Gründerzeit stank es, als wäre seit dem Krieg keine frische Luft mehr durchgezogen, und Jansen stieg vorsichtig, eine Hand am Geländer, auf knarzenden Stufen zur zweiten Etage hoch. Er drehte an einer Schelle, die nur ein rostiges Scharren von sich gab, dann ging die Tür einen kleinen Spalt auf, und er bekam die Hälfte eines dicklichen Frauengesichts zu sehen. Er roch Puder und Portwein und versuchte sein gewinnendstes Lächeln. Der Türspalt verbreiterte sich, und er konnte drei grüne Plastiklockenwickler bewundern und einen wulstigen, violett geschminkten Mund, der sprechen konnte, ohne sich nennenswert zu bewegen. Es überraschte ihn kaum noch, daß die Stimme so piepsig war wie die eines achtjährigen Eunuchen – wenn es das überhaupt gab. Aber in Berlin gab es ja alles.

»Was wünschen Sie, junger Mann?«

»Zimmer 13«, sagte Jansen. »Ich werde erwartet.«

Die Tür ging noch ein Stück weiter auf und gab den Blick auf einen enormen Busen frei, den ein dünnes Seidenkleid wie auf einer Obstschale präsentierte.

»Ach, Sie sind das.«

»Wen haben Sie denn erwartet? Nina Hagen?«

»Nee, mir wurde ein Herr annonciert.«

»Na, wie der Kohlenträger seh ich doch auch nicht aus.«

Sie kicherte, nahm die Kette ab und stieß die Tür mit einem silbernen Fingernagel auf, als gehe es dahinter geradewegs ins Folies-Bergère. Es war aber nur ein verwinkelter Korridor, von dem die Zimmer in alle Richtungen auseinanderstrebten. Außer Puder und Port bestimmte noch das Mittagessen die Duftnote der *Pension Central*, und Jansen brauchte einen Augenblick, bis er es bestimmen konnte – gedünstete Kutteln.

»Letztes Zimmer links«, wisperte die dicke Dame. Hinter ihr war ein tiefes Stöhnen zu hören und anschließend ein Geräusch, als werde ein schwerer Gegenstand über den Boden gewälzt. Sie griff in eine Tüte, die sie in der linken Hand hielt, und warf sich eine Handvoll Erdnüsse in den Mund. Jansen ging nach hinten zum Zimmer 13, klopfte dreimal kurz, und Altmann machte auf und sagte: »Gut, Sie zu sehen, Jansen.«

Darauf gab es nichts zu sagen. Jansen drückte mit der Schulter die Tür zu und sah sich im Zimmer um. Viel gab es nicht – ein Bett mit geblümter Überdecke, das übliche Waschbecken, einen Nachtkasten mit einer Lampe in Form einer Blumenvase, einen wackligen, braun gebeizten Rauchtisch, auf dem ein altes Radio mit Holzgehäuse stand, zwei Polstersessel, die zu einem Nierentisch gepaßt hätten, und einen Druck an der Wand, deren rosa Tapete schon lange verblaßt war: »Ausritt Friedrichs II. im Park von Schloß Sans Souci«. Die dunkelroten Vorhänge waren zugezogen. Vom Hinterhof hörte man das Knattern einer Zündplättchenpistole und eine Kinderstimme, die rief: »Jetzt biste bedient!« Der Kronleuchter an der Decke war das Prunkstück – ein verstaubter Trödlertraum aus Kristall, in dem noch drei Glühbirnchen funktionierten und ein schwaches staubiges Licht verbreiteten. Der Ofen in der Ecke war kalt, und Altmann hatte seinen Trenchcoat nicht ausgezogen. Der Aschenbecher war schon voller Kippen.

»Nicht besonders einladend hier«, sagte Altmann, der aus dem Fenster gespäht hatte und sich jetzt umwandte, »aber dafür sicher. Wir benutzen die Absteige öfter. Alte Kundschaft – das gilt für beide Seiten.« Er lächelte frostig und steckte sich eine frische Zigarette an. »Setzen Sie sich doch – die Sessel sind stabil. Möchten Sie was trinken?« Er machte den Nachtkasten auf und holte zwei Wassergläser heraus, dann zog er eine Drittelliterflasche Whisky aus seiner Manteltasche und füllte die Gläser halbvoll. Jansen hatte immer noch nichts gesagt. Er stand an der Tür und wartete. Altmann stellte die Gläser auf den Rauchtisch, nahm in einem der Sessel Platz und hob sein Glas.

»Kommen Sie, das ist ein Cutty Sark. Nicht zu verachten!« Er trank einen kleinen Schluck und rauchte seine Zigarette weiter, und während er Jansen musterte, wellten sich seine schmalen Lippen zu einem amüsierten Lächeln. Jansen wußte plötzlich, wo er Altmann schon gesehen hatte. Es war lange her, aber dieses spöttische Lächeln hatte er nicht vergessen. »1973, Altmann. Du warst einer der Redner auf dem Antiimperialistischen Kongreß in Frankfurt. Ich weiß nicht mehr, für welche Gruppe du aufgetreten bist, aber ich weiß, daß du damals nicht Altmann geheißen hast.«

»Na bitte«, sagte Altmann. »Du hast wirklich ein gutes Gedächtnis. Ich hieß damals übrigens Becker, aber das spielt ja jetzt keine Rolle mehr.«

»Becker«, sagte Jansen, »Genosse Becker von der Antiimperialistischen Liga ... oder war es die Föderation? Ich hab mir das nie merken können. Also gut, ich trink einen mit.« Er setzte sich, hob das Glas und trank es halb leer. Sein Frühstück war nicht besonders üppig gewesen, und der Whisky ging ihm sofort ins Blut. Vorsicht, dachte er, verdirb dir diesen Spaß nicht. Er stellte das Glas ab und sagte: »Jetzt bin ich aber wirklich gespannt, womit du rüberkommst. Du kommst doch rüber?«

Altmann hatte das Radio eingeschaltet und drehte am Lautstärkeregler. Ein amerikanischer Popsong donnerte in das altmodische Puffzimmer wie eine Pershing über die Alte Welt. »So, jetzt können wir reden.«

»Ich dachte, hier sind wir sicher.«

»Sicher ist relativ«, sagte Altmann und nippte an seinem Scotch. »Wirklich sicher bist du bei der heutigen Technik sowieso nicht, aber der alte Kasten da hilft.«

»Ich hab viel Zeit«, sagte Jansen. »Ich hab keine Arbeit, ich hab keine Wohnung, ich hab keine Frau – ich hab wirklich viel Zeit. Trotzdem wüßte ich gern, warum ich mit einem Typ, den ich vor zehn Jahren auf einem öden Polit-Kongreß reden gehört habe, in einem Puff in Berlin sitze und mich darüber unterhalte, ob das Zimmer, in dem wir uns unterhalten, abhörsicher ist. Ich meine, versteh mich nicht falsch, Altmann oder Becker oder wie du sonst heißt, vielleicht möchte ich nur irgendwann mal zu Abend essen oder mir eine Wohnung suchen oder mir einen runterholen oder die Stellenangebote in der Mottenpost studieren. Ich meine, wir können hier gerne sitzen und Indianer spielen, bis wir alt und tattrig sind – aber das Leben da draußen geht weiter. Kaviar oder Kutteln, verstehst du, ganz praktische Fragen.«

Er merkte, daß er eine Zigarette zwischen den Lippen hatte, die noch nicht brannte. Er steckte sie an und warf das Zündholz in den Aschenbecher. »Welcome to a beautiful Tuesday«, jappte der Discjockey im AFN.

»Netter Vortrag«, sagte Altmann. »Ich hätte dich nicht hergebeten, wenn ich dir nicht ein ganz praktisches Angebot zu machen hätte. Du sagst ja, daß du in der Scheiße steckst. Normalerweise ist das kein Grund für uns, einem zu helfen – wir sind nicht die Caritas.«

»Wer seid ihr denn? Immer noch die alte Antiimperialistische Kiste?«

»Darauf komme ich noch. Wie gesagt, wir sind nicht die Caritas. Aber wir haben einen gewissen Bedarf an neuen Talenten. Und du hast deine Talente damals ja schon unter Beweis gestellt.« Er machte eine neue Zigarette an und sagte über einer neuen Salve von hämmernden Bässen und dem harten Drive der Drums: »Wir sehn uns einen gründlich an, eh wir ihn ansprechen. Wir haben nicht den Apparat, den andere haben, aber unsere Menschenkenntnis ist eine ganze Scheibe besser. Muß es auch sein. Das ist meine Arbeit bei der Organisation. Und ich hab bisher selten einen Fehler gemacht. Deshalb sitzen wir hier. Andere würden dir sagen, wir bieten dir einen Job. Wieder andere, wir haben eine Aufgabe für dich. Ich sage dir: Wir räumen dir einen Platz ein.«

»Einen Platz? ›Wo dein Platz, Genosse, ist‹? In dieser Art?«

»Ich glaube, es wird Zeit, daß ich dir etwas über uns sage, Jansen«, antwortete Altmann, nahm noch einen Schluck und setzte sich bequem. Nur sein Gesicht entspannte sich nicht, dieses hagere, knochige Gesicht mit den grauen Koteletten und den spärlichen dunklen Haarsträhnen, die wie angeklebt auf dem Schädel lagen, und den harten dunklen Augen, die das, was der Mund machte, nie mitmachten, kein Lächeln, keine Floskel, keine Artigkeit. Jansen überlegte, wie alt Becker alias Altmann sein mußte – gut über vierzig. Da drehten bekanntlich viele durch. Und was er da vom Stapel ließ, klang ganz so, als hätte es sich einer in den langen kalten Nächten einer Einzelzelle ausgedacht. Allerdings traf das ja auf die meisten geschlossenen Systeme zu. Und wie man das Ding auch nannte – irgendwo unterkriechen, einen Job machen, einen Platz ausfüllen –, sicher war, daß Jansen festen Boden unter den Füßen brauchte. Ein geschlossenes System lag zwar immer in der Desasterzone, aber heutzutage gab es doch kaum einen Job, bei dem man noch mit seiner Rente rechnen konnte – vor allem nicht, wenn man Jansens Vergangenheit hatte. Er ließ Altmann reden. Früher hatte er ihnen zugehört, weil er daran glaubte, dann, weil Elaine daran glaubte, und schließlich noch eine sehr kurze Zeit, weil er hungrig war nach Action, nach der Tat. Jetzt hörte er wieder zu. Er war nicht mehr sehr wählerisch, und was Altmann jetzt vorbrachte, hörte sich zumindest interessant an: Eine im Aufbau begriffene nationale Sektion einer internationalen Organisation, deren Basis in einem Land der Dritten Welt lag und die zwischen der zur Katastrophe führenden Politik der Supermächte einen dritten Weg suchte. Der dritte Weg. Der dritte Weg als eigentliche revolutionäre Kraft. Eine klandestine Operationsgruppe im Herzen der westlichen Monopole. Unterwanderung, Desinformation, Subversion. Abwendung der drohenden Katastrophe. Mehr brauchte doch niemand zu wissen.

»Wie seid ihr ausgerechnet auf mich gekommen?«

»Wie gesagt, eine unserer hauptsächlichen Aktivitäten liegt im Informationsbereich. Dein Name tauchte öfter auf.«

»Wo? Beim Verfassungsschutz?«

Altmann lehnte sich zurück, steckte die Hände in die Manteltaschen, schlug die Beine übereinander, so daß Jansen die eleganten Wildlederstiefel bewundern konnte, und lächelte richtig glücklich. Der AFN-DJ schnappte fast über: »Super, super, super sunshine!«, und dann kam natürlich ein Reggae.

»Na endlich«, sagte Altmann. »Ist mir natürlich klar, daß du an den Verfassungsschutz denkst. Ich dürfte dir das gar nicht sagen, aber du bist ja schließlich kein Anfänger. Natürlich haben wir auch beim Verfassungsschutz Sympathisanten. Der dritte Weg arbeitet mit allen zusammen, wir sind die reale Einheitsfront. Ohne Leute in den Apparaten kannst du die Apparate nicht bekämpfen, das war ja – abgesehen von ihrer völlig falschen Einschätzung der objektiven Situation – die Hauptschwäche der RAF. Wir sehen uns auch gar nicht so sehr als Kampforganisation – dieses ganze Gewäsch von der Stadtguerilla und der Volksarmee hat nur Unheil angerichtet – sondern als Dienstleistungsservice für diejenigen politischen Apparate, die sich dem Dritten Weg verpflichtet fühlen.«

»Eine Art CIA der Weltrevolution?«

»Weltrevolution ist schon wieder so antiquiert. Trotzki ist nun mal tot. Wir gehen aufs einundzwanzigste Jahrhundert zu, nicht ins neunzehnte zurück. Neue Konzepte ...«

»Aber dem Begriff CIA widersprichst du nicht?«

»Ich weiß, wir brauchen alle unsere Hilfskategorien, Jansen. Natürlich sind wir eine Art Intelligence Service. Aber unsere Leistungen sind viel weiter gefächert als die der herkömmlichen Apparate. Du mußt dir das so vorstellen.« Er nahm einen Spiralblock und einen Kugelschreiber und zeichnete zwei Parallelen, die aufeinander zuliefen, ohne sich zu berühren. »Das ist erster Weg, zweiter Weg, Kapitalismus, Staatssozialismus. Fast dekkungsgleich, aber durch ihre monolithische Struktur so unbeweglich, daß sie sich nie komplementieren können – die Katastrophe. Der dritte Weg ist ganz anders.« Er zog eine Zickzacklinie zwischen den beiden Parallelen. »Wir schaffen die notwendigen Querverbindungen zwischen und gegen die Blöcke, das Kräftefeld, das sie schließlich zusammenbringt und eliminiert.«

»Und was soll ich dabei?«

»Du kannst dich nützlich machen, Jansen. Nenn das Ding, wie du willst – Job, Aufgabe, Platz –, es ist eine Synthese: es gibt etwas zu tun für dich. Oder willst du dir lieber nur eine Wohnung suchen und dir beim Studium der Stellenangebote einen runterholen?«

»Da hätte ich nicht viel zu tun.«

»Eben.«

»Und was hätte ich bei euch zu tun?«

Altmann schenkte Whisky nach.

»Erzähl mir mal, was du in der letzten Zeit gemacht hast.«

Jansen wartete einen Augenblick. Erzählen war er nicht gewohnt. Er stellte sich vor, wie er zu Sonja sagen würde: Sonja, ich hab einen neuen Job. Wo denn? Bei der Müllabfuhr? Nein, bei einem Geheimdienst. Oh Mann, wirst du nie erwachsen? Aber Sonja war nie eine gute Zuhörerin gewesen, und jetzt war sie ja auch weg. Er fing an, von Sonja zu erzählen, dann brach er ab und kam auf den Job bei Naumer. Er beobachtete Altmann genau, als er von dem Toten in dem Abbruchhaus sprach, aber natürlich ließ der sich nicht anmerken, ob er davon gehört – oder die Sache selbst inszeniert hatte. FEME.

»Bist du sicher, daß es *FEME* hieß?«

»Natürlich. Kein Wort in den Zeitungen. Das müßte dich als Journalist ... du bist doch Journalist?«

»Gelegentlich. Und dann hat dich Naumer gefeuert? Da ist doch was faul.«

»Ich dachte, das hätte alles mit euch zu tun.«

»Mit uns? Lächerlich. Allerdings, an Naumer sind wir schon lange interessiert. Der steckt bis zum Hals in drekkigen Geschäften und wird von bestimmten politischen Kreisen gedeckt.«

»Er mischt ja auch überall schön mit.«

»Ja, vor allem im Osten.«

Jansen sagte nichts mehr. Das ging ihm alles eine Spur zu schnell. Aber Altmann war jetzt in Fahrt. »Und wie war das mit dem Heroin?«

»Das werden die zwei Rausschmeißer gewesen sein. Sonja ist zu allem fähig. Mit den Frauen hab ich eben

Pech.« Er drückte seine Zigarette aus. »Tja, was willst du mit mir schon anfangen? Ich steh ohne einen Pfennig auf der Straße und hab bald auch noch einen Prozeß laufen.«

Der DJ verabschiedete sich wortreich, und die Nachrichten, die jetzt kamen, waren nichts für Altmann. Er suchte eine andere Station. Fand auch etwas. Ein Streichquartett.

»Laß dir wegen dem Prozeß keine grauen Haare wachsen. Nolte kriegt das schon hin. Es sind schon ganz andere Sachen niedergeschlagen worden. Ich hab eine ganz konkrete Sache für dich, Jansen, eine Sache, für die du der richtige Mann bist.«

Später würde Jansen sich das Bild noch oft ins Gedächtnis rufen – Altmann in seinem weißen Trenchcoat, mit dem Whiskyglas in der Hand, vor dem Stich mit Friedrich II., das Streichquartett, das den Staub zum Vibrieren brachte, das nagende Gefühl, er sitze entweder einem gigantischen Scherz auf oder sei im Begriff, einen bösen Fehler zu machen. Später sind das die Augenblicke, die ein Leben verändert haben. »Gehn wir mal in die Einzelheiten«, sagte Jansen, und Altmann verzog den Mund und sagte: »Trinken wir auf deinen neuen Job. Vorausgesetzt, du machst ihn.«

Aber das war ja längst klar.

12

Mittwochabends hatte der Revisor seinen Tisch in Mariendorf meistens für sich. Altmann bekam gerade noch das Finish im dritten Rennen mit: Jauß hatte natürlich wieder die Nase vorn. Der Revisor schob ärgerlich seinen Nußkuchen beiseite und zerknüllte die Wettscheine.

»Hast du das gesehn, Hans? Klare Behinderung. Mit Ukulele vorn hab ich die Dreierwette.« Der Revisor gebrauchte ungern den Konjunktiv, er gab einem ungern die Hand, und er war ein schlechter Verlierer. Er warf die Wettscheine unter den Tisch, nahm den Kugelschreiber und machte dicke Striche im Programm. Mit dem grünen Filzhut, dem grauen Parka und dem Feldstecher um den Hals sah er aus, als käme er gerade vom Hochsitz. Altmann setzte sich auf die andere Seite des Tischs und versuchte vergebens, sich dem Kellner bemerkbar zu machen. Die Profizocker am Nebentisch standen auf, um die Wette fürs vierte Rennen zu tätigen.

»Was gibts, Hans?«

»Die Operation läuft an.«

»Du hast diesen ...«

»Bussard.«

Der Kellner bequemte sich jetzt doch, und während Altmann bestellte, füllte der Revisor einen Schein für die Dreierwette aus. »Diesem Perschke ist doch nichts zuzutrauen, was, Günther?«

»Perschke kommt immer erst am Schluß, dieser Herrenreiter. Noch einen Kaffee?«

»Bring mir lieber auch ein Bier. Und zwei Mettbrötchen. Der Kuchen ist mir zu süß.«

Der Kellner verzog sich, und der Revisor starrte durch das Fernglas auf die Pferde, die am vierten Rennen teilnahmen. »Hast du gesehn, wie der springt, Hans? Und die Presse hat ihn vorn. Kannst du vergessen. Wir brauchen allmählich einen Durchbruch, vergiß *das* nicht.«

»Bussard hat die richtigen Qualitäten. Wenn er erst installiert ist, kommen die Erfolge wie von selbst. Ein harter Junge.«

»Was wir brauchen, sind nicht bloß Erfolge, Hans. Wir brauchen den Durchbruch. Ich kann diesen Aufwand gegenüber der Zentrale sonst nicht mehr vertreten. Was meinst du, wird Baster es schaffen?«

Altmann versuchte sich zu erinnern, wer Baster war – mit den Decknamen konnte man auch zuviel des Guten tun –, bis ihm klar wurde, daß es nur ein Gaul war.

»Wer sitzt denn im Sulky?«

»Hast du kein Programm? Fang nur nicht an der falschen Stelle an, zu sparen. Sandeck.«

»Nie gehört.«

»Hans, du lernst es nie.«

»Hör mal, ich kann nicht auf zwei Hochzeiten gleichzeitig tanzen!« Er lenkte sofort ein. Der Revisor verlor schnell die Geduld, vor allem, wenn es um sein Hobby ging.

Baster gewann tatsächlich das Rennen, und der Revisor lag mit 5 Mark auf der Dreierwette und strich 1782 ein.

»Ich hatte es doch im Urin, Hans. Ich mach das schon so lange, wenn ich's bis jetzt nicht im Urin habe, muß ich mir ja ein neues Ding verpassen lassen.« Er lachte, als hätte er einen profunden Witz gemacht, aber gleich darauf war das Lachen weg, und nur der Job blieb in der Stimme. »Ich hoffe, du hast es auch im Urin, Hans. Ein Fehlschlag mit Bussard wird uns ganz schön die Himbeeren verhageln. Denk an die Sache mit dem Libyer.«

Daran mußte Altmann nicht erinnert werden. Nach der Sache mit dem Libyer hatte er lange gebraucht, um wieder einen Fuß ins Geschäft zu kriegen.

»Was ist denn mit diesem Gaul los? Hast du das gesehn? So ein Mistschwein, so ein elendes!« Er warf seinen Wettschein weg. »Früher konnte man am Mittwoch in aller Ruhe sein Schäfchen ins Trockene bringen, aber heutzutage rennen alle durcheinander wie die Hühner, wenn der Fuchs los ist.«

»Iß deine Mettbrötchen. Gut für den Magen.«

Der Revisor ließ sich nur schwer beruhigen. Er vertilgte ein Mettbrötchen und sagte, den Feldstecher vor den Augen:

»Durchbruch hab ich gesagt, Hans. Durchbruch. Einen spektakulären Erfolg. Willst du eigentlich heute abend überhaupt nichts gewinnen?«

»Gib mir einen Tip.«

Der Revisor malte einen dicken Kreis um einen Pferdenamen und drehte sein Programm um, so daß Altmann ihn lesen konnte. Es war Master Victory im sechsten Rennen. Er setzte 50 Mark auf Sieg und wartete direkt am Wettschalter auf den Einlauf, aber Master Victory ließ sich noch von Senator abfangen. Altmann hatte größte Lust zu gehen, doch das kam nicht in Frage. Sie hatten noch zu arbeiten.

13

Jansen brauchte nicht lange, um den Kontaktmann zu entdecken – Sonnenbrille, Fliegerjacke mit Pelzkragen, die *taz* unterm Arm. Er bestellte sich eine Cola und ging damit ans Ende der Bar. Sie musterten sich einen Augenblick.

»Haben wir uns nicht letzte Woche im Quartier gesehn?« fragte Jansen.

Der andere lächelte strahlend. »Natürlich! Du bist der« – er schnickte mit den Fingern, dann hatte er's: »Tom! Tom aus Frankfurt, stimmt's?« Man konnte sehen, daß ihm solche Spielchen Spaß machten.

»Und du bist Charlie.«

»Klar. Du, heut abend ist hier echt nichts los. Laß uns doch mal im Quartier reinschaun, da ist 'ne beinharte englische Band angesagt.«

Charlies Szene-Idiom war so künstlich wie die starrgeschminkten Gesichter der Tänzerinnen. So künstlich wie dein neuer Job, dachte Jansen. Aber hinter Charlies gespielter Munterkeit nahm er deutlich den Schatten seiner Alpträume wahr, und der verlieh Charlie seine Konturen. Er hatte einen alten verbeulten Mercedes Diesel mit Stereoanlage und legte gleich eine Kassette ein. Jansen warf seine Sporttasche auf den Rücksitz, zu den zerfledderten Illustrierten, Plattenhüllen und alten Sachen. Sie enthielt alles, was er jetzt noch hatte. Es regnete, und die Lichter schienen im Dunkeln zu schwimmen. Sie fuhren an der Gedächtniskirche vorbei Richtung Schöneberg, und während Jansen den Rückspiegel im Auge behielt, sang Charlie den Text mit. Er hatte einen schönen Bariton.

»Es ist mitten im Winter, im tiefen Schnee
Es ist späte Nacht im Kasino an der See
Und der letzte Spieler an Tisch 1 im Großen Saal
Setzt den letzten Riesen und weiß nicht, auf
welche Zahl ...«

»Dieser BMW bleibt die ganze Zeit hinter uns«, sagte Jansen, als sie die Bülowstraße hochfuhren.

»Hab ihn auch gecheckt«, meinte Charlie. Jansen war das entgangen. »Ist sicher einer von unsrer Truppe. Unser Babysitter.«

»Wozu brauchen wir denn heute einen Babysitter?«

»Frag mich nicht. Soll ich ihn abhängen?«

»Mit deinem Diesel?«

»Ist nicht meiner. Aber paß mal auf.«

An der nächsten Ampel wurde das Licht gerade gelb. Vor dem Diesel war ein VW-Pritschenwagen, und der BMW lag zwei Wagen hinter ihnen. Der Pritschenwagen blieb stehen, und dann riß Charlie den Diesel nach links, wo eine knappe Lücke geblieben war, setzte bei Rot über die Kreuzung, bog um Haaresbreite vor dem ersten Wagen, der freie Fahrt hatte, nach rechts ab, gab ein kurzes Stück Gas und setzte dann durch eine Passage in eine Seitenstraße, durch die sie wieder die Bülowstraße erreichten. Der BMW war verschwunden. Jansen nahm eine von Charlies Zigaretten und steckte sie an.

»Wozu sollte das denn gut sein?«

Charlie lachte und bog links in die Yorckstraße ein.

»Hast recht. Aber manchmal brauch ich das einfach, verstehst du?« Es klang wie eine Bitte.

»Gewöhn dir das ab«, sagte Jansen knapp.

»Ich bin halt 'n Spieler«, sagte Charlie. »Sonst wäre ich ja nicht bei diesem Verein gelandet.«

Sie fuhren unter den S-Bahnbrücken durch, und Jansen lehnte sich zurück und rauchte die Zigarette.

Am Südstern drückte er auf die Stoptaste.

»Erzähl mir mal ein bißchen was über diesen Verein, Charlie.«

»Die Gruppe?« Charlie lachte nervös, und Jansen merkte, wie er verkrampfte. »Du, ich bin ja nur 'ne Art Botenjunge für die. Ich dachte, du wärst jetzt der neue Macker, der Schwung in den Laden bringt. Wird ja auch Zeit. Die betreiben ja nur noch Selbstkritik. Selbstzerfleischung, wenn du mich fragst.«

»Schwierigkeiten gehabt?«

»Ich? Schwierigkeiten? Ich hab 'n halbes Jahr in U-Haft gesessen, Mann, wenn du das Schwierigkeiten nennst.«

Am Hermannplatz bog er nach links ab, Richtung Landwehrkanal. In der Weserstraße blitzten Blaulichter. Polizisten schleppten Jugendliche aus einem Haus. Charlie sah gar nicht hin.

»Da soll es irgendein Protokoll geben«, fuhr Jansen fort.

»Mann, ist das hier ’n Verhör? Davon hab ich nämlich die Schnauze voll. Wenn ich damals gesungen hätte, wär ich ja nicht immer noch dabei, oder?«

»Dafür kann es viele Gründe geben.« Jansen stieß ihn leicht an die Schulter. »Aber das interessiert mich jetzt nicht. Du weißt, daß wir die einzigen sind, die den größeren Zusammenhang haben.«

»Genau, Tom. Für mich ist das ’n Job, der ’n bißchen Action bringt. Ich kann jederzeit aussteigen. Ich krieg ne saftige Abfindung von der Firma, hab ich schriftlich. Ich will nämlich in die Filmbranche einsteigen. He, was lachst du denn?«

»Ich lach doch gar nicht. Und was machst du jetzt?«

»Ach, ich schlag mich so durch. Schreib Musikartikel, mach mal bei ner Produktion mit, was eben so kommt. Von der Firma kann ich nicht leben.«

»Wen meinst du eigentlich mit Firma?«

Charlie warf ihm einen Blick zu. »Ich hab da so meine Vermutungen. Vielleicht hab ich auch zuviele Spionageromane gelesen.«

»Vielleicht solltest du lieber mal wieder Marx lesen. Fanon. Trotzki.«

Charlie lachte. »Laß mich bloß mit diesem Zeug in Ruhe. Mein revolutionäres Bewußtsein hab ich mir im Kino zugelegt. Marlon Brando in Queimada! Das schafft was.«

»Du meinst also, die CIA hat bei uns den Daumen drauf?«

»Hab ich das gesagt? Ich glaub, du liest auch zu viele Schundromane.«

Sie lachten beide. Sie hatten eine gemeinsame Basis entdeckt – den alten Diesel im Regen, die alten Filme, Action und Paranoia. Langsam fuhren sie am alten Görlitzer Bahnhof vorbei. In einigen Reparaturschuppen und

Lagerhallen brannte noch Licht. Wachhunde liefen zwischen Baracken und Autowracks ihre Strecke ab. Ein Türke in Overalls starrte ihnen nach.

»Hier wird mein erster Film spielen«, sagte Charlie. »Ich hab da einen Stoff im Hinterkopf – toll. Das Blöde ist nur, bei uns gibt es keinen Schauspieler wie Gene Hackman.«

»Was für eine ist diese Anna, Charlie?«

Charlie ließ sich nur widerstrebend von seinen Träumen abbringen. »Anna? Nicht mein Typ. Viel zu ernsthaft. Du, bei der kannst du deinen Trotzki aber noch voll einbringen, da steht die drauf. Die hat noch den Glühenden im Blick, wenn du weißt, was ich meine.«

»So eine Art Maria Schneider?«

»Au nee, du. So was wie unsre Anna kannst du nicht ins Kino bringen, da spielst du ja vor leeren Häusern.«

»Scheinst ja nicht viel von ihr zu halten.«

»Ich hab die Anna echt gern, du. Von weitem.«

»Und wieviele gehören noch zur Zelle?«

»Wart mal ... Angela noch, und der Kid.«

»Nur ihr vier?«

»Tom, ich gehör nicht dazu. Ich sag doch, ich mach nur Botengänge. Kindermädchen. Babysitter. Mehr als vier in einer Zelle ist sowieso Schwund.«

Er mußte an einer Ampel halten, steckte sich eine Zigarette an und sagte, als er den Gang einlegte: »Laß doch mal 'n bißchen was von dir hören. Ich meine, nur so als Raster.«

Sie fuhren dicht an der Mauer entlang. Kids in Lederkluft und Knobelbechern standen an den Ecken und warteten auf Zoff. Unrasierte Fixer holten sich im Türkengrill für zwei Mark Süßes. Alles ging weiter.

»Was willst du denn hören, Charlie? Die ganz heißen Dinger, und auch alles dazwischen?« Trag ruhig dick auf, hatte Altmann gesagt. Die müssen denken, da kommt Trotzkis Geist zu uns. »Hast du mal was von der Gruppe Revolutionäre Aktion gehört?«

»Ist mir kein Begriff. Wart ihr ein RAF-Ableger?«

»Mit denen hatten wir nichts zu tun. Zu verquast.« Er sah Charlie zustimmend nicken. »Wir haben politisch gearbeitet, sind dann aber natürlich auch kriminalisiert worden. Ich hab ein Jahr gesessen, dann bin ich ins Ausland.«

»Nahost?«

»Nein, wir haben ja zur IV. Internationale gehört. Unsere Basis war Lateinamerika, und natürlich England, Irland, die iberischen Staaten.«

»Aha. Ich war immer bloß in Berlin.«

»Und jetzt versuch ich, hier wieder Fuß zu fassen. Dummerweise bin ich bei einer Razzia hochgegangen. Ich brauch neue Papiere. Und ich bring einiges mit. Verbindungen. In Berlin soll ja wieder was anlaufen. Wird ja auch Zeit.«

»Gute Story«, sagte Charlie. »Wird denen runtergehen wie Maracujasaft.«

»Charlie«, sagte Jansen, »du bist vielleicht nur ein Wochenendrevoluzzer, aber vergiß nicht, daß du drinhängst wie jeder andere auch. Wenn das für dich wie Kino ist, soll's mir recht sein. Aber denk dran, im Kino stirbt am Ende immer einer. Ich erwarte von dir den vollen Einsatz, das verstehst du doch als Spieler.«

»Na klar«, sagte Charlie, und Jansen merkte, daß der Junge voll auf ihn eingestiegen war. Dabei war er schon achtundzwanzig. Charlie schob eine Kassette ein und verlangsamte das Tempo. Wieder drehten sich die blauen Lichter. Straßenkontrolle.

Der Wagen vor ihnen konnte sofort weiterfahren. Charlie wurde an die Seite beordert. Die nassen Lederuniformen der Kradfahrer, die Schutzhelme, die Blousons der Zivilfahnder schimmerten unter dem Licht der Bogenlampen, als wären sie für eine Filmszene ausgeleuchtet. Weiter vorne parkte vor einer Kneipe der Wagen des Einsatzleiters, in dem die Papiere geprüft und der mobile Computer mit den Zahlen gefüttert wurde. Die Kneipe hatte ein großes Glasfenster zur Straße, und man konnte die Leute sehen, die drin vor ihrem Bier hockten, ohne sich umzudrehen.

»Reine Schikane«, sagte Charlie leise. »Irgendwo geht 'n Fenster zu Bruch, und sofort rückt die Staatsmacht aus. Die Jungs wollen schließlich bei Laune gehalten werden.«

Jansen fragte sich, warum Charlie so viel quasselte.

»Du hast doch kein Dope dabei, oder?«

»Ich? Bist du crazy?«

»Was nimmst du denn? Koks?«

»Ich doch nicht! He, Mann, das ist ja uncool.«

»Bei Dope hört der Spaß auf, Charlie.«

»Oh Shit, und ich dachte, wir kämen klar.«

»Das liegt ganz bei dir. Dope ist out. Klar?«

Charlie antwortete nicht, sondern trommelte mit den Fingern einen kleinen Beat auf dem Lenkrad. Ein Dopefreak, dachte Jansen. Wenn der Rest auch so gut ist, gehn wir noch in die Geschichte ein. Als Comic.

Der Polizist kam mit den Papieren zurück. »Machen Sie mal den Kofferraum auf, Meister. Ja, Sie!«

Charlie machte den Kofferraum auf. Ein anderer Bulle stand auf Jansens Seite am Kotflügel, die Hand am Abzug der MP, die über seiner Schulter hing. Er sah nicht älter als achtzehn aus. Jansen hörte, wie der Kofferraum zugeschlagen wurde, und gleich darauf fädelte sich Charlie in den Verkehr ein.

»Wem gehört die Karre denn?« fragte Jansen nach

einer Weile. Sie fuhren die Hasenheide hoch, am Schultheiß vorbei, Richtung Gneisenaustraße.

»Einem Kumpel. Bassist bei den ›Berliner Stadtwerkern‹. Dufte Band. Meinst du, ich hätte vorher nicht in den Kofferraum geguckt?«

»War nur ne Frage.«

Charlies schöne Stimme hatte einen Kratzer weg. »Mann, kapierst du nicht? Ich mach das nur noch aus reiner Gewohnheit, aus Gefälligkeit, so wie heute, oder ich besorg mal was. Und dann kommt der große Unbekannte, IV. Internationale, wa, und macht mich auch noch wegen Dope an, wo ich seit drei Monaten keine Kohle hab, um mal durchzuziehn, nee weeßte! Macht doch euern Scheiß alleine. Ich kann dann noch zusehn, wie ich das Benzingeld kriege!«

Er bog in eine Seitenstraße ein, fuhr bis zur nächsten Ecke und hielt. »Wir parken hier. Den Rest zu Fuß.«

»Hier ist dein Benzingeld, Charlie.« Jansen gab ihm einen 50-Markschein. »Ich werde bald Geld beschaffen, dann brauchst du nicht mehr jede Mark umzudrehn.« Er griff sich die Tasche.

»Mann, weißt du, was das für Knauser sind in der Firma?«

»Ich hab nicht an die Firma gedacht, Charlie.«

Sie starrten sich einen Augenblick an. Auf der anderen Straßenseite stand ein BMW. Sie sahen ihn beide gleichzeitig und stießen sich an. Den Mann, der am Steuer saß, konnten sie nicht erkennen, aber das war auch nicht nötig – Babysitter kamen und gingen.

In einer dunklen Seitenstraße stieß Charlie eine Haustür auf und machte Licht. Im Treppenhaus roch es nach Kohl und Knoblauch. Türkische Musik, türkische Kinder, türkische Väter, die belferten oder Prügel austeilten.

An der feuchten Wand eine Warnung vor Rattengift. Im vierten Stock gab Charlie ein Klopfzeichen.

Die Tür wurde zögernd aufgemacht, und Jansen sah als erstes ein Mädchen mit hennaroten Locken, einem kleinen hellen Gesicht mit großen dunklen Augen und einem Kochlöffel in der Hand. Sie reichte ihm kaum bis zur Brust. Es war Anna. Charlie flüsterte mit ihr, sie sah Jansen groß an, lächelte dann und bat ihn herein, und als er drin war, dachte er: Oh Mann, da bin ich ja wieder beim Vierfruchtjoghurt und den Katzenhaaren und dem Chinakohl, gelobtes Land der Weltrevolution.

Romanfragment. Berlin 1983.

Altmann ist kein Journalist, sondern steht auf der Lohnliste des Berliner Landesamtes für Verfassungsschutz. Er ist ein Paranoiker, der sich einbildet, eine Doppelrolle spielen zu können: V-Mann für das Amt und revolutionärer Beweger in der Szene, die er für das Amt auszuspähen hat. Als private Rechtfertigung dient ihm seine selbstgestrickte Ideologie des ›Dritten Wegs‹.

Man schreibt den Beginn des Jahres 1983. Terroristisch hat sich in Berlin lange nichts mehr getan. Im Landesamt muß die Abteilung Infiltration, deren Leiter intern ›Der Revisor‹ genannt wird, um ihre Existenzberechtigung fürchten. In den Gruppen, die man unter Beobachtung hat, scheint der revolutionäre Elan erschlafft.

Über Altmann, den er in der Hand hat, will der Revisor deshalb eine Aktion inszenieren und aus seiner schwarzen Kasse finanzieren. Nach der Ausführung will er zuschlagen und für seine Abteilung einen aufsehenerregenden Aufklärungserfolg verbuchen.

Jansen, über dessen Vorleben er ein Dossier hat, scheint ihm für das Vorhaben geeignet. Er präpariert ihn, indem er dafür sorgt, daß er Job und Wohnung verliert und anschließend auch noch mit Heroin aufgegriffen wird. Der verbitterte Desperado, der jetzt nichts mehr zu verlieren hat, soll die Reste einer ehemaligen revolutionären Zelle zu einer Tat motivieren, die für Schlagzeilen sorgen wird.

Jansen, der dem Ex-Genossen Altmann nicht über den Weg traut und anfangs nur wegen der Spesen mitmacht, fängt Feuer: Die Gruppe erweist sich als hochprofessionell und verfügt sogar über einen Sprengstoffexperten.

Zum Schein geht man auf den Ideologen des ›Dritten Wegs‹ ein, nimmt das Geld und entwirft den Plan für eine Sabotage-Aktion im RIAS. Parallel dazu wird ein ganz anderer Plan ausgearbeitet.

Bei Plan 1 wird penetrant hinhaltend taktiert. Schwierigkeiten werden vorgeschützt, die auf Dilettantismus schließen lassen (– die Beschatter vom Verfassungsschutz verlieren zunehmend den Glauben an einen Erfolg ihrer Inszenierung; ihre Aufmerksamkeit läßt nach).

Plötzlich sind Jansen und die Gruppe wie vom Erdboden verschwunden. Gleichzeitig muß der Revisor feststellen, daß sein V-Mann unauffindbar ist.

Eine Woche später geht am Checkpoint Charlie eine Bombe hoch.

Soweit die von Fauser skizzierte Handlung. Als er den ersten Teil des Manuskripts abgeschlossen hatte, wurde im August 1983 der Sprengstoffanschlag auf das französische Kulturzentrum Maison de France verübt (ein Toter, 22 Verletzte; kein Bekennerschreiben; Hintergründe schleierhaft). Die Wirklichkeit schien den Plot eingeholt zu haben. Bei Fertigstellung und Veröffentlichung des Romans hätte der Eindruck entstehen können, mit der zentralen Idee des Plots werde ein realer, noch unaufgeklärter Terroranschlag fix ausgeschlachtet. Fauser brach das Projekt ab.

In der folgenden Erzählung hat er einen Aspekt des Themas noch einmal aufgegriffen.

Carl Weissner

Machs nochmal, Harry

Er fand eine Parklücke auf dem Mittelstreifen am Kurfürstendamm, aber bevor er die paar Schritte in die Bleibtreustraße machte, nahm er erst noch den 19er Richtung Wittenbergplatz, sprang dort in letzter Sekunde ab, mischte sich bis zum Europacenter unter die Sonntagsspaziergänger und ließ sich dann von einer Taxe bis zum VW-Haus Ecke Knesebeckstraße bringen. Altmann hatte zwar behauptet, mit Opposition sei nicht zu rechnen, aber Optimisten wie der hatten die Arbeit für die Abteilung schon immer besonders heikel gemacht. Harry Lipschitz war ein geborener Pessimist, und damit hatte er immerhin vierundfünfzig Jahre überlebt – Jahre, die es in seinen Augen vom ersten bis zum letzten Tag alle auf ihn abgesehen hatten. Erfahrung und Routine machten immer noch die meisten Rennen; nur Optimisten setzten lieber auf Außenseiter, die in Schönheit starben. Lipschitz hatte nicht die geringste Neigung, in Schönheit zu sterben, sowenig er gewußt hätte, wie man in Schönheit lebt. Er war ein unauffälliger Mann, der schon mit dreißig so ausgesehen hatte, wie er bis zu seinem Lebensende aussehen würde – der alleinstehende Staubsaugervertreter, den keine zugeschlagene Tür aus der Fassung bringt, kein Abend in der fremden Stadt deprimiert.

An einer Würstchenbude bestellte er eine Bockwurst, die er gründlich kaute. Der Arzt hatte ein Magengeschwür diagnostiziert und eine Rollkur verschrieben, eine Diät, Haferschleim und Leinsamen, lächerlich; wie sollte er eine Kneipe führen ohne Alkohol und Zigaretten – und dann kam auch noch die Abteilung, die ihn vor zwei Jahren aufs Altenteil gesetzt hatte, und schickte solche Schnösel wie Altmann: Harry, ausnahmsweise noch mal!

Nur ein kleiner Abhörjob, rein und raus, easy! Kinder, habt ihr denn nicht einen Funken Anstand im Leib – ich bin Kneipier! Nein, sie hatten Personalknappheit. Und außerdem hatten sie ihn in der Hand. Na schön. Es tat ja auch gut, noch dazuzugehören. Lipschitz tupfte sich mit der Papierserviette den Senf vom Mund und zündete sich eine Zigarette an. Der Arzt war mindestens zwanzig Jahre jünger. Was konnte der schon vom Leben verstehen? Er warf einen Blick in die Runde und war sicher, seinen Schatten abgehängt zu haben. Dieser Altmann war auch höchstens vierzig. Hoffentlich verstand er schon was von seinem Job.

Harry Lipschitz haßte Sonntage, und wenn es etwas gab, das er noch mehr haßte, dann war es ein Sonntag in der City. Es ging schon auf Abend, aber überall standen und stolperten sie noch herum in der Hundescheiße, in der die Stadt bald ersticken würde, und starrten sich vor den Schaufenstern der Nobelläden die Hälse lang. Für ihn hatte das Leben einen Krieg nach dem anderen produziert, ob er nun für die Dienste gearbeitet hatte oder auf eigene Rechnung, und während alle Welt im großen Stil absahnte, als ob es für die Ewigkeit wäre, war es für ihn immer nur darum gegangen, diesen Tag zu überleben, morgen, vielleicht noch nächste Woche. In den beiden letzten Jahren mit Ellie draußen in Buckow in der Kneipe, die er mit seinen Rücklagen und der bescheidenen Abfindung von der Abteilung gepachtet hatte, und in dem Gartenhäuschen, das Ellie geerbt hatte, war er endlich zum Nachdenken gekommen – und hatte sich prompt das Magengeschwür eingefangen. Seit Ellie, das alte Schlachtroß des horizontalen Gewerbes, das Landleben entdeckt hatte und ihn nervte mit ihren Stauden und Rabatten, pflegte er meistens auf dem Kinderspielplatz zu sitzen, von dem er einen weiten Blick nach drüben hatte, auf die Wachttürme und die Rieselfelder und den Rauch, der von Schönefeld und Treptow herüberzog, und je länger er darüber nachdachte, desto weniger konnte er verstehen, worum es in diesen vierundfünfzig Jahren Krieg gegangen war – doch nicht um diese Mauer, die jeder Sperling überflog, jeder Maulwurf unterwanderte? Oder um diesen Magen, dem er jetzt jeden Bissen dreißigmal vorkauen sollte?

Du wirst alt und tattrig, Harry, redete er mit sich selbst, während er in den Kolonien spazierenging, wo die anderen Veteranen schon anfingen, ihn zu grüßen; paß bloß auf, ein verrosteter Einmannbetrieb ist in dieser Branche schon immer riskanter gewesen als ein verrostetes Funkgerät. Aber wenn er dann hinterm Tresen des Buckower Bierstübchens stand, das Pils zapfte, die Körnchen raustat und Ellie und ihre neuen Fans beobachtete, die Tomatenzüchter und Rabattenharker, dann war ihm klar, daß das Rosten nur eine Frage der inneren Einstellung war; und als er den Mann von der Abteilung sah, diesen typischen Außendienst-Zampano mit grauen Schläfen und Augen voll Blei, da wußte er wieder, worum es in all den Jahren gegangen war, worum es nur gehen konnte in dieser Branche, wenn es jedesmal so anfing: Tach, Harry, ich soll dir schöne Grüße vom Alten ausrichten, und ob du wieder so schöne Tomaten hast? – Aber eins sag ich dir: diesmal ist es der letzte Job! – Na klar, das ist es doch immer. – Man konnte es auch so sehen: Sie hatten alle so viel Zeit damit verbracht, ihren Schatten abzuhängen, daß sie panische Angst davor hatten, eines Tages keinen mehr zu haben.

Das Bordell kannte er von früher. In dem Geschäft gegenüber war jetzt eine Modeboutique, und er verbrachte einige Minuten damit, die Schaufenster zu betrachten und auf das verabredete Zeichen zu warten. In diesem Frühjahr schien Türkis die Modefarbe zu sein, und er war froh, daß Ellie inzwischen die Gartenarbeit vorzog; in türkisfarbener Reizwäsche Größe 46 hätte sie sich endgültig lächerlich gemacht. Was für Sachen die Frauen anzogen! Irgendwie wurmte es Harry, daß er jetzt in Buckow festsaß. Man stellte sich das so behaglich vor, den Ruhestand mit Kneipe und Garten, und dann ärgerte man sich mit den Lieferanten herum, mit der Brauerei, mit den Suffköppen und Blattläusen, und mußte sich auch noch den ganzen Tag aus dem Mund einer alten Hure anhören: Meine Gurken dieses Jahr, ein Gedicht! Nichts gegen Resozialisierung, aber dies ging denn doch zu weit. Und mittlerweile hockte auf dem alten Stammplatz im Adlon irgendein Anfänger, und die Frauen trugen wieder grüne Netzstrümpfe. Harry seufzte und sah auf die Uhr. Halb acht. Endlich wurde drüben der Vorhang zugezogen.

Das Vestibül war immer noch hochherrschaftlich, wenn auch der Verputz schon Flecken hatte. Immerhin gab es noch den weinroten Läufer auf der Treppe, und die Leisten glänzten wie Altgold. Auch den Zahnarzt gab es noch in der Beletage und im ersten Stock die feine Zeitschrift, die von der CIA gesponsert wurde. Ob sie immer noch glaubten, die Gelder kämen aus dem Osten? Im zweiten Stock sah sich Lipschitz unauffällig um, konnte aber keine Videokamera entdecken. Was natürlich heutzutage gar nichts hieß. Er drückte auf den Summer und lächelte in den Spion, und als die Tür aufging, zog er den Hut und sagte: »Ich bin mit Selma verabredet.«

»Dann komm mal rein, Süßer«, erwiderte die vollbusige Vierzigerin mit der blonden Dauerwelle und dem knappen schwarzen Mieder, das die Pracht nur mühsam zusammenhielt, »ich bin nämlich Selma. Hoffentlich hast du auch viel Zeit mitgebracht.« Und sie blinzelte ihm tatsächlich auch noch zu.

Man sollte doch meinen, dachte Lipschitz, während er Hut und Mantel ablegte, die Abteilung hätte sich auch der neuen Zeit angepaßt, aber nichts da – Altmann und Selma, das war immer noch der aufgedonnerte Stil der fünfziger Jahre, genau wie dieser verstaubte Puff, Brokatvorhänge und dunkle Täfelungen, überall Nippes und schwülstige Schäferszenen; und mit einem Anflug jener säuerlichen Selbsterkenntnis der langen Nachmittage auf dem Kinderspielplatz fügte er in Gedanken hinzu: Kein Wunder, daß sie wieder auf dich zurückgekommen sind. Sie halten sich eben auch an das geheiligte Prinzip: Die Zeiten vergehen, aber sie ändern sich nicht.

An dem Job war wirklich nicht viel dran, und er fragte sich, warum die Abteilung nicht einen ihrer Techniker einsetzte. Personalknappheit, lächerlich; natürlich hatten sie in letzter Zeit nur noch Türken gebaut, aber seit dem Regierungswechsel war das noch lange kein Grund, um ihnen die Planstellen zu streichen. Na, ihm konnte es egal sein; höhere Politik war nie sein Bier gewesen, er war verfügbar, also verfügte man über ihn, anders war es nie gelaufen – dafür fiel, blieb man dem Stall treu, hier und da ein heißer Tip fürs Privatgeschäft ab. Wie es früher so schön hieß: Kalte Krieger können keine Knicker sein.

Selma rauchte einen Tiparillo und sah ihm aufmerksam zu, während er das Telefon präparierte, das auf dem Rauchtisch neben dem französischen Bett stand. Mit einem elektronischen Stecknadelkopf in der Sprechmuschel wurde es in ein offenes Mikrophon verwandelt, mit dem sich nicht nur jeder Anruf, sondern alles, was im Zimmer gesprochen wurde, abhören ließ. Lipschitz arbeitete schnell, aber ohne Hast; der Kunde war erst um acht fällig, und es sah besser aus, wenn er mit Selma wenigstens die Viertelstunde verbrachte, die einer in seinem Alter angeblich brauchte, um auf Touren zu kommen. Der Abend konnte schließlich noch länger dauern. Rein, raus, hatte Altmann gesagt, easy; das war genau der flotte Aktionisten-Slang, an den man sich nicht halten durfte, wenn man erfolgreich arbeiten wollte – und wo es so viele Maßstäbe für Erfolg gab, hielt man sich sinnvollerweise nur an die eigenen.

Nachdem er das Zimmer verwanzt hatte, gingen sie an die Bar im Berliner Zimmer. Zwei Herren in Maßanzügen und mit jenen alterslosen Gesichtern, die nur in langen Sitzungen im Solarium erzielt werden, tranken Scotch und nickten Lipschitz mit hochgezogenen Augenbrauen und mühsam unterdrücktem Lächeln zu. Auch im Puff paßte er sofort ins Klischee: Aha, der Edel-Spießer, verwitweter Beamter in der Wirtschaftsverwaltung, haut einmal im Vierteljahr über die Stränge, Spezialität reife Blondinen, mit denen er im Bett Onkel Doktor spielt. Lipschitz hoffte, daß es bei diesem Eindruck bleiben würde, und stellte sich mit seinem zerknitterten Gesicht, das so gut zu seinem Anzug paßte, in die Ecke zu der imitierten Marmorsäule, auf der ein Amor aus Porzellan seinen Bogen spannte. Er streifte die Mädchen mit einem schnellen Blick – zwei junge Dinger mit langen Beinen, die stumm ihre manikürten Fingernägel betrachteten, und eine etwas ältere Asiatin in einem goldbedruckten Kimono, Thailänderin, tippte Lipschitz, die in Illustrierten blätterte. Er erinnerte sich an den Betrieb, der früher hier geherrscht hatte; jetzt war es trotz der gedämpften Musik – garantiert Gershwin – so anregend wie auf einem Stehempfang der Berliner Milchwirtschaft. Selma brachte die Drinks; für sich einen Bols blau, für Harry einen Underberg mit Eis und Soda.

»Du könntest dich ruhig öfter sehen lassen, Schatz«, flötete sie und klimperte mit ihren falschen Wimpern. »Oder hast du Selma ganz vergessen?«

»Aber nein, wie könnte man dich denn vergessen!« Der Vergleich mit Ellie drängte sich natürlich auf; an jedem Tag in Buckow hätte er wahrscheinlich Selma den Vorzug gegeben, aber heute – auf Arbeit – schien ihm Ellie alle ihre dicken Mankos durch ihre Unschuld wettzumachen, die schon darin lag, daß sie nie für die Abteilung gevögelt hatte. »Aber ich bin ja jetzt im Ruhestand«, sagte er mit einem schrägen Blick, »da komme ich nur noch selten in die Stadt.« Er nahm einen entschlossenen Schluck; die Dummheit solcher Konversationen versetzte ihm nicht zum ersten Mal einen Dämpfer. Das konnte ja noch heiter werden, wenn Selma in Fahrt kam.

»In deinen jungen Jahren schon in Rente!« Selma konnte sich kaum einkriegen; das Mieder knirschte. »Aber ich hoffe, daß du mich mal auf deinen Landsitz einlädst!«

Er fragte sich, wie sie auf den Landsitz kam; wenn sich das in der Branche rumsprach, hatte er da draußen keine ruhige Minute mehr. Sie stieß mit ihm an und leckte sich anzüglich die Lippen, wobei er feststellte, daß ihre Zungenspitze gelb verfärbt war. War sie auch eine Leidensgefährtin? Sicher traf sie die Rolle der vernachlässigten Hure deshalb so gut, weil sie auch als Agentin schon lange vernachlässigt wurde. Harry konnte es ihr nachfühlen, war aber doch erleichtert, als ein Blick auf die Uhr ihm zeigte, daß es fast acht war. Er zog Selma an sich und blies ihr etwas Underberg-Atem auf die bläulich schimmernden Lippen, was ihnen prompt ein zuckriges Lachen entlockte.

»Wie wär's mit einem Nachschlag, Selma?«

»Heute gehst du ja ran wie Blücher, Schatz!«

Eines der Mädchen kicherte, und Harry wünschte, Selma hätte einen etwas weniger militärischen Vergleich gebraucht. Nach vierundfünfzig Jahren an vielen Fronten neigte er doch zumindest im Bett zum Pazifismus. Als sie zusammen auf ihr neues Zimmer gingen, ertönte der Summer.

Altmann hatte es wie ein Sonntagsvergnügen für diskrete Voyeure geschildert. »Der Mann verkehrt dort mit einer Nutte, die höchstwahrscheinlich für die andere Seite arbeitet. Und er hätte denen einiges zu bieten, das kann ich dir sagen. Kann sein, daß es reiner Zufall ist, aber mir haben da meine Vögelchen schon was gesungen. Der Kerl hat in seinem Leben in soviel Dreckhaufen gewühlt, da wollen wir doch, daß er seine Flossen da behält, wo sie keinen Unfug anrichten. Du nimmst das alles auf, Harry – jeden Piepser, verstehst du.« Und er hatte anzüglich geblinzelt. Immer der gleiche Schwachsinn. Lipschitz hatte nicht gefragt, warum ausgerechnet er das machen sollte. Wer für die Abteilung arbeitete, gehörte schließlich zu einer Art Elite – wie Kanalarbeiter oder Rattenfänger. Woher seine Einwände gegen den Job rührten, wurde ihm jetzt klar – ob diskret oder nicht, Pessimisten waren keine Voyeure.

»Willst du dich nicht wenigsten freimachen?« Selma saß schon auf dem Bett, hatte die indirekte Beleuchtung in der Wandtäfelung eingeschaltet und massierte ihre Beine. Krampfadern machten ihren Job auch nicht leichter.

Lipschitz schüttelte nur den Kopf und legte das Band ein; er hatte sich eine Arbeitsecke am Fenster eingerichtet und war fest entschlossen, sich nicht stören zu lassen.

»Wenn du willst, können wir auch mal«, ließ Selma ihn wissen. »Für dich gehört das zum Honorar. Ein Bonus.«

»Danke, sehr freundlich, aber ich hab zu tun.« Er setzte die Kopfhörer auf, bereit, sie sofort wieder abzunehmen, wenn die beiden nebenan das taten, wozu man auch ins Bordell geht. Nachdem er einen Augenblick zugehört hatte, zündete er sich eine Zigarette an und drehte den Lautstärkeregler auf. Das war ein Abhörjob und basta.

»Du mußt auch ein bißchen schlau dabei sein, Ganlaya«, sagte der Mann. »Clever, verstehst du. Sonst kommen wir nie zu einer müden Mark.«

Die Stimme kam Lipschitz vage bekannt vor, aber das war nicht gerade selten, nach soviel Jahren. Die des Mädchens konnte er sofort einordnen – nur Asiatinnen konnten wie Vögelchen zwitschern. »Yes, dear. Aber weißt du, die meisten Männer wollen nicht sprechen mit mir. Sie wollen nur ding-dong, you know.«

»Stimmt doch gar nicht, Baby. Die möchten so gern reden, daß sie gar nicht wissen, wo sie anfangen sollen. Du mußt nur rausfinden, wo ihr schwacher Punkt ist. Genau wie beim Vögeln – da kriegst du ihn doch auch raus.«

»Aber sie denken, ich zu dumm zum Sprechen. Ich dummes Thai-Girl, kann nur ding-dong.«

»Ach was, Ganlaya. Die stellen sich nur so an, weil sie das Geschwätz von zuhause nicht mehr hören können. Verstehst du, die haben zuhause alle Frauen, die machen nur talk, talk, talk. Du mußt dir das so vorstellen – der Typ kommt völlig gestreßt nach Hause, will die Füße auf den Tisch legen und was Nettes essen, ein schönes Glas Wein und dann ding-dong, daß die Schwarte kracht, und was bekommt er? Eine Schüssel Salat und talk, talk, talk.«

Ganlaya kicherte bei dieser Vorstellung, und Lipschitz war im Bilde – er hatte diesen Vortrag schon öfter gehört.

Alle Freiberufler lebten von ihren paar Standardvorträgen, die sie so oft probten, daß sie sie so automatisch abspulen konnten wie andere Leute die römischen Kaiser oder die Umsatzsteuergesetzgebung im Land Berlin. So traf man sich also wieder. Er nahm einen Schluck Underberg und hörte zu, wie Hotte Butzbach die moderne Ehe sah.

»Und worüber redet sie mit ihm? Na, ist doch logisch, Ganlaya, sie bringt alles aufs Tapet, wovon er absolut nichts wissen will – das Gift im Leitungswasser, den sauren Regen, die Integration der Türken, den neuen Problemfilm über die Frauen in der Friedensbewegung, die neue Freundin, und warum sie nun doch glaubt, daß es in Ordnung ist, wenn sie ein Baby aus Burma adoptieren – weil, ihr Bio-Laden hat jetzt eine neue Sorte Reis, damit wird das Wurm auch in Germany glücklich. Bis sie damit fertig ist, hat der arme Mann zwei Flaschen ungezukkerten aquitanischen Landwein drin und ein solches Sodbrennen, daß an ding-dong sowieso nicht mehr zu denken ist, also ab in die Heia, ein Nervogastrol rein, und das war's dann. Also steckt er sich am Wochenende das Scheckbuch in die Jacke und düst in den nächsten Puff. Und das ist genau der Punkt, wo unser Job beginnt, verstehst du, Vögelchen? Erst ding-dong, aber dann will der Mann doch endlich auch mal sein Maul aufreißen.«

»Du jetzt auch ding-dong, my dear?«

»Jetzt zeig ich dir erst mal, wie das Ding funktioniert.«

Harry Lipschitz hörte noch so lange zu, bis er sicher war, um welches Ding es sich handelte und daß es nicht im Telefon angebracht wurde. Dann nahm er die Kopfhörer ab. Selma, die in einem abgegriffenen Taschenbuch geblättert hatte, sah ihn erwartungsvoll an.

»Na, vögeln sie erst mal ne Runde?«

Harry räusperte sich, aber dann nickte er nur. Sie leckte sich die Lippen.

»Dann laß uns doch auch mal. Und glaub bloß nicht, daß ich jedem von euch so ein Angebot mache. Aber du siehst aus, als wärst du seit zwanzig Jahren nicht mehr dran gewesen, da schmilzt mir einfach das Herz.«

Er warf ihr einen mißtrauischen Blick zu. »Hat dir Altmann gesagt, daß du dich an mich ranmachen sollst?«

»Welcher Altmann?«

»Vergiß es. Ich bin schließlich im Dienst.«

»Aber ja doch. Ich dräng mich nicht auf. Mach ich nicht.«

Sie machte einen Schmollmund, legte ihre Dauerwelle auf die Kissen und streckte die Beine von sich. Krampfadern oder nicht, sie hatte eine Menge Bein und wußte es auch. Lipschitz stand auf und zog den Vorhang so weit zurück, daß er die Straße übersehen konnte. Das Pärchen, das im bonbonfarbenen Licht der Boutique so tat, als bewunderte es die neuen Dessous, gehörte todsicher zu dem Trupp, der Butzbach observierte – und auch ihre Autos machte Lipschitz leicht aus. Die Jungs hatten nun mal eine Schwäche für Audis und Granadas. Ziemlich großes Aufgebot für einen kleinen Ganoven wie Hotte Butzbach, dachte er; aber dann: Personalknappheit! Er fragte sich, wie Butzbach es geschafft hatte, der Abteilung in die Quere zu kommen. Hotte hatte mit dem, womit die Abteilung zu tun hatte, soviel am Hut wie ein Ziegenbock mit Astrologie.

Eigentlich war er nicht viel mehr als ein halbgebildeter Schwätzer. Vielleicht standen sie mal wieder unter Druck und mußten nehmen, was kam. Das war natürlich Pech. Er kannte Butzbach, seit sie beide versucht hatten, ihre Finger in den Kreditkartenmarkt zu stecken – auch Erfolglosigkeit kann verbinden. Beide waren Einzelgänger, Einmannbetriebe, die lieber solo flötengingen, als bei den Big Bands auf dem letzten Loch zu pfeifen. Daß er gelegentlich für die Abteilung arbeitete, änderte an Harrys Selbsteinschätzung nichts; da war jeder Job wie eine Prämienzahlung auf die Lebensversicherung, auch wenn man wußte, daß man jedesmal die Auszahlung aufs Spiel setzte. War es denkbar, daß auch Butzbach auf seine alten Tage noch schnell eine Versicherung abschließen wollte? Denkbar war alles, und Harry wußte ja auch, wie es war, wenn sie ihr Angebot machten: Einerseits haben wir genug, um Sie für zehn Jahre wegzuschließen. Andererseits können Sie das Zimmer als freier Mann verlassen. Die Entscheidung liegt ganz bei Ihnen ...

Lipschitz zog den Vorhang zu. Wo Hotte auch angeheuert haben mochte, ein bißchen Vertrauen hatte er verdient. Er setzte sich und klemmte sich die Kopfhörer in die Ohren. Selma blätterte wieder in ihrem Krimi, aber Lipschitz wußte, daß sie ihn genau beobachtete.

»Siehst du, Vögelchen, das ist doch ganz einfach«, sagte Butzbach gerade.

»Aber was mach ich, wenn jemand findet?«

»Wer soll das denn finden, Kleines. Du wirst sehn, es wird prima klappen. Den Rest erledige ich, damit hast du nichts zu tun. Was glaubst du, wie deine Eltern staunen werden, wenn wir mit einem Koffer voll Geld in deinem Dorf ankommen.«

»Oh, my dear.«

»Mit fünfzig Riesen gehört uns bei euch doch die Welt.«

»Oh, my dear.«

»Ich mache ein kleines Hotel auf, und deine Familie hat dann auch Arbeit.«

»Arbeit?«

»In einem Hotel gibt es immer was zu tun.«

Butzbach muß sich ja ziemlich sicher fühlen mit der Kleinen, dachte Lipschitz; es war die ausgelaugteste Story, die es gab, und immer noch fand sich ein Mädchen, das daran glaubte. Warum auch nicht? An irgend etwas mußten Mädchen schließlich glauben, und dann hatte Hotte auch so schöne blaue Augen.

»Endlich raus aus diesem Scheißland«, hörte er ihn sagen. »Endlich Schluß mit diesem Scheißjob.«

Es klang wie ein Echo auf das, was Lipschitz oft genug gesagt hatte, wenn ihm jemand zuhörte. Das hatte er nun davon; der nebenan träumte immer noch von Bangkok, und er hockte in Buckow auf dem Kinderspielplatz.

»Du mußt nur darauf achten«, erklärte Butzbach, »daß sie ins Reden kommen – egal, was. Geschäft, Politik, Sex, all die netten kleinen Perversiönchen – raus damit. Das ist für die wie eine Therapie, und wenn sie zahlen dürfen, sind sie hinterher richtiggehend geheilt. You know, like medicine.«

»Oh, dear.« Es klang wie eine Litanei, ein Tempelglöckchen, das die Gläubigen zum Gebet rief – und Butzbach, das mußte man ihm lassen, hatte an seine hoffnungslosesten Pläne immer mit der inneren Überzeugung eines Erweckungspredigers geglaubt.

»Wir zapfen sie an, dann machen wir die Fliege. Ich glaube, in eurer Gegend kommt der letzte Boom vor dem großen Knall. Und von dem wollen wir doch was abhaben.«

»Yes, dear. I need shoes, I need dress, I need eat, I need love, you know. And you?«

»I need you«, sagte Hotte Butzbach im Brustton der Überzeugung, und im Zimmer nebenan nahm Harry Lipschitz die Kopfhörer ab und zündete sich eine Zigarette an. Mochte die Abteilung Ganlaya für eine Top-Agentin der Gegenseite halten und seinen alten Bekannten Butzbach für den Staatsfeind Nummer eins, auch in diesem Job gab es Grenzen – und außerdem nagte ein Gefühl an Lipschitz, das er, weil er es so lange nicht mehr gehabt hatte, für gerechte Empörung hielt – dabei war es die nackte Eifersucht.

»Du siehst ja aus, als hättest du eine Nierenkolik«, sagte Selma mit Kennermiene. »Na, ist ja auch nicht jedermanns Sache, anderen Leuten beim Vögeln zuzuhören – oder sind sie jetzt schon beim Hochverrat?«

»Kannst du mir noch einen Underberg besorgen?«

»Schon da, mein Schatz.«

Selma war Praktikerin – sie hatte vorgesorgt. Pech, dachte Harry; aber sie hat natürlich Befehl, mich keinen Augenblick allein zu lassen. Dabei hätte die Abteilung nur sinnlosen Ärger, wenn sie von Hottes geplantem Tätigkeitsfeld erfuhr. Natürlich würde einer wie Altmann voll darauf abfahren, rein und raus, easy; es war genau die Sorte Dreckhaufen, in der sie am liebsten wühlten. Daß Butzbach auch genau die Sorte Dilettant war, die jede noch so simple Operation in die Scheiße ritt, war den Altmännern ja nie beizubringen. Nein, hier gab es nur eine brauchbare Lösung – ein ruhiges Wort mit Hotte, in den nächsten Tagen, wenn das Tonband sicher in Harrys Schließfach bei der Marienfelder Filiale der Deutschen Bank lag, in der Stahlkassette mit dem Notgroschen in Form von achttausend Mark und sechstausend Schweizer Franken in gebrauchten Scheinen und einem noch vier Jahre gültigen Paß auf einen Namen, der bis jetzt von keinem Computer gespeichert worden war. Es war nie falsch, bei einem Notgroschen noch anzulegen.

Aber erst mal haben.

Selma hatte ihm einen Drink gemixt und sich einen Bols nachgefüllt, und so prosteten sie sich zu, während das Band weiterlief.

»Na, fühlst du dich besser?«

»Viel besser. Ich krieg manchmal diese Krämpfe – nichts Ernsthaftes, meint der Arzt. Man müßte mal ausspannen.«

»Das sagst du, wo du auf Rente bist.«

»Und was mache ich hier?«

»Tja, das ist es ja – von der Rente allein kann heute auch keiner mehr leben.«

Lipschitz sah sie an und versuchte, ein begehrliches Lächeln hinzukriegen. Die einzige Möglichkeit, das Band zu vertauschen, lag darin, Selma abzulenken. Die einzige Möglichkeit, Selma abzulenken, lag darin, sie zu vögeln. Butzbach hatte sein Vögelchen, Lipschitz hatte Selma. Job war Job.

Betrachtete man die Unterschiede, dann schien es nicht ganz fair zu sein, aber was war schon fair? So, wie die Dinge lagen, mußte man sich auch betten. Und mit einem entschlossenen Seufzer stellte Harry sein Glas hin und legte die ganze Erfahrung und Routine von vierundfünfzig Mannesjahren in seine vom Underberg geschmeidige Stimme, als er seinen Schlips abnahm und sagte: »Wenn dein Angebot noch steht, komme ich doch darauf zurück.«

»Besser jetzt als nie«, sagte Selma und breitete die Arme aus.

Ellie thronte in ihrem geblümten Morgenmantel vor dem Frisiertisch und rieb sich Nachtcreme ins Gesicht. Sie hatte wieder mit ihren Laubenpiepern getagt und einen in der Krone, und während sie die Creme verrieb, summte sie ein Potpourri aus »Wunschmelodie«, soweit Lipschitz das beurteilen konnte. Er machte sich nicht viel aus Musik und heute nacht schon gar nicht – er lag mit geschlossenen Augen unter dem schweren Plumeau und versuchte, sich darüber klarzuwerden, ob Altmann die Abteilung sofort in Bewegung setzen würde, wenn er das unbespielte Band abgehört hatte.

Ellie stellt den Tiegel hin und tupfte sich umständlich das Gesicht ab.

»Hast du was gesagt, Harry?«

»Nein, ich hab nichts gesagt.«

»Das ist es ja – du fährst in die Stadt, machst eine Sause und kommst nach Hause und sagst nichts.«

»Was soll ich denn sagen?«

»Ach, du bist ein alter Frosch. War's denn nett mit den Jungs?«

»Wie es eben so ist, Ellie. Man trinkt zuviel und redet über die alten Zeiten. Auch zuviel.«

Sie stand etwas schwankend auf und kam auf das Bett zu. Die Holzdielen knarrten wohlig. Soll er ruhig kommen, dachte Lipschitz mit einem Anflug von Panik; das Ding hat nicht funktioniert, ich hab's aus Versehen gelöscht, hättet eben eure eigenen Leute nehmen sollen. Ich bin auf Rente, versteht ihr? Das Band würden sie nie finden, nicht in Ellies Salatbeet. Vielleicht käme aber wenigstens raus, warum sie ihn geholt hatten – obwohl er nicht sicher war, ob er es wissen wolle. Die Wahrheit war auch nur ein großer Kuddelmuddel. Er öffnete vorsichtig ein Auge und sah, wie Ellie aus dem Morgenmantel stieg. Darunter hatte sie nichts an als ihren Slip – und der war türkis.

»Komm, Häseken, ich massier dich doch. Du bist ja ganz steif.«

»Ich bin nur müde, Ellie. Morgen will ich mich mal im Garten nützlich machen.«

»Hörst du nicht, wie es regnet? Das wächst schon alles von allein. Und jetzt entspann dich, ganz tief entspannen.«

Sie grub ihre Hände in seine wehrlosen Hüften, und er wünschte einen Augenblick, Altmann käme jetzt gleich, aber der Augenblick verging. Hoffentlich hatte Selma noch etwas übriggelassen. Flieg, Vögelchen, flieg.

lui 6/1983
(unter dem Titel »Flieg, Vögelchen, flieg«)

Die hohe Kunst des Komplotts

I

Seine Helden heißen Mac McCorkle, Clinton Chartelle, Decatur Lucas, Chubb Dunjee, Ancel Easter, Quincy Durant oder auch einfach Arthur Case Wu – aber dann handelt es sich schon um den Anwärter auf den Thron des Kaisers von China. Seine Geschichten beginnen mit Sätzen wie: »Er war wahrscheinlich der einzige Mensch, der an diesem Tag in Los Angeles Gamaschen trug.« Oder: »Es begann, wie das Ende der Welt beginnen wird: mit Telefonklingeln um drei Uhr morgens.« Oder: »Der mit Hammerzehen behaftete Freund und Berater von sechs Präsidenten war natürlich nicht tot. Noch nicht.« Und ihr Autor ist ein Experte für schmutzige Wahlkampftricks, Oldtimer-Autos, Bars, selbstbewußte Frauen, die Mechanismen politischer Entscheidungsprozesse in repräsentativen Demokratien, Katzen, Westafrika, Faustfeuerwaffen, Seven-layer Mint Frappés, smarte Kleidung, einfaches, aber gutes Essen und das Zusammentragen von scheinbar nebensächlichen Einzelheiten, zum Beispiel über die Mafia.

Seine Geschichten führen uns in die Welt von Barbesitzern und Geheimagenten, Wahlkampfmanagern und Gewerkschaftsbossen, Mittelsmännern und Wirtschaftsexperten, von denen einer auch schon mal zu den zwölf Männern in der Welt gehört, die wissen, was Geld ist; wenn sie über die Korrumpierung einer Kleinstadt berichten, dann können wir das anschließend selbst deichseln, und wenn sie uns in die Geheimnisse von Warentermingeschäften einweihen, dann wissen wir, warum wir besser die Finger davon lassen.

Bis heute hat Ross Thomas (auch unter dem Pseudonym Oliver Bleek) knapp 20 Romane geschrieben, die – falls wir die Unsitte der Schubladeneinteilung immer noch nicht über Bord geworfen haben – ihrem Autor den Anspruch auf ein eigenes Krimi-Genre eingetragen haben müßten. Ein Roman von Ross Thomas ist nämlich nicht einfach ein Krimi oder ein Polit-Thriller, sondern – wenn wir davon ausgehen, daß der Teufel damals auf den Hügeln des Galiläerlands dem Herrn Jesus die Welt so gezeigt hat, wie sie wirklich ist, und nicht, wie Idealisten sie gern hätten – eine diabolische Analyse unserer politischen Verhältnisse. Nicht umsonst heißt ein anderer seiner Protagonisten Lucifer Clarence Dye, liegt das amerikanische Copyright einiger seiner Bücher bei einer Firma mit dem ominösen Namen Lucifer Inc. In einer Welt, in der die Hallelujarufe politischer Heilslehren seltsam kontrastieren mit nuklearen Abschreckungssystemen, haben die Romane von Ross Thomas eine geradezu luziferische Nützlichkeit: Sie immunisieren gegen ideologische Bakterien und möbeln die geistige Durchblutung auf.

II

Kenner seiner Bücher können sich an den fünf Fingern ihrer Führhand ausrechnen, daß Ross Thomas im Ring des Lebens einige besondere abgefeimte Tricks gelernt hat. Das Handwerk des Schreibens begann er – 1926 in Oklahoma City geboren – schon als College-Student am *Daily Oklahoman* auszuüben. Profi wurde er – nach Kriegsteilnahme und Abschluß seines Studiums mit dem Bachelor of Arts 1949 – als Reporter und Redakteur bei Zeitungen und Rundfunkstationen. Er gründete das Bonner Studio des AFN und war täglich in der Sendung

»Report from Europe« zu hören (eine Tätigkeit, die in seinem ersten Roman prompt der Verräter Cooky Baker ausübt). Thomas stieg aber auch in die Werbung ein, und besonders ins politische Geschäft; sein amerikanischer Verlag umschrieb 1970 diese Aktivitäten so: »Er arbeitete als Public-Relations-Direktor für ... überregionale Organisationen und ambitionierte politische Kandidaten in den USA, Europa und Afrika.« Ein Kollege aus der Branche erinnert sich an Thomas: »Ich sah zu, wie er das Skript für einen 30-Minuten-Film in zwei Stunden schrieb, und Reden hatte er meistens schneller fertig, als ein Durchschnittsmensch sich ein Thema ausdenken kann.«

Nach seiner Zeit in der Bundesrepublik ging Thomas für einige Zeit nach Nigeria, das er zum Schauplatz seines dritten Romans machte (*Urne oder Sarg, Sir?*), des ersten, der sich mit dem Wahlkampfthema beschäftigt. In der Nixon-Ära lebte er – wo sonst? – in Washington; in diesen Jahren der großen politischen Depression hatte er sich aber längst aus dem politischen und journalistischen Tagesgeschäft zurückgezogen und legte Jahr für Jahr seinen Kommentar zur Zeit in einem neuen Roman vor, in Büchern, die, liest man sie heute an einem Stück, eine ätzende Chronique scandaleuse der siebziger Jahre bilden – was sonst? Und wenn man die bisherige Produktion aus den 80er Jahren kennt, dann weiß man, daß das Jahr 1980 nun schon gar keine Zäsur zum Besseren darstellt. Man muß natürlich nicht die Romane von Ross Thomas lesen, um von tiefer Skepsis ergriffen zu werden, was die Entwicklung im »freien Westen« angeht; aber wenn man sie liest, weiß man besser, warum das so ist. In Zeiten wie unseren ist politische Paranoia ein Zeichen geistiger Reife, psychischer Stabilität und demokratischer Gesinnung.

III

Es muß Anfang der siebziger Jahre gewesen sein, als mir der erste Ross-Thomas-Roman in die Hände fiel, *Der Ein-Weg-Mensch*, 1966 in den USA erschienen und im Jahr darauf als bester Erstling mit dem Edgar der Mystery Writers of America ausgezeichnet – rätselhaft, daß dieses Buch bei uns erst vier Jahre später erschien. Ich weiß noch, daß mich das Ding damals von der ersten Seite an elektrisierte. Hier war endlich wieder ein Autor, der Urvater Chandlers Forderung nach Stil und Magie ernst nahm, der auch seine Figuren ernst nahm, der wußte, wovon er schrieb – und der jenen Sog erzeugte, den ein Roman braucht, wie eine Strömung, die uns mitreißt, den Fluß hinunter, dorthin, wo alle Flüsse zusammenströmen und alle Fiktionen auch, im offenen Meer, im Mythos.

Mac McCorkle, abgebrühter Veteran des 2. Weltkriegs und Barbesitzer in Bonn-Bad Godesberg, das war nach all den schmalbrüstigen Marlowe-Imitatoren und den austauschbaren Abziehbildchen der Serien-Schönlinge endlich ein Mann nach meinen Geschmack – welterfahren, aber noch nicht allzu weise, skeptisch, aber noch nicht völlig zynisch, illusionslos vor dem ersten Drink und klug genug, um zu wissen, daß eine intelligente Frau besser ist als eine volle Flasche – jedenfalls an gewissen Tagen. Sein Partner war Michael Padillo, Spezialagent eines der kleineren Geheimdienste, der von Zeit zu Zeit auf Missionen verschwand, über die er nie zu viele Worte verlor – und dessen letzte eben jener dreckige Deal des »Cold-War Swap« (so der Originaltitel) sein sollte, bei dem seine Führungsoffiziere ihn im Austausch für zwei Überläufer über die Klinge (bzw. die Mauer) springen lassen wollten. Wesentlich zur Atmosphäre trug indes *Mac's Place* bei, die Kneipe, die McCorkle und Padillo in Bonn-Bad Godesberg und später in Washington D. C. betrieben, und es waren zwar ganz schlichte, aber vielleicht gerade deshalb unglaublich überzeugende, ja verlockende Worte, die der Autor (durch sein alter ego Mac) für diesen anscheinend ganz durchschnittlichen, dabei aber irgendwie geheimnisvollen, ja fast mythischen Ort fand: »Wahrscheinlich kann man ein paar tausend Lokale wie *Mac's Place* in New York, Chicago oder Los Angeles finden. Sie sind dunkel und still, die Möbel schon etwas abgewetzt, der Teppich durch verschüttete Getränke und Zigarettenasche zu einem unbestimmten Farbton verblaßt, der Barmann freundlich und flink, aber taktvoll genug, keine Bemerkung zu machen, wenn man mit der Frau eines anderen hereinkommt. Die Getränke sind gut gekühlt, reichlich bemessen, wenn auch etwas kostspielig, der Service ist bemerkenswert, und die Küche, obwohl sich die Speisekarte auf Hähnchen und Steaks beschränkt, serviert wirklich sehr gute Hähnchen und Steaks.« Als das Lokal in die Luft gesprengt wurde, ging McCorkle in die Staaten zurück, und in zwei weiteren Geschichten mit ihm und Padillo lag *Mac's Place* in Wahsingtons Connecticut Avenue.

»Manche Leute sagen, *Mac's Place* sei inzwischen etwas verschlissen, aber ich sehe darin lieber ein Zeichen von Reife«, meinte McCorkle in der letzten Story (*Was ich nicht weiß, macht mich nicht kalt*), aber als er sich diesmal erbot, Padillo aus der Patsche zu helfen, klang dessen niederschmetternder Befund schon wie ein Requiem auf alle drei. »›Du hast zehn Pfund Übergewicht, und das meiste sitzt am Bauch. Du hättest dir vor drei Jahren eine Brille zulegen müssen, aber du hast Angst, sie könnte dir dein Adlerprofil verderben. Du bildest dir ein, hart zu trainieren, wenn du jeden Abend zu Fuß fünf

Block weit nach Hause gehst, falls dir das Wetter zusagt. Du bist jetzt bei drei Packungen Zigaretten täglich, hast einen Husten, der sich ganz nach Lungenemphysem anhört, und wenn du vom Schnaps noch keine Leberschwellung haben solltest, dann nicht mangels Alkohol. Du bist in einer jämmerlichen Verfassung.‹« Worauf Mac natürlich nur antworten konnte: »›Du hast mein Zahnfleisch vergessen. Das macht mir auch Sorgen.‹« Sie erledigen den Fall dann doch noch zusammen. Seither haben wir nichts mehr von ihnen gehört. Nicht, daß ich wirklich beunruhigt wäre, aber manchmal fragte ich mich doch, ob sie nun eine Filiale aufgemacht haben und McCorkle seine dritten Zähne hat.

IV

Es muß sich wohl um eine besonders heimtückische Variante des amerikanischen Kulturimperialismus gehandelt haben, wenn man regelrecht zu leiden begann, weil man so lange nichts mehr von McCorkle gehört hatte – Eingeweihte sprechen vom Ross-Thomas-Syndrom, und dazu gehört wohl auch, daß man stundenlang durch verlotterte Antiquariate streicht in der Hoffnung, doch noch einen Roman zu finden, den man nicht kennt. Ja, ich muß gestehen, ich bin auch heute noch gelegentlich ein Opfer des Syndroms und lese dann sieben oder elf der Ross-Thomas-Bücher an einem Stück, obwohl ich nicht mehr ganz verstehe, warum wir damals in jeder Kneipe *Mac's Place* suchten – alles Leute auf der Suche nach der heilen Welt. Und *Mac's Place*, das war die heile Welt für alle, denen ein Geheimagent tatsächlich noch etwas zu sagen hat und die bei gedämpftem Licht imstande sind, im Klirren der Eiswürfel Sphärenklänge zu hören.

Davon abgesehen fand die heile Welt, d. h. der Sieg über das Böse, nach dem sich angeblich der typische Krimi-Leser sehnt, bei MacCorkle und Padillo nicht gerade so statt, wie man das von James Bond oder Maigret gewohnt war, und in den Büchern, die Ross Thomas seither schrieb, noch viel weniger. Wenn psycho-analytische Theorien über den Kriminalroman-Leser zutreffen, denen zufolge sein Unterbewußtsein die Eltern als Opfer projiziert, ihn selbst als Detektiv und Täter zugleich, dann kann man nur bange Vermutungen über die Schlachtfeste anstellen, die Ross Thomas und seine Figuren in unserem Unterbewußtsein feiern. Politische Manipulationen und Erpressungen, frisierte und »gestohlene« Wahlen, korrupte Gewerkschaften und Regierungsbehörden, Supermacht Amerika zwischen Watergate und Debategate, die mächtigste (und lautstärkste) Demokratie der Welt als Beutestück für Triebmenschen, die ihre Hauer ins Aas schlagen und dabei wohlig grunzen: »Geld ist Liebe« – wie sollen wir da noch mit einem simplen Elternmord im Unterbewußtsein auskommen und am Wahlsonntag mit dem Gefühl nach Hause gehen, wir hätten unsere staatsbürgerliche Pflicht erfüllt?

Ich warne also die labilen Wechselwähler der schwankenden Mitte vor Büchern wie *Wahlparole: Mord* – andererseits sehe ich nicht, wo die Alternative zu Ross Thomas sein könnte, wenn wir der bedauerlichen, aber unabänderlichen Tatsache ins Gesicht sehen wollen, daß Politik unser Schicksal ist. In der Bundesrepublik hat es bisher nur einen einzigen erwähnenswerten Versuch gegeben, politische Mechanismen so zu zeigen, wie sie sind, und nicht, wie sie sein sollten, und das war das *Tagebuch einer Schnecke* von Günter Grass – Bericht einer Wahlkampfreise, bezeichnenderweise, und kein Roman. Sjöwall/Wahlöö haben sicher ein halbwegs realistisches

Bild einer Gesellschaft entworfen, die schon gefährlich weit auf dem Weg in die fromme Diktatur der Sozialingenieure, die nur unser Bestes wollen, vorangekommen ist, aber ihre Bücher sind verschleiert von Ideologie und verhangen von Zorn. Die meisten Spionageromane basieren bisher noch auf der Überzeugung (manche würden es eine Illusion nennen), daß der Westen so etwas wie eine moralische Überlegenheit beanspruchen kann – als hätte Attila der Hunne den Kommunismus irgendwo in der Taiga eingegraben und Josef Stalin ihn wieder ausgebuddelt. Die übliche Weltschmerz-Literatur, wie sie verständlicherweise gerade von den Deutschen geliebt, gehätschelt, wenn auch nicht gerade in übermäßig hohen Auflagen genossen wird, hat soviel politische Relevanz wie jene Selbsterfahrungsgruppen, die sich in der hohen Schule des Masturbierens üben – von ihrem Unterhaltungswert ganz zu schweigen. Die Lateinamerikaner sind faszinierend, nun ist die Bundesrepublik jedoch – wie gewöhnlich gut unterrichtete Kreise wissen lassen – keine Bananenrepublik; so bleibt mir, wenn ich mich über die Strukturen dessen informieren will, was im Fachjargon der demokratische Entscheidungsprozeß genannt wird, letztlich nur das Studium amerikanischer Quellen. Wenn ich zu einem Thriller von Ross Thomas greife, fällt mir dann unwillkürlich Jimmy Carter und der Titel seiner Autobiographie ein: »Why not the best?«

Warum der Thriller wahrscheinlich das legitimste literarische Kind dieses Jahrhunderts ist, darüber spekulieren erlauchte Geister schon lange – wenn auch nicht gerade in den Chefetagen des bundesrepublikanischen Literatur-Establishments. Eric Ambler bemerkte einmal, der Thriller sei die letzte literarische Zuflucht für einen Moralisten. Sicher ist, daß seine Moral auch darin liegt, daß man sich im Thriller noch an die ehernen Gesetze des Geschichtenerzählens hält. Seine Gegen-Welt macht nicht mehr der fragwürdige Sieg moralisch diskreditierter Instanzen über das Böse aus, sondern basiert darauf, daß er in einer Zeit, in der alles zu Chiffren zerfällt, die nichts mehr erklären, noch immer den Plot liefert, der den Irrsinn plausibel macht. So absurd es klingt: Ohne den Thriller wäre die Welt noch viel bedrohlicher.

V

Im Englischen bedeutet das Substantiv Plot – außer Parzelle und Artilleriezielort, Bauplan und Diagramm – ja zugleich Fabel eines Romans oder Schauspiels wie auch Intrige, Verschwörung, Komplott; eine Verbindung, die der deutschen Literatur herzlich wesensfremd ist. Daß der Handwerker Thomas im Aufbau seiner Plots Spitzenklasse ist, versteht sich bei den Standards, die in der angelsächsichen Literatur und besonders beim Thriller gelten, von selbst. Was seine Geschichten indes so faszinierend macht, daß man ihnen den Rang eines eigenen Genres einräumen möchte, das ist die hohe Kunst des Komplotts, der raffinierte Umgang mit der Intrige, die Aura der Verschwörung, die nur einer zu Papier bringen kann, der intimen Umgang mit ihren Verlockungen gehabt und den Dämonen der Versuchung mannhaft ins Auge geblickt und ihnen nie den Rücken zugekehrt hat.

Dazu kommt, daß der ›Plotter‹ Thomas als Erzähler über einen völlig eigenständigen, sarkastisch-lakonischen Tonfall verfügt, dessen herbes Flair zu den Komplotts, die seine Helden und ihre Widersacher schmieden, so gut paßt wie die Drinks, die sie schlürfen, die Anzüge, die sie tragen, und die Frauen, die mit ihnen schlafen. Thomas gilt in den USA als herausragender Vertreter der an Raymond Chandlers Stil orientierten Autoren; dessen eigenen, von Chandler selbst, wie er glaubte, nur selten erreichten Maßstäben kommt Thomas zumindest in der Fülle und Geschmeidigkeit des Textgewebes so nahe wie kaum ein anderer Thrillerautor seiner Generation.

Ruppige Ellenbogen, höfliche Rede, ein hartes Grinsen und die besessene Lust an Einzelheiten zeichnet die Jungs aus, die Thomas am häufigsten und am einprägsamsten beschreibt – die hungrigen Emporkömmlinge aus kleinen Verhältnissen in verrußten Industriegegenden, die sich in der Gewerkschaftsbewegung, in der Politik, im Zwielicht jener ominösen demokratischen Prozesse nach oben geboxt haben. Die fast süchtige Liebe zum Detail ist es denn auch, die die Bücher des Exreporters und PR-Profis Thomas zu einer Fundgrube für Faktenjäger und Fiktionshungrige macht. Obwohl sie das phantastische Element des Thrillers nie verleugnen (das freilich selten vergessen läßt, daß die Wirklichkeit noch viel phantastischer sein kann), liefern sie gerade in dieser Anhäufung von Informationsschnipseln – von Automarken und Wohnungspreisen bis hin zu Mafia-Interna und PR-Usancen – eine über den üblichen Rahmen von Kriminalromanen noch weit hinausgehende Beschreibung der städtischen Zivilisation der USA. Und die Lebensabrisse der wichtigen Protagonisten, die Thomas sorgfältig in die Handlung einbettet, lesen sich – zusammengenommen – wie ein *Who's Who*, in dem auch die kleinen Leute vorkommen und die, die lieber nirgendwo vorkämen: ein Almanach des amerikanischen Traums, der den gebrochenen Versprechen und den eingeschlagenen Zähnen einen Ehrenplatz einräumt.

Ross Thomas ist damit gelungen, was der deutsche Sozio-Krimi immer versprochen, jedoch nur sehr unvollkommen gehalten hat (was nichts daran ändert, daß diese Bemühungen ausgesprochen ehrenhaft waren, verglichen mit den Traumtänzereien, die in den Feuilletons verhandelt werden): Er hat dem Kriminalroman der Gegenwart eine Qualität erschrieben, die ich demokratischen Realismus nennen möchte.

VI

Politischer Durchblick hat im Kriminalroman Tradition, seit die Autoren der *Black Mask* in den 20er und 30er Jahren den Groschenheftlesern nicht mehr vorenthielten, was diese ohnehin aus der Zeitung wußten: die Korrumpierung von Justiz und Politik durch das organisierte Verbrechen. Wer über das schreibt, was auf den Straßen und in den Gerichtssälen los ist, in den Fabriken und den Rathäusern, in den Vernehmungszimmern und dort, wo Meinung zu Kasse gemacht und Träume versilbert werden, der weiß, was Macht ist und wie sie gemacht wird. Insofern sie ihre Aufmerksamkeit der politischen Maschinerie widmet, ist die realistische Literatur Amerikas immer auch Literatur, die sich mit dem Verbrechen beschäftigt und mit seiner Symbiose mit der Politik; und diese Wirklichkeitsnähe ist immer zutiefst demokratisch geprägt. Die linksliberalen, manchmal auch sozialistischen Sympathien, die einige seiner Protagonisten – und zweifellos Ross Thomas selbst – hegen, sind also durchaus gute Krimi-Tradition, wobei auch der deutsche Leser inzwischen weiß, wie ideologiefern diese Tradition zugleich ist. Allerdings dürfte bisher noch kein Autor gerade die Alltagspolitik und auch die Gewerkschaften mit solchem Sachverstand in das Genre eingebracht haben wie Thomas – und mit solcher Illusionslosigkeit. Dabei läßt er im

Leser nie eine Spur von billigem Abscheu und selbstgerechter Verachtung aufkommen, sondern am Ende sogar so etwas wie Sympathie für die Menschen, die glauben, sie brächten die Puppen zum Tanzen, und doch selbst nur Marionetten sind. Und ebensowenig, wie er uns Verachtung gestattet, beläßt Thomas uns je die Illusion, wir wären gar nur die armen Opfer der schlimmen Verhältnisse. Dieser Autor ist eben ein Krimi-Klassiker und ein Kenner unserer Psyche: Bei ihm besteht von der ersten Seite an nie ein Zweifel daran, daß der Leser auch der Täter ist.

Mit *Umweg zur Hölle* (im Original *Chinaman's Chance*) legte Ross Thomas 1978 sein bis heute umfangreichstes, melodramatischstes und packendstes Buch vor. Es zeigt den ›Plotter‹ und den Stilisten, den Polit-Thriller-Autor und den demokratischen Realisten Thomas auf dem Höhepunkt seiner schriftstellerischen Entwicklung. Die Dichte der Handlung ist so kunstvoll geknüpft, das Tempo so atemberaubend, die Auswahl der Figuren so raffiniert, daß man keinen Augenblick zögert, diesen Roman neben die besten der amerikanischen Literatur der 70er Jahre zu stellen. Die Fülle des Stoffs verleitet den Leser indes keinen Augenblick, am Kern des Romans vorbeizuträumen, und dieser Kern ist die Quintessenz der politischen Erfahrungen des Autors – und nicht nur seiner. Es wird deutlich, daß die amerikanischen Thriller-Autoren sich inzwischen auf ein Material stützen können, das seit der Ermordung der Kennedys, den Nixon-Jahren, Watergate bis hin zu den jüngsten Enthüllungen (etwa über Kissingers Amtszeit) in immer neuen Szenarios den amerikanischen Alptraum gnadenlos genau dokumentiert: die Allianz des wirtschaftlichen, militärischen, politischen und geheimdienstlichen Establishments mit dem organisierten Verbrechen. Was liegt da für uns näher als die Frage, wie lange wir uns noch die Illusion leisten wollen, dieser Alptraum ginge uns nichts an. Aber es sind wohl nicht nur unsere Belletristen, die immer noch glauben, diese Bundesrepublik liege nur wegen ihrer NATO-Mitgliedschaft näher an Dallas als am stillen Don.

Thomas wäre allerdings kein demokratischer Realist – und die USA längst ein KZ mit Las-Vegas-Styling –, gäbe es in seinen Romanen wie in der Wirklichkeit nicht immer eine Gegenposition, von der aus illusionslose und gewitzte Männer und Frauen an illusionslosen und gewitzten Modellen arbeiten, wie sich Politik auf dem Level, der uns am meisten tangiert, nämlich ganz unten, ertragen, benutzen und verändern läßt. Ob das nun der »schlüpfrige Felsen des Sozialismus« ist wie im Fall der Sängerin Silk Armitage oder die gute alte Nachbarschaftsmasche der »Ploughman-Maschine«, für die demokratische Politik zunächst einmal im Austausch notwendiger Gefälligkeiten besteht, das wird nur der lange graue Alltag entscheiden. Daß diese beiden Modelle irgendwann kooperieren müssen, wenn wir noch viele solcher langen grauen und doch ganz nützlichen Alltage haben wollen, daran läßt der Autor Thomas bei aller genreüblichen Ironie keinen Zweifel. Allerdings auch nicht daran, daß das alles einen Dreck lohnt, wenn Abenteurer vom Schlag eines Arthur Case Wu von der Bildfläche verschwinden. Der Traum vom chinesischen Kaiserthron gehört zum guten Leben wie eine kluge, selbstbewußte Frau im Bett und – von Zeit zu Zeit – eine richtig schöne, schmutzige Wahlkampagne. Und natürlich eine dämmrige Bar, nachmittags, bevor es laut wird, in der Philip-Marlowe-Stunde, wenn man das Eis im Glas noch mit kleinen zufriedenen Lauten platzen hört. Ja, ich gebe zu, ich bin immer noch auf der Suche nach *Mac's Place*, und ich hoffe, daß dort inzwischen der Barmann angeheuert hat, dem Ross Thomas die zutreffendste Frage in den Mund gelegt hat, die je ein Barmann gestellt hat: »Und was wollen wir heute nachmittag gegen das Elend tun?«

Frankfurter Allgemeine Zeitung, 17. 12. 1983

Kennen Sie Cain?

Letzten Herbst empfahl ich – unter der Rubrik »Wie es euch gefällt« – drei fiktive deutschsprachige Titel zur Lektüre, Romane von Autoren, die ich mir zu Kollegen wünsche. Daß diese Bücher prompt im Buchhandel geordert wurden, ließ in mir die Hoffnung keimen, Stoffe und Stilisten ihrer Art schon in diesem Herbst goutieren zu können, aber nichts ist – wieder kein großer sozialkritischer Roman in der Nachfolge Falladas, wieder keine stilsichere Verwandte der Jean Rhys, geschweige denn ein deutscher Polit-Thriller-Autor vom Rang eines Allbeury, Deighton oder Thomas. Nun halte ich es aber auch in der Literatur mit Oscar Wildes inzwischen von der Werbebranche entdecktem Motto, auch ich habe einen ganz einfachen Geschmack und lese immer nur das Beste. Anstatt also etwas nicht ganz Erstklassiges aus deutschen Landen zu empfehlen oder mit einem erneuten Hinweis auf Allbeury, Deighton, Thomas (von ihnen allen gibt es in diesem Jahr tatsächlich erstklassige neue Thriller) das Risiko einseitiger Abschreckung einzugehen, möchte ich auf ein Buch aufmerksam machen, von dem ich nur die amerikanische Originalausgabe kenne, die zudem aus dem Jahr 1982 stammt. Aber mit Jahreszahlen wird man es bei Büchern dieses Ranges nicht genau nehmen können, und als gelerntes EG-Volk sollten wir zumindest im Umgang mit Wörterbüchern geübt, wenn nicht der englischen Sprache so weit mächtig sein, um dieses Buch halbwegs genießen zu können: Roy Hoopes, »Cain«.

Für Hoopes – selbst ein erfahrener Journalist und Buchautor – war es eine Riesenüberraschung, als er durch einen Artikel Cains in der »Washington Post«

1975 entdeckte, daß der über 80jährige Autor von Welterfolgen wie »The Postman Always Rings Twice« und »Double Indemnity«, »Serenade« und »Mildred Pierce« noch immer in einem kleinen Ort in Maryland lebte – und noch immer Romane schrieb. Er suchte Cain sofort auf und fragte ihn, ob er an seiner Autobiographie schreibe. »›Nein‹, erwiderte er mit einer Stimme, die immer noch bärbeißig, obwohl vom Alter etwas geschwächt war, ›ich glaube nicht an so etwas. Ich glaube nicht, daß irgend jemand seine Autobiographie schreiben sollte, es sei denn, er kann ihr den gleichen Untertitel geben wie Booker T. Washington seiner: *Up from Slavery*. Wenn man das nicht erzählen kann, hat man keine Story.‹«

Cain stimmte indes zu, als Hoopes ihm vorschlug, seine Biographie zu schreiben. Es ist eine mustergültige Arbeit geworden über einen Autor, der von sich selbst immer nur sagte, er sei ein ›Zeitungsmann‹, und seine Zeit – Cain gehörte in den 20er Jahren zum legendären Leitartikler-Stab der »New York World« und zum Kreis um H. L. Mencken, ging dann Anfang der 30er Jahre als Scriptwriter nach Hollywood, kam dort – als Bücherautor, nicht als Drehbuchschreiber – zu Weltruhm, geriet später praktisch in Vergessenheit und wurde Ende der 60er Jahre durch die ›New Journalists‹ um Tom Wolfe wiederentdeckt. Seine lakonische, unnachahmlich knappe Prosa begründete praktisch aus dem Stand die literarische ›Tough-Guy‹-Welle der 30er Jahre, er selbst war ein Opern-Fan und Film-Verächter, der durch alle Höhen und Tiefen seiner Karriere seinem Metier treu blieb. James M. Cain war, was die Angelsachsen einen *writer's writer* nennen, ein Mann des Metiers, der an sein Handwerk mit dem erotischen Drive des wahren Künstlers heranging. Auch Hoopers' Biographie ist von dieser

Leidenschaft für das Metier geprägt, und wenn man dazu noch das *Dictionary of American Slang* besitzt, wird man es genießen, Cains Bücher im Original zu lesen.

TIP 20/1984

Mit einem großen Bäng

Es gibt Romane, die auf ihren Stoff ausgerichtet sind, und andere, die von ihren Figuren leben. Als ich Anfang 1980 auf Malta war – ein Tip meines Verlegers – und in den alten englischen Kolonialhotels, den Seemannskneipen und Bars der Tramps und Weltenbummler in La Valletta den Stoff für einen Roman suchte, (er)fand ich eine Figur.

Siegfried Blum, Ende dreißig, ein Bundesrepublikaner auf Abwegen, hat im Kunsthandel angefangen und es nie weiter gebracht als zum talentlosen Fälscher und Pornoheft-Händler. Ein Glücksritter unterwegs nach Eldorado, der in den Dossiers der Polizeiapparate aktenkundig geworden ist. Blum hat seinen Ein-Mann-Betrieb mit viel Mühe durch die Wechselfälle der Zeit gebracht. Er ist ein altmodischer Konservativer, der gegen das Big Business der Syndikate keine Chance hat, ein Spieler, der mit Kleingeld gegen den Rest der Welt zockt. Nun sitzt er mit einem Restposten Pornos auf dem stockkatholischen Malta und träumt von der Glücksfee. Und tatsächlich – sie blinzelt ihm zu.

Mr. Blum in seinem zerknitterten Sportsakko machte eine gute Figur zwischen den englischen Geschäftsleuten und australischen Abenteurern an der Bar des Phoenicia Hotels. Er hatte Flair und Charme und Stil, und ich hoffte, daß er auch als Romanfigur halten würde, was er nach dem dritten Drink für sich reklamierte: »Einmal die heiße Sonne sehen, und wenn die Rechnung kommt, dann bitte mit allen Stempeln und dem großen Bäng.«

Wenige Monate nach dem Erscheinen des Romans – es waren vielleicht 3000 Exemplare verkauft – meldete sich der Film. Sogar Fassbinder, hieß es, interessiere sich für den Stoff. Ich bekam ein flaues Gefühl. Mit dem deutschen Film der siebziger Jahre hatte ich nie viel anfangen können. Obwohl er paradoxerweise Autorenfilm genannt wurde, prägte ihn eine Ich-Besessenheit, die zwar sehr deutsch, aber der Verfilmung von Literatur äußerst abträglich ist. Der deutsche Film dieser Jahre träumte von Amerika und der Befreiung der Homosexuellen oder widmete sich der erschreckend exotischen Welt proletarischer Jugendlicher. Blum hatte Syndikate und Südsee-Illusionen überlebt – gegen deutsche Autorenfilmer konnte er nur verlieren.

Immerhin, der Produzent, der den Roman schließlich kaufte, schien ein Träumer von Blums Format zu sein, er träumte von Marius Müller-Westernhagen in der Hauptrolle und von einem Kassenknüller.

Das war im Sommer 1981, und jetzt, fast vier Jahre später, sitze ich in einem Vorführraum der Bavaria und sehe, die Träume sind weitergegangen; Regisseur Peter F. Bringmann hat sie auf Zelluloid gebracht: »Der Schneemann«.

Der Film hält sich an die Ausgangssituation des Romans. Es geht um fünf Kilo Kokain, die ein Außenseiter im Drogengeschäft dem Syndikat gestohlen hat. Durch Zufall kommt der gestrandete Pornohändler an den Stoff – und wird nun durch Europa gehetzt. Marius Müller-Westernhagen spielt die Hauptrolle, nur daß er im Film Dorn heißt und auf die Frage nach seinem Beruf die Antwort gibt, er sei Schriftsteller. »Wie ist das zu verstehen?« fragt der Kommissar. Und Dorn sagt: »Wörtlich.« Eine Literaturverfilmung? Eine augenzwinkernde Hommage? Vor allem: Kino.

Gewiß hat Dorn im Kino andere Konturen als Blum im Buch. Ein vierzigjähriger introvertierter Paranoiker mit einem Koffer voll Koks kann in einer Situation, in der es auf der Kippe steht, keine Erklärungen brauchen – und Kino lebt von Situationen, in denen alles auf der Kippe steht. Sicher, ein zerwühltes Hotelbett mit einem Mann, der an einem grauen Nachmittag in Frankfurt/Main in einem Handbuch über die Bahamas blättert, während er auf den Anruf wartet, der ihm eine halbe Million oder zehn Jahre Knast einbringen kann, das gibt in einem Roman allemal eine Seite, die jede Anstrengung des Schreibens wert ist – in einem Film hält es nur auf.

Ich finde, als Dorn hat Blum eine ideale Tarnung gefunden. Und vor allem läßt er Marius Müller-Westernhagen soviel Freiheit, wie er braucht, um dieser Dorn zu sein.

Ein guter Schauspieler, hat Marlon Brando einmal gesagt, gibt nie 100 Prozent – 75, wenn es hoch kommt, aber manchmal reichen auch 50 (wenn man Brando ist). Zu wissen, wann man wieviel Prozent bringen muß, darin besteht die Kunst. Marius Müller-Westernhagen weiß es in diesem Film bei jeder Einstellung.

Eine so konzentrierte Darstellung ist mir in all den Jahren im Kino selten begegnet. Ich gebe gern zu, daß ich meine Zweifel hatte – MMW, der Rocker der Rhein-Ruhr-Schiene, als Azubi auf dem internationalen Kokain-Set? Blum gegen den Rest der Welt, ja – aber auch als Prinz Pfefferminz mit Stinker-Appeal? Mit der ersten Szene des Films hat Müller-Westernhagen diese Zweifel weggeblasen wie vertrockneten Rasierschaum. Vor Leistung wird Lob töricht. Aber weil wir so wenige Talente dieses Kalibers haben, liefere ich es hier gerne ab, an alle, die an diesem Film beteiligt waren.

Wer in der Bundesrepublik das produziert, was früher einmal die Werte der Nation waren, das geistig-moralische Kulturgut, mit dem die Herrschenden sich so gerne verzieren, wenn sie die, die es herstellen, nicht gerade vernichten, der muß abgebrüht sein im Umgang mit Zynismus, Häme und Heimtücke – und alle Nuancen kreativer Blockade kennen. Ich fühle mich seltsam herausgefordert, seit ich weiß, daß eine Figur, die ich erfunden habe, diesen Film verursacht hat. Blum/Dorn, den kann uns keiner mehr nehmen. Der bleibt weiter im Geschäft. Auf Malta und überall dort, wo ihn keiner vermutet hat.

Sogar im deutschen Kino.

STERN 14/1985.

Ich setze auf Sieg

Gerhard Schröder hängt das Sakko über die Stuhllehne, signalisiert dem Landtagskandidaten, daß er noch ein Pils möchte, und zieht die Atmosphäre in die Nase wie ein Süchtiger. Im großen Saal des Gasthofs Wente in Melle bei Osnabrück hat der Spitzenkandidat der niedersächsischen SPD an diesem Abend alles, was er für eine runde Veranstaltung braucht – bis auf die Blasmusik.

Im Saal sitzen sie eng zusammen, der solide Stamm der alten SPD mit zaghaften Ansätzen der neuen, eine bunte Mischung aus C&A und Bio-Wolle. Hundert Händepaare klatschen, als hauten sie schwarze Schnaken tot. Auch die Ortspresse ist vollständig vertreten. Nikotinfinger wieseln über die Stenoblöcke. Und dann ist Horst Szymaniak da. Daß der alte Fußballrecke in Melle wohnt, fiel Schröder im Auto ein. Daß er – den der Fußballfan aus Prominentenmannschaften kennt, in denen auch Sammy Drechsel gegen den Ball tritt – für manchen in Melle zu tief ins Glas sieht, ficht Schröder, den engagierten Anwalt gesellschaftlicher Minderheiten, überhaupt nicht an.

Treue zum Fußball, das ist für Schröder auch ein Stück Treue zu sich selbst: »... und ganz besonders freue ich mich, daß heute abend einer hier ist, von dem ich wußte, daß er ein guter linker Läufer war, aber nicht wußte, daß er auch ein guter Genosse ist. Ich meine natürlich unseren Horst Szymaniak.«

Im Nu hat Schröder den Saal im Griff. Er ist mit seinen blitzblauen Augen, seinem burschikosen Charme, seiner gedrungenen Figur vom Typ torhungriger Vollstrecker der Tresenmannschaft von nebenan genau der richtige Mann für solche Säle, und er hat auch die Anheizerstimme, die selbst die bedächtigen Leute in Melle zum

Wiehern bringt, wenn er den Standardkalauer seiner Standardrede vom Stapel läßt: »... dieser Herr Bangemann, von dem es heißt, er sei der Erhard der achtziger Jahre – also da kann es sich aber nicht um den Ludwig Erhard, sondern höchstens um den Heinz Erhardt handeln ...«

Schröder rankt mühelos eine fast einstündige Rede um ein paar Notizen auf einem Bierfilz, und da ist alles drin, sogar die Genforschung. Dabei ist Melle die dritte Veranstaltung seit dem Nachmittag. Da war das Meeting in der Müllfabrik in Bramsche, kurzfristig anberaumt, ärgerlich so etwas, aber Gerhard Schröder weicht keinem Konfliktstoff aus, das ist Programm.

Kaffee und Kekse mit Müllmanagement und Gewerkschaftern, und die Umweltbombe, die tickt: »Da werden wir eine regionale Müllbeseitigungskonferenz machen!« Schröder hält sich durchaus achtbar vor diesen Experten des Grauens. (»Ich bin alter Abwassermann, kein alter Müllmann«, sagte einer der Spezialisten, und Schröder sagt: »Die Sicherheit lebt vom Mißtrauen, das ist auch mein Risiko, wenn ich's denn machen darf«.)

Aber seinem Kopf stehen die Mitglieder der GEW (Gewerkschaft Erziehung und Wissenschaft) in Osnabrück-Stadt und -Land in einem dieser schalldicht wattierten Stadthallen-Säle der Bildungsrepublik Deutschland natürlich näher. Auch hier sitzt Schröder, wie er gleich erklärt, um etwas zu lernen, vielleicht dies: Am meisten Beifall spenden die Lehrer, wenn der Kandidat eine konsequente Personalpolitik verspricht, nämlich ein Ende des schwarzen Filzes.

Fast ebensoviel Beifall löst das Versprechen aus, unter einem Ministerpräsidenten Schröder werde es keine Berufsverbote geben. Immer noch merkbarer Beifall beim Bekenntnis, er lege weniger Wert auf Computer als auf Sozialkunde.

Gar kein Beifall, als er hinzufügt, er halte die musischen Fächer auch für wichtig. Blankes Unverständnis für den Satz: »Einen Konflikt mit dem Kapital, den wir nicht durchstehen, fangen wir erst gar nicht an!« Und Stirnrunzeln und höhnisches Lächeln für die Bemerkung: »Es gibt keine Versicherung gegen Opportunismus und Anpassung.« Gut zu wissen, wogegen unsere Pädagogen gefeit sein wollen.

Gerhard Schröder kommt in Melle zum Ende. Ein langer Schluck Pils. Und nun zur Diskussion. Einer, der Ministerpräsident werden will, muß zu allem etwas sagen können, ob das die Agrarbeschlüsse sind, die Weltraumforschung oder die Gewerbesteuer. So also werden bei uns die Generalisten gezüchtet. Immerhin, der Beifall am Schluß ist wuchtig.

Und nun noch ein kurzer gemütlicher Teil, noch ein Pils an der Theke, letzte Überzeugungsarbeit: »Wieviel sind wir hier zurück? Sechs Prozent? Kinder, das ist doch ein Klacks!«

Die Ochsentour. Wenn er jedem einzelnen Wähler in die Augen blicken könnte, glaubt Gerhard Schröder, und wenn Arbeit ihren gerechten Lohn fände, dann hätte er den Wahlsieg schon in der Tasche.

So leicht wie an diesem Abend wird es der Spitzenkandidat nicht mehr oft haben auf dem langen Marsch an die Macht. Ernst Albrecht, der Strahlemann mit dem Gefrierfach-Appeal, demütigte die SPD bei der Wahl 1982 mit über 14 Prozent Vorsprung und würde seine tiefgekühlten Hoffnungen auf den Kanzlerjob über Nacht auftauen, wenn er im nächsten Frühjahr die Serie von CDU-Wahlschlappen stoppen kann. Vom Frühstücksdirektor bei Bahlsen in den Kanzlerbungalow, das wäre mal wieder eine Bilderbuchkarriere für das deutsche Bildungsbürgertum, und für die Hausmusik wäre – dank der fotogenen

Großfamilie inklusive Haus-Punk – auch gesorgt. Allerdings: wenn sein Herausforderer 1986 eine SPD, die 1982 gerade noch 36,3 Prozent machte, in die Regierung führt und der Bonner Wende-Koalition die Mehrheit im Bundesrat abnimmt, dann dürfte die politische Schmonzettenindustrie der Republik monatelang Sonderschichten fahren. Denn wie eine Bilderbuchkarriere läßt sich auch die Biographie des Gerhard Schröder lesen. Freilich wie eine, die die Veränderungen im anderen Teil unserer Gesellschaft belegt.

Schröder kommt von weit her – und das ist nicht geographisch gemeint. Geboren wurde er 1944 in einem Dorf im katholisch-konservativen Lippe, im Tierkreiszeichen des Widders, dem die Astrologie folgende Charaktereigenschaften zuschreibt: »Sein offenes Wesen, sein cholerisches Temperament, seine feurige, tatenlustige, energische Natur und sein stets wacher, aktiver Geist treiben ihn unter allen Umständen dazu an, in seinen Kreisen eine führende Stellung zu erobern« (Mellinger, *Zeichen und Wunder*, Berlin o. J.).

Schröders Vater war Hilfsarbeiter; er fiel im Krieg und hinterließ sechs Kinder. Von der Mutter, die ihre Familie als Putzfrau durchbrachte, sagt Schröder, sie sei »keine geborene von und zu, sondern eine geborene Sozialdemokratin«, und er meint damit kein Parteibuchbewußtsein.

In der sozialen Wirklichkeit der repräsentativen Demokratie wird der Tellerwäscher nur selten Millionär; mehr Macht vergibt die organisierte Masse. Den praktischen Ergebnissen des Reformismus verdankt auch Gerhard Schröder seinen Aufstieg. Der zweite Bildungsweg, das Abitur im Abendkurs – wer die Arbeiterbewegung verstehen will, ihre Siege, ihre Grenzen, muß ihre Quellen kennen, von denen die bedeutendste noch immer heißt: Wissen ist Macht.

Nachdem er sich auch bei anderen Parteien umgesehen hatte, trat Schröder 1963 in die SPD ein. 1966 begann er in Göttingen ein Jurastudium. Seine Politisierung orientierte sich, wie zu jener Zeit üblich, an Vietnam, den Notstandsgesetzen, den Berufsverboten. Aber anders als die meisten dieser Generation brauchte er seine Plattform nicht erst mühsam zusammenzuzimmern – er hatte schon eine. Und als er sich dazu entschied, Politik ernsthaft zu betreiben, verschwendete er keine Zeit auf Umwege.

Die SPD war für den jungen Mann vom Land ihrem inneren Wesen nach (das er sofort begriff) etwas völlig anderes als eine Experimentierbühne für die politische Pubertät: »Wenn man es freundlich-bitter beschreiben will, kann man die SPD mit einem Schafstall vergleichen. Wenn man reinkommt, riecht es, aber wenn man drin ist, ist es schön warm.«

Drin war Schröder schnell. 1972 Juso-Vorsitzender des Bezirks Hannover. 1974 Sprecher des niedersächsischen Landesausschusses der Jusos. 1976 Anwalt in Hannover. Politik als Broterwerb, das hatte Schröder nicht nötig. Als Anwalt spezialisierte er sich auf die Verteidigung in Berufsverbots- und Anti-AKW-Prozessen. Auch den »reuigen Terroristen« Horst Mahler vertrat er im Wiederaufnahmeverfahren. In der Partei erregte er Aufsehen als scharfer Kritiker Helmut Schmidts; bei den Jusos, die damals kurz vor dem Bruch mit der Partei standen, machte er sich zum Wortführer der gemäßigten Radikalen, die den Bruch auf jeden Fall vermeiden wollten.

Seit Schröders Amtszeit als Jusovorsitzender (1978 bis 1980) sind die Jusos für die SPD kein Problem mehr, und schon 1977 hieß es in einem Kommentar der Hannoverschen Allgemeinen Zeitung: »Gerhard Schröder ist eines der wenigen Talente in der niedersächsischen SPD.«

Beobachtet man den Spitzenkandidaten heute, fällt es

nicht leicht, die Hoffnungen zu verstehen, die er damals bei seinem Anhang – teils linke Boheme, teils politische Pragmatiker – zu wecken verstand. Manche Gesten, manche Sätze erinnern an Willy Brandt, genauer: einen Willy Brandt der linken Medien-Schickeria. Auch Schröder gehört zu Brandts Bewunderern seit dem Kniefall in Warschau, als der Spitzenmann der deutschen Sozialdemokratie die Macht des Symbols in die Politik seiner Partei einführte.

Auf den ersten Blick wirkt Schröder wie der Kandidat eines Beaujolais-nouveau-und-Fiat-Panda-Sozialismus, aber wenn man ihm länger zuhört, vernimmt man die reformistischen Gebetsmühlen, mit denen die Sozialdemokratie seit 120 Jahren die Politik ihres Sowohl-als-auch betreibt, diesen Gemischtwarenladen, in dem sich jeder bedienen kann, wenn er es denn nur ein bißchen gut mit der Menschheit meint: Allen wohl und keinem weh – SPD.

Befragt man Leute, die Schröders Karriere von Anfang an verfolgt haben, dann entsteht keineswegs das Bild eines Danton, der in Holzminden Köpfe forderte, eines Liebknecht, der in Uelzen für den Tag X konspirierte. Aber es heißt, als er damals in seinem klapprigen VW jedes Wochenende einen Ortsverein, eine Juso-Gruppe abklapperte, habe er doch auch ein spielerisches Moment in diese dröge Materie Politik gebracht – und eine zukunftsverheißende Professionalität. Ja, Gerhard Schröder, das sei ein junger Sozialist gewesen, der ein erotisches Verhältnis zur Macht habe spüren lassen: ein kleiner Kennedy aus Lippe.

Auf einen Kennedy haben die Sozialdemokraten in Niedersachsen sicher nicht zu hoffen gewagt seit dem Februar 1976, als nie geklärte dunkle Machenschaften die regierende sozialliberale Koalition um die Regierung brachten, weil drei ihrer Abgeordneten für Ernst Albrecht stimmten. Ein Helmut Schmidt im Westentaschenformat hätte es bestimmt auch getan.

Karl Ravens, der aus der Schmidt-Regierung nach Hannover beordert wurde, erwies sich statt dessen einfach als geborenes Wahldesaster, bis er 1983 auf die Spitzenkandidatur verzichtete.

In jenem tristen Herbst '83 setzte kein Mensch in der SPD-Zentrale in Hannover für 1986 auf Sieg, und so war auch Hans Apel als Ravens-Nachfolger im Gespräch, wahrlich kein geborener Wahlmagnet, aber ein geborener Parteisoldat – gebe Gott, es werde Nacht oder die Wähler kämen. Statt dessen kam Gerhard Schröder.

Schröder saß damals seit drei Jahren im Bundestag, wo der Ex-Jusochef eine eher unauffällige Rolle spielte. Spätestens seit der Kohl-Wahl im März '83 richteten sich seine Gedanken immer häufiger in die Provinz. Sollte von dort nicht die Erneuerung der SPD ausgehen? Erster in Hannover, das motivierte den Mann, der von sich sagt, er habe sich selten um Beisitzerposten beworben, und der in Bonn noch nicht mal als Beisitzer für irgend etwas in Frage kam. Im Oktober 1983 überschritt Gerhard Schröder seinen Rubikon. Auch an der Leine kann noch Geschichte gemacht werden. Und zwar so:

Am 12. Oktober 1983 erschien die Hessisch-Niedersächsische Allgemeine (Sitz: Kassel) mit dem Aufmacher der Niedersachsen-Seite: *Schröder strebt Spitzenkandidatur an.*

Schröder heute: »Gerufen hätte mich keiner. In der niedersächsischen Partei wollte der, der es gekonnt hätte, Johann Bruns, nicht. Eine Bonner Lösung – ich habe das die Bonner Kinderlandverschickung genannt – hielt ich für Unsinn. Da hatte ich, eine Woche nachdem ich Bezirksvorsitzender geworden war, ein Interview verabredet. Dann hat dieser Journalist diese Frage gestellt, und mir war plötzlich klar, wenn du jetzt nicht damit rauskommst, ist es zu spät. Wenn du es aber jetzt sagst, bist du der Kandidat und alle anderen sind Gegenkandidaten.«

Schröder gibt zu, daß »diese Frage« nicht ganz überraschend kam. Sie lautete: »Herr Schröder, wollen Sie Spitzenkandidat der SPD für die niedersächsischen Landtagswahlen 1986 werden?« Schröder antwortete mit schlichter Raffinesse: »Wer das in Niedersachsen werden will, der braucht viel Mut und die Bereitschaft zu arbeiten. Beides ist bei mir vorhanden. Ich habe aber Zweifel, ob der Mut bei der Gesamtpartei vorhanden ist. Denn es ist sicher nicht unproblematisch, jemanden wie mich aufzustellen. Ich glaube eher, daß der Landesvorstand nicht dazu bereit sein wird. Es sei denn, die Basis der Partei macht sich hörbar bemerkbar.«

Noch vier Jahre davor hatte der Juso-Vorsitzende Schröder gesagt: »Es muß endlich aufhören, daß die Genossen irgendwann mal rufen: Ich möchte gerne, und die Partei dann praktisch vor der Frage steht, nehmen wir ihn jetzt oder nicht?« Nun hatte er selbst gerufen.

Der Appell an die Basis – im Klartext: an die vielen Funktionäre, die Ex-Jusos und Genossen aus alten Tagen, die inzwischen etwas geworden waren, Ortskassierer, Kreisgeschäftsführer, Parteitagsdelegierter, Mitglied dieser Kommission und jenes Bezirksvorstands – funktionierte wie ein Computerausdruck.

Das Establishment der Partei war schockiert, weiter unten setzte der Coup sofort Energien frei, war Schröder, wie einer zu Protokoll gab, »der Kandidat schlechthin«. Sobald die Stimmung der Basis Zustimmung signalisierte, kam diese auch von oberen Rängen, und in Bonn nickte Willy Brandt wohlwollend. Schröder war in seinem Element – auf Ochsentour.

Jeden Abend ein Ortsverein, 40 000 Kilometer bis zur Nominierung, ein Wahnsinnsschlauch – und ein Kandidat, der glaubhaft versichern konnte: »Mir macht das Spaß!«

Der Nominierungsparteitag war für den 7. Juli 1984 angesetzt. Irgendwann im April zählte Schröder die Delegierten durch, und siehe, er hatte bereits eine Mehrheit, wenn auch eine knappe. Aber eine knappe Mehrheit, das war nicht die richtige Ausgangsposition für den Herausforderer von Ernst Albrecht.

Da traf er sich im Oldenburger Hauptbahnhof (»übrigens einer der wenigen Hauptbahnhöfe, wo man ordentlich essen kann«) mit eben dem Mann, der »es gekonnt hätte«, mit dem Abgeordneten Johann Bruns aus Emden, dem wichtigsten Mann der Parteirechten:

»Bei dem Mittagessen habe ich ihm gesagt, hör zu, ich will deine Unterstützung. Ich werde gewinnen, aber ich kann das nicht alleine machen, die ganze Partei muß dahinterstehen, und du bist der intelligenteste und wichtigste Repräsentant der Leute, die ich noch nicht erreichen kann.«

Bruns hatte auch gerechnet, also kam der Deal zwischen ihnen schnell zustande: Schröder Spitzenkandidat, Bruns Landesvorsitzender. Geben und Nehmen: der Preis der Macht. Die Nominierung Schröders erfolgte mit 80 Prozent der Stimmen. Seine Rede beendete er mit den Worten: »Ich denke, wir alle können uns aufeinander verlassen.« Aber viele von Schröders alten Weggefährten fragen sich seitdem, ab wann der Preis der Macht die Anpassung an die Machtverhältnisse um jeden Preis bedeutet.

Am Tresen in Melle hörte ich zum erstenmal davon. »Der Günter Grass macht jetzt ein großes Fest für mich«, erzählte Gerhard Schröder dem Landtagskandidaten, den

Betriebsräten, dem Wirt. »Die engagieren sich jetzt für mich, die Schriftsteller, die Künstler.«

Dann war es tatsächlich soweit. Regen über Niedersachsen, das Wendland versinkt im Schlamm. Künstlerfest auf Gümse. Karossen aus der ganzen Republik, Kennzeichen HH mit satter Mehrheit. Wir zäumen das Roß neu auf, erklärten Günter Grass und Uwe Bremer, Schröders Freund und Nachbar in dieser Weekend-Gegend der Berliner und Hamburger Arrivierten; Schröder sammelt ja auch moderne Graphik.

Der »Gipfel auf Gümse«, im wetterfesten Zelt: Gerhard Schröder trifft die intellektuelle Elite der Republik, aber ganz locker, mit Bierständen, kaltem Buffet, opulenten Salaten, gepflegten Weinen und Schnäpsen, launigen Reden und dem, was in der Szene »Live-Musi« genannt wird.

Für die Musi sorgen Katja Ebstein und die obligatorische griechische Folkloregruppe, für den deutschen Film halten Burkhard Driest und Hark Bohm das Bierglas fest – »Annas Mutter« in voller Doppelbesetzung –, für die Show ist Désirée Nosbusch da, und die mächtigen Medienmacher von gestern und heute – Peter Koch, Manfred Bissinger, Barbara Dickmann, Hanns Joachim Friedrichs – driften durchs Festzelt aneinander vorbei wie Fischzüge auf dem Weg zu den neuen Laichplätzen. Lew Kopelew erzählt von Dostojewski, Horst Janssen signiert Hundertmarkscheine, und Gerhard Schröder wird von Bauern aus der Umgebung auf ein Roß gesetzt, das auf den Reiter eher unwirsch reagiert.

Muß er, wenn er sich umblickt, nicht sagen: Ein Riesenfest, tausend Leute, aber wer von denen feiert auch noch in der Niederlage mit mir? Seitdem die SPD wieder Wahlen gewinnt, scheint sie auch für die Kulturträger wieder akzeptabel zu sein, denen zu Kohl nun doch nicht viel eingefallen ist. Aber welchen Unterschied macht das für die, die nie zu Künstlerfesten eingeladen werden? Und wer holt bei ihnen die Stimmen?

Als Kennedy, als Brandt gewählt wurde, lag eine Aufbruchstimmung in der Zeit, von der die Kultur nicht nur profitierte, sondern die sie vorbereitet hatte. Auf Schloß Gümse an diesem Abend und in dieser Nacht ist vor allem zu spüren, wie diffus und zersplittert die Stimmung der Zeit ist – schwere, fast unlösbare Aufgabe für einen Mann wie Gerhard Schröder, diese Zersplitterung nun, Politikerwort, zu »bündeln«. Aufbruchstimmung? Reifenspuren quer durchs Land. Wenn hier einer verschwindet, sagt die Wirtin im Hotel, kann er lange verschwunden bleiben.

Und immer weiter auf der Ochsentour. Lehrte im Landkreis Hannover, Wahlkreiskonferenz und öffentliche Versammlung mit Willy Brandt. Die Mehrzweckbühne im Saal des Gymnasiums ist zur politischen Tribüne umgestaltet. Traditionsfahnen, Schröder-Plakate, Rednerpult mit roten Nelken, eine lange Tischreihe für die Prominenz, Selterfläschchen, Nüchternheit. Landtagskandidaten, der stellvertretende Landrat, der Bürgermeister, Gesichter, deren Falten und Furchen, Fettwülste und Kinnladen vom Feilschen und Schachern, vom Finessieren und Raffen der Kommunalpolitik zeugen.

Eine gespenstische Show, diese Veranstaltung, in der Schröder vor rund tausend Teilnehmern – wenn auch in geheimer Abstimmung – zum Direktkandidaten der SPD im Wahlkreis 41 gewählt wird. 28 Delegierte sind in einer Ecke des Saals mit dieser Abstimmung beschäftigt.

Das geht zwar – wie der Versammlungsleiter nicht müde wird zu betonen – korrekt nach dem Wortlaut des Gesetzes ab, aber über dem Saal des Gymnasiums, den surrenden Fernsehkameras, den Blitzlichtern, den Trauben von Parteimitgliedern, die nach Autogrammen anstehen, liegt »ein Hauch von Volksdemokratie« (wie die »HAZ« am nächsten Tag schreibt).

Ein Spektakel, zu dem auch das Gelächter paßt, mit dem Penner, die den Getränkestand vor der Aula leer trinken, die Reden begleiten. Und ein »neuer Kopf für Niedersachsen« (so die Plakate), dem an diesem Abend der Druck anzusehen ist, der ihn nun nicht mehr verlassen wird. Nervös wartet Gerhard Schröder auf das Abstimmungsergebnis und freut sich eine Spur zu hektisch über das einstimmige Votum. Gepreßt klingt seine Stimme, als er die Kandidatur in einer Rede annimmt, die er mit hölzernen Bewegungen begleitet. Seine kraftvolle Rhetorik ist an diesem Abend auch nur volle Pulle, viel Gas, kein Spaß. Und was im Gasthof Wente und im Zelt auf Gümse noch kräftig-ländlich oder großstädtisch-routiniert klang, nimmt sich nun nur noch wie eine öde Aneinanderreihung von Gemeinplätzen aus:

Klar, die SPD wird nie aus der Industriegesellschaft aussteigen. Hat das irgend jemand je behauptet?

Klar, wenn man in den Weltraum Scheiße schießt, kommt kein Puderzucker zurück. Ist das nicht schon im Gothaer Programm der Sozialistischen Arbeiterpartei Deutschlands von 1875 nachzulesen?

Und das Bündnis der Arbeiterbewegung mit dem aufgeklärten Bürgertum, was immer man sich darunter vorzustellen hat – war da nicht schon mal was mit der F.D.P. gewesen, als Brandt noch mit Scheel? Geht das nun wieder von vorn los – oder ging es die ganze Zeit weiter, und wir unaufgeklärten Bürger haben es nicht gemerkt?

Aber es ist wohl so, in Deutschland ist eine Wahl – selbst eine in der tiefsten Provinz – nicht einfach eine Wahl, es ist immer eine Urabstimmung über die letzten und tiefsten Dinge der Menschheit.

Deshalb bleibt der stellvertretende Landrat auch stellvertretender Landrat, bis er endlich Landrat ist.

Und deshalb muß ein alter Juso mit dem erotischen Gefühl für die Macht nun dort oben auf der Tribüne stehen und rufen: »Ich möchte zum Schluß eine persönliche Bemerkung machen. Ich tue das, was ich tue, nämlich mit Menschen zu reden, mit Genossinen und Genossen – und dieser Begriff bedeutet etwas für mich – zusammenzusein, nun in dieser Funktion fast ein Jahr.«

Und dann eine Bitte: »Wir müssen in der politischen Auseinandersetzung mehr aufeinander achten.«

Selbst die betrunkenen Penner sind still.

»Daß wir für eine andere, für eine solidarische Qualität des Miteinanderlebens stehen, das müssen wir durch unsere Praxis beweisen.«

Es muß ein hartes Jahr gewesen sein für den Kandidaten. Aber: »Ich bin gewiß, daß immer dann, wenn es der Sozialdemokratie ernst war, wenn sie von ihrer Sache überzeugt war, wenn sie zu kämpfen begonnen hat, sie so gut wie unschlagbar gewesen ist – und an diese Zeiten laßt uns wieder anknüpfen.«

Es ist den Gesichtern anzusehen – manch gestandener Genosse hat Schwierigkeiten, sich an Zeiten zu erinnern, in denen die Sozialdemokratie unschlagbar gewesen ist.

Bevor Willy Brandt seine Rede hält, stellt der Versammlungsleiter zwei Parteiveteranen vor, der eine 65, der andere 75 Jahre Genosse. Harte, starre Gesichter, die die wirkliche Story erzählen. Blitzlichtgewitter, der Vorsitzende und Schröder steigen von der Bühne, Willy Brandt breitet die Arme aus, starr auch seine Züge. Für einen Augenblick ein eingefrorenes Bild, Brandt, Schröder, die beiden Veteranen, die flotten Azubis der Macht ringsum. Für einen Augenblick ist alles politische Gerede weggewischt.

Für einen Augenblick wird deutlich, daß Politik nicht nur unser Schicksal, sondern auch unser Verhängnis ist, und daß ihr besserer Teil nicht die Suche nach der Macht, sondern nach der Identität ist. Dann geht Willy Brandt zum Rednerpult.

lui 10/1985

Es war alles völlig normal

Die Wohnung in der Wiesenau, in der ich zu Besuch angemeldet bin, wirkt wie ein Erinnerungstableau an die Stürme, die hier im Frankfurter Westend getobt haben. Einerseits Museumsstück des alten Bürgertums, das uns irgendwann abhanden gekommen ist, mit Flügel und goldgerahmten Bildern im Salon, andererseits klassische WG der frühen 70er: die Küche und die Diele, an deren Wänden vergilbte Plakate und Kalenderblätter an die vielen guten Gründe erinnern, die es gab, um zu verlieren und dennoch links zu bleiben, von der Bodenspekulation bis zum Vietnam-Tribunal. Der spröde Charme der 68er-Generation ist wie eine Patina, und Marei Hartlaub, die hier mit ihren beiden Kindern lebt, sagt: »Wir hätten längst mal renovieren müssen.«

Marei Hartlaub ist eine junge Frau in den Vierzigern – jung nicht deshalb, weil sie ihr Alter, diese Jahre, die wir alle kannten, leugnete, sondern weil sie, wie so viele dieser Generation, auf der Jugendlichkeit sitzenblieb wie auf einem Aktionsprogramm. Verständlich vielleicht, wenn man bedenkt, daß sie 1967 in die politische Arbeit geriet, weil sie zwei Kinder hatte – und einen Mann, Michael Hartlaub, der als leitender Mitarbeiter bei der Frankfurter Volkshochschule einen Namen in der Erwachsenenbildung hatte. Von da aus war es nur ein Schritt bis zum bildungsbürgerlichen Sozialismus der Frankfurter Schule, etwa bis zu dem Soziologen Jürgen Seifert und seiner Frau Monika, Tochter Alexander Mitscherlichs und selber Psychoanalytikerin. In diesem Zirkel lag der Gedanke an die Gründung eines privaten Kindergartens eines Tages einfach auf der Hand – man hatte Kinder, man war links, man konnte und wollte es sich leisten.

»In den Kindergärten«, sagt Marei Hartlaub, »gab es damals kaum Plätze, und die Klassen hatten bis zu 50 Kinder. Natürlich war diese Elterninitiative damals auch Teil des Reformschubs, und sie war verankert im akademischen Umfeld, die meisten von uns waren noch per Sie. Wir gründeten den Kindergarten 1967 und nannten ihn gleich Frankfurter Kinderschule, und kurze Zeit später wurden in Berlin die Kinderläden gegründet, allerdings auf der proletarisch-revolutionären Linie. Für die waren wir bürgerliche Abweichler. Ihr Anführer, der Reinhard Wolf, ist heute Professor in Berlin.«

Man muß sich den Tonfall in Erinnerung rufen, mit dem damals gegen »Abweichler« argumentiert wurde, um gegen jegliche Verklärung gefeit zu sein. So heißt es in einer Broschüre »Kommunistische Erziehung I« von 1969 mit Blick auf die Frankfurter Kinderschule: »Die Broschüre muß sein und ist: ein Schlag ins Gesicht all derjenigen, die glauben, sich mit psychoanalytischen Handwerkeleien einen Teil ihres verlorengegangenen Glücks zurückzuholen, die – abgesunken in eine links-bürgerliche Subkultur – nun auch ihre Kinder dort hineinziehen wollen, um sich am Rande der repressiven Gesellschaft eine glückselige Laubenkolonie zu schaffen. Treibt die Organisation der Arbeiterklasse voran, indem ihr den Klassencharakter der heutigen Erziehung enthüllt!«

Die Frankfurter Kinderschule gedieh in einem relativ milden politischen Klima. Ende der 60er Jahre flogen schließlich nicht nur Pflastersteine, brannten nicht nur Kaufhäuser, wurde in der Linken nicht nur zwischen der Gewalt gegen Sachen und gegen Personen unterschieden oder auch nicht – es war die Zeit, als der liberale Teil des Bildungsbürgertums mit Begriffen wie Bildungsnotstand und Bildungsreform eine SPD in Bewegung brachte, die dieses Bildungsbürgertum brauchte, um endlich an die

Macht zu kommen. Bildung, wohin man blickt. Daß Willy Brandt und Walter Scheel die sozialliberale Koalition bilden und durchhalten konnten, lag nicht zuletzt an jenem »Reformschub«, der von Leuten wie den Hartlaubs initiiert und mitgetragen wurde. Die Bildungseuphorie ließ tausend Blumen blühen, und so lag, als die linken Krabbelkinder größer wurden, der nächste Schritt vor der Haustür: »Verändert die Schule jetzt!« (1970) – »Aktion Kleine Klasse« (1970) – Das Rödelheimer Experiment (1971).

Welch ungeheurer Aufwand muß mit diesem Aktionismus verbunden gewesen sein – all die fiebrigen Diskussionen um Wilhelm Reichs Sexualtheorien und das Hessische Schulgesetz, die kindliche Seele und die Zukunft des Sozialismus (wie man der SPD in den Arsch tritt und dabei ein paar Märker lockermacht) und dazu der Papierkrieg –, aber Marei hat das damals gar nicht so stressig empfunden.

»Immerhin konnte ich studieren und einem Beruf nachgehen«, meint sie. »Jedenfalls gab es auf einmal sieben schulpflichtige Kinder bei uns, darunter auch meine Tochter Miriam – der Daniel war in der Kinderschule, seit er zwei war –, und wir wollten natürlich, daß sie zusammenbleiben. Damals kam nun gerade die Renate Stubenrauch nach Frankfurt, eine engagierte linke Lehrerin aus Nordrhein-Westfalen, die hier eigentlich zur Montessori-Schule wollte, von diesem Schultyp aber enttäuscht war und nun mit den sieben Kindern durch Frankfurt zog auf der Suche nach einer Schule – Schneewittchen und die sieben Zwerge wurden sie bald genannt. Schließlich fand sich eine Schule in Rödelheim mit einer liberalen Rektorin, und es gab dann eine Klasse mit 15 Rödelheimer Kindern und unseren sieben Zwergen, und Schneewittchen hielt in Rödelheim Grundschulunterricht.«

Der ganz anders war als damals üblich, was zunächst das Fernsehen, dann aber auch – und zwar heftig – die CDU auf den Plan rief. *Terror aus dem Kinderladen?* nannte Gerhard Bott seinen TV-Streifen, in dem er die Probleme, aber auch den Spaß dokumentierte, den es bei der Einschulung von Kindern aus einem anti-autoritären Kinderladen in eine öffentliche Schule gab. Der ironische Titel der Sendung kam bei der Frankfurter CDU allerdings nicht gut an. Auf dem Höhepunkt der damaligen Baader-Meinhof-Hysterie lag kleinkarierten Politikern nichts näher, als eine direkte Verbindungslinie von den verschmierten Wänden eines Kinderladens bis zu den Bomben zu ziehen, mit denen die RAF das Bonner Politiker-Ställchen ausräuchern wollte. Wobei nicht vergessen werden darf, daß dem Gründer-Quartett der RAF von durchaus honorigen Linken jener professoralen Szene – auch wenn sie sich den denunziatorischen Begriff des »Sympathisantentums« zu Recht verbaten – das Asylrecht nicht rundweg abgeschlagen wurde, wenn nächtens die Luft rein schien.

In der Schule ging es freilich um den Baggerführer Willibald, und bei dem sah die CDU auch rot. »Heute ist dieses Lied 'ne Art Klassiker, aber damals setzte es sofort Anfragen im Landtag, zumal dann die *Quick* noch nachstieß mit einer Reportage, wo dann schon von feststehenden Messern bei Erstklässlern die Rede war. Und daß Renate im Sozialistischen Lehrerverband aktiv war, legte diesen Leuten natürlich den Gedanken nahe: aha, Terroristenbrutstätte. Dabei sah es so aus, daß die wirkliche Nutznießerin dieses Schulexperiments die Frau Fensterseifer war, das war eine Frau in Rödelheim, die hatte fünf Kinder aus fünf Ehen, also eher schon asozial für die Kleinbürger dort, eine sehr patente Frau. Die hatte in dieser Klasse ein Kind, das stotterte und normalerweise in der Schule überhaupt keine Chance gehabt hätte. Die Frau Fensterseifer hat sofort gemerkt, in dieser Klasse hat das Kind eine Chance, sogar das Stottern wurde merklich besser, und da hat sich diese Frau dann auch total engagiert. Sie ist auch schon mal mit ihrem Wellensittich in die Klasse gekommen, da hieß es gleich: Jetzt macht die Asoziale schon den Unterricht.«

Mit diesem einen Jahrgang hatte sich das Rödelheimer Experiment erledigt, an weiteren Medienknüllern war der Bildungsbürokratie nicht gelegen. Beim Kultusministerium wurde den Eltern bedeutet, wenn sie das Experiment fortführen wollten, müßten sie schon eine Privatschule gründen. Genau dieser Schritt setzte dann einen phänomenalen Bürokratieschub in Gang, der bis heute nicht zum Stillstand gekommen ist: deutsche Gründlichkeit in Reinkultur.

Mai 1974: Offizielle Voranfrage an den Regierungspräsidenten in Darmstadt bezüglich »Antrag auf Genehmigung einer Privatschule als Ersatzschule (Grundschule und Sekundarstufe I)«. Antrag abgelehnt durch den Regierungspräsidenten am 20. Juni 1975. Aus der Begründung: »Es muß darüber hinaus als eklatanter Widerspruch angesehen werden, wenn einerseits die Gesellschaft, zu der das öffentliche Schulwesen gehört, als Klassensystem abqualifiziert wird, andererseits jedoch die Fähigkeit angestrebt wird, sich in dieser Gesellschaft zu behaupten.« Widerspruch eingelegt durch den Rechtsanwalt der Antragsteller am 20. Juli 1975. Aus der Begründung: »... kann dieser Widerspruch nur dahin verstanden werden, daß der Regierungspräsident der Meinung ist, man dürfe, wenn man Einrichtungen der bestehenden Gesellschaft kritisiert, nicht gleichzeitig in der Lage sein, in der bestehenden Gesellschaft erfolgreich zu leben und mitzuarbeiten. Eine Veränderung bestehender Einrichtungen ist weder pädagogisch noch rechtlich verboten.« Reformschub verabschiedet, gefragt nur noch die Verwaltung der Widersprüche, Verwaltungsgericht Frankfurt/Main, verkündet am 8. 9. 1976: »Im Namen des Volkes! In dem Verwaltungsstreitverfahren des Vereins für angewandte Sozialpädagogik e. V. ... gegen das Land Hessen ... wegen Genehmigung einer privaten Grundschule als Ersatzschule hat die II. Kammer ... für Recht erkannt: 1. Die Klage wird abgewiesen ... Begründung: ... Der Kläger ermangelt der für den Betrieb einer privaten Grundschule als Ersatzschule erforderlichen Zuverlässigkeit ... der Kläger hat sich als unzuverlässig erwiesen, indem er trotz Ablehnung seines Genehmigungsantrags den Schulbetrieb mit schulpflichtigen Kindern aufgenommen hat.«

Die Freie Schule Frankfurt existiert bis heute. Sie unterrichtet die ihr anvertrauten Kinder bis heute illegal, denn inzwischen wurde die Genehmigung in zweiter Instanz zwar erstritten, aber das Land Hessen hat Revision eingelegt.

»Es ist schon toll, was wir den Kindern zugemutet haben«, gibt Marei Hartlaub heute zu. »Acht Jahre dauerte der Prozeß, acht Jahre mit Drohungen der Behörden, mit der Angst, daß die Polizei kommt und die Kinder zwangsweise in die Schule wegführt. Acht absurde Jahre, und heute haben wir nun eine Chance wegen der Grünen. Aber die SPD will die inhaltliche Kontrolle über die Schule. Ob sich das alles gelohnt hat? Sprich mal mit dem Dani.«

Im Zimmer des Ende 1967 geborenen Daniel manifestiert sich Widerspruch: nackte Wände, offenes Fenster, Kargheit, Kälte. Dabei wirkt der schlanke Junge alles andere als widerspruchsvoll, gibt sich höflich-distanziert, wortkarg, seriös, mit einem Wort: cool. Er hat gerade drei Tage Boris Becker gesehen, live, Daviscup-Halbfinale.

»Ist der dein Idol?«

»Ich hab keine Idole«, sagt Daniel knapp und hat damit, ohne daß ich es wissen kann, unser Gespräch bereits auf den Punkt gebracht.

Daniel Hartlaub müßte das idealtypische Resultat einer anti-autoritären Erziehung sein. Seit ihn seine Mutter eines Tages in die Kinderschule mitbrachte – da war er gerade zwei –, blieb er bis zu seinem 16. Lebensjahr der repressionsfreien Pädagogik erhalten; und auch die Gesamtschule in Frankfurt, die er jetzt besucht, führt ihre Existenz ja auf jenen Bildungsreformismus der 60er Jahre zurück, der die antiautoritäre Bewegung seriös machte. Jemand wie ich, der mit knapper Not ein traditionelles Gymnasium absolvierte und bald allen Bildungsbemühungen Valet sagte, hat Schwierigkeiten, den Unterricht an einer Freien Schule zu begreifen.

»Es war alles sehr friedlich in der Kinderschule«, verrät Daniel. »Bis ich sieben war, habe ich nur gespielt. Später gab es dann einen Riesenstundenplan, auf dem stand, was welcher Lehrer anbietet. Der Lehrer stand nicht frontal vor der Klasse, sondern war immer für dich da. Klassen gab es gar keine. Wir waren alle eine Gruppe.«

»Wie viele Kinder waren das?«

»Zwischen 30 und 50.«

Ich denke an die »Aktion Kleine Klasse«. Da muß ich etwas mißverstanden haben. »Das heißt, ihr habt euch dann geteilt und in Grüppchen zusammengesessen?«

Er zögert. »Gesessen? Das kann man so nicht sagen. Manchmal schon. Aber wir waren auch viel in Bewegung. Oft haben wir ja Spiele gemacht. Zum Beispiel das Amerika-Spiel. Das hat ein halbes Jahr gedauert.«

An diese Spiele erinnert er sich sichtlich am liebsten. Die Idee zu ihnen konnte von den Erziehern, aber auch von den Kindern kommen. Faktenvermittlung über spielerische Elemente, oft im Film und auf Fotos festgehalten, das klingt verlockend, wenn man an den Geschichtsunterricht denkt, wie man ihn selbst gehabt hat: 333, Issos, Keilerei. Aber das war ja auch nicht alles. (Nach einem Drittes-Reich-Spiel frage ich lieber erst gar nicht.)

»Du sagst, die Lehrer machten Angebote. Das heißt, niemand hat euch gezwungen, etwas zu lernen?«

»Nein. Chemie hab ich zum Beispiel erst mit 15 angefangen. Geschichte hatte ich gar nicht. Schwerpunkte waren Deutsch, Mathe und Englisch, und dann gab es ein großes Angebot zusätzlich, auch für die Freizeit, viel Sport. Man konnte auch einfach gehen. Früher bin ich oft schon um 12 gegangen. Ich hab lieber den ganzen Tag gespielt. Trotzdem hab ich auch was gelernt. Aber wenn man nicht wollte, mußte man nicht.«

Aus dieser Frankfurter Stadtidylle wurde Daniel dann in eine englische Landidylle versetzt. Die Monkton Wyld School in der Grafschaft Devonshire war ein Internat, das auf den Idealen und Ideen des berühmten anti-autoritären Erziehers Alexander S. Neill *(Summerhill)* beruhte. »Ein riesiges Gelände mit einem Schloß«, erinnert sich Daniel, »echt total schön mitten auf dem Land, mit einer Farm dabei. Auf ungefähr 50 Schüler – darunter eine ganze Gruppe Deutsche – kamen etwa 10 Lehrer. Hier gab es nun einen Stundenplan für jeden Schüler, den er aber selbst gestalten konnte. Einige Fächer waren festgelegt, dann gab es viel Handwerk, Sport, ich hab da auch Baseball gespielt. Wenn man in einem Fach unterrichtet werden wollte, ist man zum Lehrer gegangen, und der hat dann einen Termin festgesetzt. Das war dann Einzelunterricht. Ich hatte bis dahin kaum Englisch. Aber Schwierigkeiten hatte ich damit nicht. Ich habe einfach zugehört.«

Die Idylle wurde allerdings empfindlich gestört. »Es wurde geraucht, es wurde geschnieft, es gab sogar Rauschgift. Etliche Schüler mußten deswegen gehen. Und dann gab es eine Spaltung zwischen den Lehrern. Die eine Gruppe wollte so weitermachen wie bisher, sie wollte nicht, daß die Schule, auch wegen der Drogen, kaputtgeht. Und die andere wollte eine Art Kommune machen, die Lehrer sollten mit den Kindern leben. Das waren die, die im Kopf ein bißchen dumm waren, die machten auch schlechten Unterricht. Ich war dort eineinhalb Jahre, und dann haben die sich durchgesetzt und eine Kommune gemacht, die sind alle da hingezogen mit Familie und leben da total gesund und machen Gruppensitzungen, Psychotherapie, auch mit total fremden Leuten. Da kamen die Eltern aus Deutschland und haben gekämpft, es war aber sinnlos.« Er seufzt. »Ich bin dann wieder zur Freien Schule, aber dann wurde ich 15, da ging das nicht mehr, und ich hörte, daß einer meiner Lehrer von Monkton Wyld, mein Lieblingslehrer, an eine Gesamtschule gegangen war. Da bin ich mit zwei Mädchen aus der Freien Schule auch dorthin.«

Diese Gesamtschule war das Countesthorpe College in der Nähe von Leicester. »Countesthorpe College«, heißt es in einer Publikation der Schule, »wurde zunächst als Desaster gebrandmarkt, später als Leuchtturm der Innovation gerühmt, vor allem auf dem Gebiet ... der Community-Beziehungen.« Für Daniel war das College ein weiterer Schritt zur Normalität der Schule: feste Stundenpläne, richtige Klassen, nach Alter getrennt, eine für ihn enorme Zahl von 600 bis 700 Mitschülern und »eine gewisse Disziplin. Ich hab da richtig angefangen zu lernen.«

In anderer Hinsicht war Countesthorpe für die Frankfurter ein soziales Abenteuer, dem sie nicht ganz gewachsen waren. Die »Community-Beziehungen« bestanden für sie vor allem darin, daß sie als Untermieter durch die Suburbs von Leicester tingeln mußten, fünf Umzüge in einem Jahr, Bed & Breakfast in tristen Reihenhaussiedlungen. »Wenn man sich nicht wohl fühlt, wo man wohnt, kann man es gleich vergessen«, sagt Daniel mit der Lebensweisheit eines Jungen, der schon viel herumgekommen ist in der Welt. Aber insgesamt sei es eine schöne Zeit gewesen, und das Countesthorpe College die beste aller Schulen.

Heute geht Daniel in die 10. Klasse einer Frankfurter Gesamtschule. Als er dort ankam, hatte er in einigen Fächern erhebliche Lücken – heute kommt er in allen zumindest mit. »Wenn ich etwas nicht kapiere«, sagt er achselzukkend, »dann lerne ich es halt.« Und er fügt etwas verwundert, aber auch stolz hinzu: »Komisch, wenn ich in einer Woche etwas aufholen kann, was die anderen zehn Jahre pauken mußten, das ist doch lächerlich für mich. Es zeigt, daß das System total schwachsinnig ist.«

»Für dich hat sich das also gelohnt?«

»Jedes normale Kind würde sich freuen, wenn es in eine Freie Schule gehen könnte. Darf ich mir noch eine Zigarette nehmen?«

»Klar. Interessierst du dich für Politik, Dani?«

»Nicht direkt. Ich bin informiert, aber ich glaube nicht, daß ich wählen gehe. Das ist mir bestimmt nicht egal, aber es gibt keine Partei, die ich so toll finde, daß ich sie wählen würde. Ich würde nie demonstrieren.«

»Liest du viel?«

»Lesen tu ich kaum, es macht schon Spaß, aber jeden Tag brauch ich das nicht. Neulich hab ich mal ein Buch gelesen, das hat mir gut gefallen. Es war von Henry Miller, *Stille Tage in Clichy*.«

»Wie sieht es mit Musik aus?«

»Als ich 13, 14 war, hab ich Schlagzeug gespielt in einer Band.« Lange Pause, deutliches Mißtrauen. »Wie die hieß? ›Herbert and the Heroes‹.« Auf meine Bitte versucht er eine Demo-Kassette zu finden, erklärt aber nach einer Weile, er hätte keine mehr. Zum Trost schreibt er mir einen Song auf, den »Herbert and the Heroes« gemacht haben. Der englische Titel lautet *You blame us*, der Text ist purer Punk: »Once we went down to see Madness live / in a good mood we all arrived / we went in and sat down on some chairs / they all looked up to us they were really scared ...« Bevor das Platten-Biz sein geiles Auge auf »Herbert and the Heroes« richten konnte, gab es die Band freilich nicht mehr – man verlor sich aus den Augen oder das Interesse.

»Warst du damals ein richtiger Punk? Im entsprechenden Outfit?«

»Ich bin damals auch so rumgelaufen, das war in England eben so, und später hier auch. War eben eine Art Mode.« Er lächelt nachdenklich. »Man denkt ja, daß aus Familien wie meiner mehr solche Alternative kommen, Hippies – aber so fühle ich mich nicht.«

Das sieht man, Dani, keine Sorge. »Welche Musik bevorzugst du heute?«

»Langsamere.«

»Hast du Lieblingsbands?«

»Ich habe keine Lieblinge.«

Keine Idole, keine Lieblinge. Allmählich dämmert mir der große Unterschied. Da sitzen wir Vierzigjährigen, die von Bakunin bis Bob Dylan und von James Dean bis Rudi Dutschke, von Charlie Parker bis Mick Jagger und von Albert Schweitzer bis Che Guevara keinen Heroen und keine Parole ausgelassen haben und keinen ideologischen, religiösen oder subkulturellen Notausgang unbenutzt, und uns gegenüber haben Platz genommen die Kids der 68er, die kühlen Kinder der heißen Sommer, gut gefönt und mäßig gut gelaunt und sehr höflich und unendlich weit entfernt von den Pflasterstränden mit den roten Fahnen, und ihre Mitteilung an uns lautet in etwa: Danke, aber kein Interesse an euren Lieblingen. Und die 48jährige Tina Turner singt, nein – inszeniert für sie: »We Don't Need Another Hero«.

»Wo ich abends hingehe?« Daniel kommt ins Plaudern. »Die Leute, mit denen ich etwas mache, sehen auch so aus wie ich, da gehn wir halt in die Batschkapp, das hat sich ja geändert, da gehen heute auch gepflegtere Leute hin, oder zu Cooky's. Wofür gebe ich Geld aus? Klamotten sind wichtig, ein Ausdruck dessen, was man denkt. Wie manche Leute rumlaufen, o Gott. Aber so wichtig sind sie auch wieder nicht. Doch, es gibt Schauspieler, die ich gut finde, Paul Newman, Robert Redford – Götz George? Ja, den finde ich auch ganz gut. Zum Bund möchte ich nicht gehen, das liegt mir sicher nicht. Am liebsten mache ich Sport, ich spiele Fußball, ich schwimme, ich laufe, ich spiele Squash, ich bewege mich halt gern, und wenn ich einen Beruf habe, dann müßte es schon einer sein, in dem ich mich viel bewege und vor allem nicht gebunden bin, aber das hat ja auch noch Zeit. In Frankfurt lebe ich gern, ich würde auch mal gern wegziehen, aber die Stadt gefällt mir, es ist eine schöne Stadt, obwohl manchmal etwas langweilig. In London möchte ich nie leben, das ist viel zu groß und viel zu schmutzig. Drogen? Da habe ich keine Probleme, ich kenne auch keine Süchtigen. Ich trinke ja auch Alkohol und rauche, aber Rauschgift würde ich nie nehmen. Ich habe eine feste Freundin seit einem Jahr. Von meiner Erziehung her müßte ich in dieser Beziehung sehr frei sein, aber so fühle ich mich nicht. Ich war nie verklemmt, es war nur alles völlig normal.«

Etwas später verabschiede ich mich von der Familie Hartlaub – die Tochter spielt gerade Klavier, etwas Schwermütig-Russisches, denke ich, aber die Mutter sagt, es seien Improvisationen von Al Jarreau, von dem ich doch bestimmt schon gehört hätte – und komme dann auch an meiner alten Penne vorbei. Das wilhelminische Gebäude, das für uns damals der Inbegriff all dessen war, was zu verändern, wenn nicht in die Luft zu jagen war in dieser Welt, steht natürlich schon längst nicht mehr, statt dessen einer dieser Funktionsbauten aus Beton-Stahl-Glas, deren einziger Charme darin besteht, daß sie meistens nicht funktionieren. Das Abitur haben wir, weil gebaut wurde, in Behelfsbaracken geschrieben, und selbst die Behelfsbaracken hatten mehr Charme. Aber dann stelle ich fest, daß es nicht der Charme ist, der mir an der neuen Schule fehlt, sondern der lateinische Satz, der über das Portal gemeißelt war, diese simple, ja barsche Sentenz, deren einziger Sinn darin lag, auch uns, den Gefangenen des Schulsystems, Freiheit zu verheißen oder wenigstens das Licht am Ende des langen Korridors: NON SCHOLAE SED VITAE DISCIMUS.

TransAtlantik 1/1986

Delgados Schatten

Als die Frau reinkam, stand er an der Bar und blätterte in einer Zeitung. Er brauchte nur ihre Bestellung in holprigem Spanisch abzuwarten, dann hatte er sie taxiert. Mitte Vierzig, 1,75 m mit hohen Absätzen, ein paar Pfund zuviel, vor allem an den Hüften; Rheinländerin, geschieden; lebenshungrige Kunstblondine. Ihre Aufmachung – schwarzes Seidenkleid und eine Menge Schmuck – und die hellen Schultern und Arme verrieten, daß sie private Sonnen der öffentlichen vorzog. Und dann der Busen, dachte er. Große Brüste aus Pulverschnee. Brüste, von denen ein Mann träumen konnte.

Als sie ihren Campari bezahlte, träumte er nicht mehr. Ihre Börse aus Schlangenleder war prall gefüllt mit Scheinen, und dazu noch ein ganzer Set Kreditkarten. Sie brauchte eine volle Minute, um einen 1000-Peseten-Schein zu finden, und ließ viel zuviel Wechselgeld liegen; und als sie die Börse schließlich in ihrer Umhängetasche verstaut hatte und zu ihrem Drink griff, hatte er sein Lächeln parat – und seinen ersten Satz.

»Von hier aus immer nach Westen – was da wohl die nächste Stadt ist?«

Die Blondine reagierte sofort. »Das kann ich Ihnen genau sagen.« Düsseldorf; allenfalls Köln. »Die nächste Stadt von hier aus über den Teich ist Miami Beach.«

»Ich dachte Havanna.«

»Nach Havanna ist es auch nicht weit. Aber wer will schon dahin, wo es keinen Spaß mehr gibt?«

»Waren Sie schon in Miami Beach?«

»Dreimal. Und soll ich Ihnen mal was verraten? Da drüben fragt nie einer, was auf der anderen Seite des Teichs liegt.«

War das eine politische Anspielung? Hoffentlich war sie keine von den Frauen, deren Männer sich in der politischen Dreckarbeit aufgerieben hatten. Nichts war trostloser als ein nächtliches Lamento über eine Ehe, die an Ämterhäufung, Parteispendenverfahren oder einer Assistentin im Agrarausschuß gescheitert war.

»Das kann ich leider nicht beurteilen.«

»Sind Sie etwa ein Landsmann?«

Er zuckte die Achseln. »Was ist schon ein Paß? Man ist dort zuhause, wo man Freunde findet.«

Sie lachte. »Wenn mein Glas nicht leer wäre, würde ich darauf trinken.«

»Nichts ist leichter auf La Palma, als ein Glas gefüllt zu bekommen, Señora ...«

»Irene«, sagte sie mit einem aufmunternden Blick.

»Ich heiße Delgado«, sagte er und schnippte mit den Fingern nach dem Barkeeper, der mit verständnisvollem Grinsen die Bestellung aufnahm.

Nach zwei Gläsern Wein, einer Platte Tintenfisch und dem obligatorischen Brandy zum Kaffee standen sie vor der Bar und brauchten einen Augenblick, um sich zu orientieren. Der heiße Wind von der Sahara zerrte an den strohgedeckten Strandhütten und wirbelte den schwarzen Sand auf. Überall knatterten gemietete Seats, und Scharen von Urlaubern stürmten die Theke.

»Nichts für die blaue Stunde«, sagte Irene zu Delgado. »Haben Sie einen Untersatz?«

»Meiner ist leider in der Werkstatt.«

»Dann nehmen wir meinen.«

»Wenn Sie mich in Los Llanos absetzen könnten ...«

Sie schloß einen weißen Golf auf. »Sie gehören doch hoffentlich nicht zu den Männern, die nach zwei Glas Wein ein Magengeschwür vorschützen?«

»Soll das heißen, Sie haben nichts Besseres vor?«

»Ich habe nie etwas besseres vor als das Beste«, sagte sie und warf ihm einen Blick zu, der Delgado endgültig klarmachte, daß die Frau eine ganz dicke Chance war, wenn er sie nur richtig anfaßte – oder sich richtig von ihr anfassen ließ.

»In diesem Fall«, sagte er, »schlage ich vor, wir setzen den Nachmittag in Tazacorte fort. Idyllisches Fischrestaurant direkt am Meer, hervorragende Küche. Und zum Dessert den Sonnenuntergang.«

»Zum Dessert kann ich mir was Schmackigeres vorstellen als den Sonnenuntergang«, sagte Irene und steuerte den Golf in die Berge. Sie hielt am Ausgang eines Dorfs vor einer Bodega, die in einer Felsenhöhle lag, wo man recht angenehm zwischen den Fässern saß und Sherry trank.

Vor dem Abendessen waren sie längst beim Du, zum Dessert saßen sie Wange an Wange und hörten der Drei-Mann-Kapelle zu, und beim Brandy fragte Irene: »Zufrieden, Delgado?«

»Absolutamente«, antwortete er und überschlug dabei, was das Essen kosten konnte. Er hatte noch genug, um die Rechnung zu übernehmen, aber danach mußte er zum Zug kommen. Irene war genau der Typ Frau, der sich am nächsten Tag, wenn man zur Sache kam, an nichts erinnern konnte: *Ich* wollte dir was leihen? Da mußt du mich falsch verstanden haben, Schätzchen, so knapp, wie mein Mann mich hält ...

Sie pikte einen Daumennagel in seinen Schenkel. »Denkst du über mich nach?«

»Über die Sonne denkt man nicht nach. Nur über die Schatten.«

Sie strich ihm über die Wange. »Welche Schatten machen dir denn zu schaffen, Delgado?«

Er seufzte. »An einem solchen Abend sollte man nicht

davon reden. Das bringt Unglück. Wie verwelkte Blumen, der böse Blick, Wörter wie *nachdenken.* Sprechen wir lieber über die Sonne.«

»Die Sonne, über die man nicht nachdenken kann?«

»Die Sonne, die Irene heißt.«

»Irene Beifaß-Jiménez – kann so eine Sonne heißen?«

»Ich habe schon Sonnen gekannt, die Hildegard Schmidt hießen.«

Sie pikte ihn am Arm und sagte: »Du magst Frauen, das habe ich gleich gemerkt. Man trifft heute nur noch selten Männer, die Frauen mögen. Ich meine, richtig mögen, nicht verstehen oder toll finden oder einfach geil.«

»Mhm.«

»Und ich wette, das bringt dir bei Frauen etwas ein.«

»Wofür hältst du mich? Für einen Heiratsschwindler?«

Sie lachte und strich mit ihrem nackten Fuß über seine ausgelatschten Espadrilles. »Ich halte dich für das Gegenteil von meinem Mann – meinem Ex-Mann, um genau zu sein. Roberto Jiménez.«

»Spanier?«

»Venezolaner.«

»Da fliegt viel Geld rum.«

»Das habe ich auch gedacht.«

»War aber nicht?«

Sie lächelte, aber es war kein vergnügtes Lächeln. »Vielleicht ergibt sich noch was, Roberto ist immer für eine Überraschung gut.«

»Ich dachte, ihr seid geschieden.«

»Man darf das Privatleben nicht mit dem Geschäftlichen vermengen.«

»Und warum bin ich Robertos Gegenteil?«

»Weil du bestimmt kein Hochstapler bist.«

»Dann hältst du mich also für einen Tiefstapler?«

»Ich halte dich für einen Mann, der weiß, daß er mich nicht ins Bett bekommt, wenn er mir nur weismacht, was für tolle Deals er laufen hat.«

Zeit, abzuhauen, dachte Delgado. Daß du mit deiner Erfahrung immer noch auf die Sorte reinfällst, die nur ihre kaputte Ehe an dir ablassen will, ihre kaputte Leber, ihre kaputte Welt. Aber wenn er jetzt das Essen bezahlte, blieben ihm höchstens noch 2500 Peseten und der Rückflug nach Teneriffa, wo sie vielleicht schon mit einem Haftbefehl warteten. Na schön, dachte er und benutzte sein Lächeln wie der Stierkämpfer seine Muleta.

»Willst du es nun oder nicht?«

Sie packte sein Knie. »Na endlich«, flüsterte sie, und dann setzte wieder die Kapelle ein.

Treffer beim ersten Versuch.

Die Sonne war schon untergegangen, aber sie hatten noch genug Licht, um das Auto zu finden und die Gestalt wahrzunehmen, die plötzlich vor ihnen auftauchte wie aus dem Inneren der Höhle entsprungen – ein schmaler Bursche mit verfilztem Haar, zerrissenem Hemd, zerlumpter Hose und einer Kette aus Eicheln um den Hals. Er bemerkte ihre Unsicherheit, griff in einen Korb und hielt Irene etwas Dunkles hin.

»Avocado«, sagte er heiser. Und fügte auf spanisch, englisch und französisch hinzu: »Die Frucht des Landes.«

Delgado, der gerade 2850 Peseten für das Abendessen berappt hatte, seufzte und langte in die Hosentasche. Auf 50 mehr kam es nun auch nicht mehr an.

»Hier«, sagte er, »kauf dir ein Glas Wein und zieh Leine.«

»Er möchte sie mir schenken«, sagte Irene, nahm die Avocado und verstaute sie in ihrer Umhängetasche. »Und er möchte, daß wir ihn ein Stück mitnehmen.«

Beschwingt steuerte sie den Golf die Serpentinenstraße hinab, und Delgado spürte den säuerlichen Atem des Landstreichers in seinem Nacken.

»Wo kommst du her, *hombre*?«

Der Landstreicher schien ihn nicht zu verstehen. »Bon país«, sagte er, »La Palma.«

»Ich meine, deine Nationalität. Franzose? Engländer? Spanier?«

»Vorbei«, murmelte der Landstreicher, »passé, egal.«

»Hast du keine Papiere?«

»Du fragst wie ein Bulle«, mischte Irene sich ein.

»Ich bin nur neugierig.«

Der Landstreicher räusperte sich. »Hier ist es gut«, sagte er.

»Das ist die Straße ins Gebirge«, sagte Irene. »Wir können Sie auch ans Meer bringen.«

Er lächelte. »Bon país«, sagte er, »überall gut.«

Delgado ließ ihn aussteigen, dann gab er ihm eine Zigarette und fragte wieder: »Du hast keine Papiere mehr?«

Der Landstreicher zuckte die Achseln.

»Früher hatte ich Papiere,« sagte er, brach die Zigarette in zwei Teile und steckte eine Hälfte an. »Nationalität, Papiere, Schatten. Dann war ich lange weg.«

»Wo?«

Der Landstreicher zeigte in die Dunkelheit. »Seitdem brauch ich keine Nationalität mehr. Keine Papiere. Keinen Schatten.«

»Du brauchst keinen Schatten?«

Der Landstreicher nickte, inhalierte und bekam einen Hustenanfall.

»Quatschopf«, sagte Delgado, ließ ihn stehen und sah sich auch nicht mehr nach ihm um.

»Du hättest ruhig etwas netter zu ihm sein können«, meinte Irene.

»Warte nur, bis dich seine Flöhe stechen.«

Sie lachte, und danach konnte er sich wieder ihrem Oberschenkel widmen, bis sie vor einem Appartementblock in den Außenbezirken von Los Llanos hielt. Sie gingen eng umschlungen hinein, und Irene brauchte ziemlich lange, bis sie den Schlüssel gefunden und das Licht angemacht hatte.

»Du tust ja, als hättest du seit einem Jahrhundert nichts mehr abgekommen«, stöhnte sie schließlich, ließ ihre Umhängetasche fallen und machte sich von ihm frei.

»Seit einem Jahrtausend«, sagte Delgado und sah sich um. Es war eines jener standardisierten Ferienappartements, die er bis zum Überdruß kannte – selbst die Bilder an den Wänden konnten alle aus dem Atelier des gleichen Kitschiers stammen, ob sie nun den Hafen von Ibiza, die Souks von Tanger oder den Vulkan Teneguia darstellten. Es roch nach welken Blumen und Desinfektionsspray. Er setzte sich aufs Bett. Die Betten waren meistens das beste. Irene goß Brandy in zwei Gläser.

»Auf was trinken wir, Delgado?«

»Aufs nächste Jahrtausend.«

»Das ist mir zu weit weg.«

»Es hat schon angefangen.«

»Du tust mir weh.«

»Das hast du doch gern.«

»Bist du sicher?«

»Alle Frauen mit weißen Titten haben es gern.«

»Woher weißt du, daß ich weiße Titten habe?«

»Weil mir das geweissagt worden ist. Von einem Marabut in Meknès. Ein Jahrtausend mußt du durch die sengende Wüste ziehen, hat er mir geweissagt, durch Frauen mit schwarzem Sand im Haar, mit Brüsten wie schwarze Lava, und dann – auf einer Insel im äußersten Westen – triffst du eine Frau mit der Sonne im Haar und Brüsten aus Pulverschnee. Und dann fängt das zweite Jahrtausend an.«

»Ich möchte noch einen Drink«, sagte Irene, nachdem sie seinen Mund erforscht hatte.

»Jetzt gleich?«

»Brandy tut gut dabei.«

»Ich hol ihn.«

Sie lachte, als sie die Ausbuchtung in seiner Hose sah. Sie nahm einen großen Schluck Brandy, dann drückte sie das Glas auf seinen Dorn.

»Sieht ja aus, als wenn du schweres Geschütz auffährst.«

»Sieht nicht nur so aus.«

»Hoffentlich bist du keiner von denen, die ihr Pulver verschießen und dann die weiße Fahne hissen.«

Laß sie, dachte er. Manche müssen erst darüber quatschen. Er hatte schon Tage geduldig gewartet – bis an die Zähne bewaffnet mit Engelsgeduld –, zuletzt hieß es doch: Bargeld lacht. Und diesmal war es schließlich keine Zahnarzthelferin mit 1000 Mark auf dem Postsparbuch. Es war die Frau mit den schärfsten Titten seit tausend Jahren.

»Ist der Brandy nicht einsame Spitze?« fragte sie.

»Einsam ist gut.«

»Wenn dich der Schuh drückt, zieh ihn nur aus.«

»Mach ich.«

»Ich dachte nicht an deine Schlappen, Delgado. Du kommst mir irgendwie verzweifelt vor. Mir kannst du alles beichten.«

Verzweiflung, nichts leichter als das. Er nahm auch noch einen Schluck.

»Du hast recht«, sagte er, »manchmal tut es gut, wenn man einen Zuhörer hat«, und dann brachte er die Story seines Lebens in der Variante für die alleinstehende Frau von 45 mit unerfüllten Muttersehnsüchten. Die Zahnarzthelferin-Variante hatte er intensiv geübt, aber je länger er diese abspulte – mit der Aussicht auf eine Schußfahrt durch Brüste aus Pulverschnee –, um so besser gefiel sie ihm. Vielleicht waren es die berühmten mittleren Jahre, das fünfte Jahrzehnt, das Jahrzehnt von Krise, Höllenfahrt und Läuterung, das der Story jetzt die entscheidenden Akzente verlieh. Vielleicht brauchte auch eine Story Kanten und Falten. Und graue Schläfen.

Als er fertig war, schlief sie mit offenem Mund, und im Schlaf sah sie eher aus wie 54, und als sie anfing zu schnarchen, rutschte Delgado langsam vom Bett und streifte seine Espadrilles über, bevor er geräuschlos mit ihrer Umhängetasche im Bad verschwand.

Die Avocado war glatt und kühl und fast reif. Er steckte sie in die Tasche – man konnte nie wissen. Dann fand er ihren Paß. »Irene Beifaß-Jiménez, 23. August 1941 in Mettmann, Wohnort Düsseldorf, s. S. 18« – er blätterte rasch um, dann fand er die Aufenthaltsgenehmigung, ausgestellt von der Verwaltung der Provinz Tenerife – und die Arbeitserlaubnis. Gültig für ein Jahr, ausgestellt vor einem halben Jahr in Santa Cruz de Tenerife. Na gut, die Schlampe bediente also im Köpi-Plaza oder beim Dicken Otto, Saisonarbeit, Strandgut, Fallobst, es gab sie zu Hunderten, und solange sie noch Figur machten, war es immer noch fideler als in Mettmann bei Horten im Schnellimbiß. Bloß daß die Schlampen vom Köpi kein kleines Vermögen mit sich herumschleppten, wenn sie sich ein Weekend auf La Palma gönnten.

Er steckte den Paß zurück. Die Börse, Delgado. Nun nimm dir schon endlich die Börse vor. Es war ein Handgriff, den er haßte und hinauszögerte, solange es nur ging, es war High Noon in der glühenden Mittagshitze, nur er und alle Bullen der Welt, es war der Sprung aus dem Flugzeug, das in Flammen stand. Es war eine Sache von zehn Sekunden, die dich für alle Zeiten festnageln konnte. Zieh's durch, Delgado. Entweder das, oder du darfst den Rest deines Lebens damit verbringen, beim Dicken Otto die Gläser zu spülen und von Pulverschnee zu träumen.

Er machte die Börse auf und entdeckte sofort den blauen Karton, der zwischen den Kreditkarten steckte. Kleingedruckt, in der linken oberen Ecke: »Irene Beifaß-Jiménez«. Großgedruckt, in der Mitte: »DETEKTEI EXPRESS – PUERTO DE SANTA CRUZ – TENERIFFA – DISKRETION IST OBERSTE DEVISE«.

»Allmächtige Scheiße«, flüsterte Delgado.

»Das kannst du ruhig laut sagen«, brummte Irene Beifaß-Jiménez, die in einem nachtblauen Frisiermantel in der Tür stand. Sie hatte sich sogar in aller Ruhe die Lippen nachgezogen, aber das, was sie in der Hand hielt, war die Waffe, die jetzt zählte – Delgado starrte direkt in den Lauf einer Pistole.

»Mach bloß keinen Scheiß«, flüsterte er. »Ich bekam plötzlich Hunger, da fiel mir die Avocado ein ...«

»Mach dich doch nicht kleiner, als du bist, Delgado.« Ihre Stimme klang nicht unfreundlich. »Oder sollte ich dich lieber Richard nennen?«

»Richard?«

»Du wirst doch nicht vergessen haben, unter welchem Namen du im deutschen Fahndungsbuch stehst.« Sie las von einem Zettel ab, den sie in der anderen Hand hatte. »Petri, Richard, 16-07-45 Rüdesheim, alias Dr. Richard

Penzler, alias Reinhold Pölzgen, alias Roland Palmer, Steuerhinterziehung, betrügerischer Bankrott, Urkundenfälschung, Devisenvergehen, Unterschlagung ...«

Es war eine Litanei in einer toten Sprache. Er hatte sie in all den Jahren an den Stränden und in den Häfen längst vergessen wie die toten Sprachen, die man am Gymnasium lernte – nicht für die Schule, sondern fürs Leben; aber wenn das Leben darin besteht, eine Flamme für die Nacht aufzutreiben und das Fahrgeld zur nächsten Insel, dann vergißt man, was Steuerhinterziehung bedeutet und betrügerischer Bankrott, und man lernt, ob man schon beim zweiten Glas die Zahnarzthelferinnen-Variante auftischt, in welchem Licht man den ersten Kuß anbringt und wann man am nächsten Morgen fragt: »Du, ob du mir aushelfen kannst?«

Er lachte und stand auf. »Und nun hast du mich also geschnappt. Ein toller Coup. Wieviel Kopfgeld bin ich denn der Staatsanwaltschaft noch wert?«

»Ich glaube, du brauchst noch einen Brandy, Delgado.«

Delgado klang gut. »Nichts dagegen.«

»Dann komm ins Zimmer, aber versuch nichts, was du bereuen müßtest.«

»Das habe ich längst hinter mir.«

Der Brandy schmeckte nach allem, was man noch vom Leben haben wollte. Irene verzichtete auf einen Drink.

»Seit wann machst du diesen dreckigen Job, Irene?«

»Ich war früher bei der Kripo in Mettmann. Und sauberer als das, was du machst, ist er allemal.«

»Ich weiß nicht, ob der Lockvogel zum Dieb sagen darf, daß sein Job sauberer ist.«

»Du gibst also zu, daß du ein Dieb bist?«

»Definition ist nicht meine Stärke.«

»Dann will ich mal deine Situation definieren, Schätzchen. Du stehst im deutschen Fahndungsbuch und auf der Fahndungsliste von Interpol, das heißt, nördlich der Linie Madrid-Rom-Athen kannst du dich nicht blicken lassen, egal, mit welchem gefälschten Paß. Der hier ist doch gefälscht?«

Sie zauberte ihn aus ihrem Frisiermantel, den guten spanischen Paß, den er im Winter in Bilbao einem ETA-Mann für ein kleines Vermögen abgekauft hatte, preisbewußt, wie Politische nun mal waren. Er mußte ihm beim Versuch, ihre Gletscherspalte zu erforschen, aus der Hose gerutscht sein. Und jetzt lag zwischen ihm und seinem Fluchtweg eine Knarre.

»Der ist nicht gefälscht«, flüsterte er. »Das bin ich – Juan Delgado – das ist mein Eigentum, du verdammte Düsseldorfer Bullennutte ...«

»Behalt die Flossen oben, Schätzchen. Ich bin mit der kleinen Lagebeschreibung noch nicht fertig. Da läuft nämlich noch eine Personenfahndung auf Teneriffa, wir haben das gecheckt mit der Guardia Civil. Die Travellerschecks, die du eingelöst hast, stammen aus einem Einbruchdiebstahl in Osnabrück.«

»Da sieh mal an, was in Deutschland los sein muß.«

»Es sieht nach ein paar Jahren in der Kiste aus, Delgado.«

»Du glaubst doch nicht, daß du es fertigbringst, mich in Teneriffa abzuliefern, du Luder.«

»Es reicht völlig, wenn ich dich bei der Guardia Civil in Los Llanos abliefere. Und dazu genügt ein Anruf.«

»Von der Kripo zu den Kopfjägern«, krächzte Delgado.

»Andererseits könnten wir natürlich auch einen Deal machen«, sagte sie ungerührt.

»Tut mir leid, ich bin pleite.«

»Du bist ein Desperado, Delgado. Und Desperados

taugen in deiner Branche nichts. Wenn du so weitermachst, nehmen sogar die Omis vor dir Reißaus.«

Sie schenkte ihm noch einen Brandy ein, wobei der Lauf ihrer Pistole genau auf sein Herz zielte. Ein schneller Schlag, und die Sache wäre ausgestanden gewesen. Aber für schnelle Schläge brauchte man eine ausgeruhte Hand. Und Amazonen wie Irene konnten garantiert Karate. Er trank lieber noch einen Schluck.

»Dafür taugen Desperados für andere Geschäfte«, sagte sie und stellte die Flasche auf ein Sideboard. »Wenn man nichts mehr zu verlieren hat, kann man doch eigentlich nur noch gewinnen.«

Hast du eine Ahnung, Schlampe, dachte Delgado und setzte das Glas an die Lippen, nippte aber nur. »Du hast von einem Deal gesprochen«, sagte er. »Worum geht es dabei?«

»Um Roberto Jiménez«, flüsterte Irene dramatisch. »Um einen Trip nach Westen, Delgado. Um eine Ladung Koks, die uns alle reich machen kann. Stinkreich.«

Die braucht keinen Brandy, wurde Delgado klar. Die hat einen Schatten weg, der alle schlägt. Die ist das pure Gift für einen Mann, der von seinem Schatten lebt. Jesus, ist die vielleicht bescheuert, dachte er, als sie ihm immer näher rückte mit ihrem roten Mund und ihrer Knarre und der Story, wie sie ihrem Ex-Mann eine Ladung Koks abjagen und in Düsseldorf verscheuern wollte – der schiere Wahnsinn. Dagegen sind ein paar Jahre in der Kiste direkt eine vergnügliche Veranstaltung, dachte Delgado, dagegen bist du der König der Vernünftigen, und dann schleuderte er ihr das Glas Brandy ins Gesicht und ließ sich gleichzeitig fallen und versuchte ihr die Beine wegzureißen, was ihm auch gelang. Dann lagen sie in einer wilden Umarmung auf dem Bett, und sie biß in seine Hand, die versuchte, an die Waffe zu kommen, und er schrie auf und hatte Sterne vor den Augen und drückte mit aller Kraft zu, und dann fiel der Schuß, und nach einer Ewigkeit wurde ihm klar, daß nicht er getroffen war, sondern das nachtblaue Bündel mitten im Bett, dieser bebende Hügel aus Pulverschnee, der sich rot färbte und stillhielt.

Als er an der Ecke war, fiel Delgado der Paß ein, aber noch im Laufen wußte er, daß es sinnlos war, danach zu suchen. Er lief weiter, und als die letzten Häuser hinter ihm lagen, ging die Sonne über den Bergen auf. Von der Straßenbiegung aus sah er über die Bucht von Tazacorte und blieb stehen. Er starrte hinaus auf das Meer, bis er merkte, daß ihm das Meer ganz gleichgültig war, und dann entdeckte er, an einen Baum gelehnt, den Landstreicher, aber als er weiterlief, stellte er fest, daß ihm noch etwas fehlte außer seinem Paß und seiner Zukunft. Er hatte keinen Schatten mehr.

lui 2/1986

Anfänger

So, jetzt ist es dann aber auch gut. Den ganzen Abend hat sich das kleckerlesweise hingezogen, mal ein Pöttchen, bei dem es sich gar nicht gelohnt hat, einzusteigen, und wenn dann doch was zusammengekommen war, ist keiner mitgegangen außer dem Neuen, dem Anfänger – zögernd hingezählte Lappen und dann der erstaunte Kindermund: »Ach, das war wohl doch ein Fehler, mitzuhalten ... Na ja, mitgegangen, mitgehangen, hehe!« So was kann einem alten Pokerhasen glatt einen Straight verderben, aber Kleinvieh macht bekanntlich auch Mist.

Einmal bei jedem Spiel rappelt es im Karton, dann zeigt die Zuckerpuppe Fortuna, daß unter ihren Jacketkronen zugespitzte Raffzähne liegen, Gifthauer, die Murnaus Vampiren Ehre gemacht hätten. Drei heiße Hände und ein Pott, der die Nacht versilbert. Das Spiel heißt Stud-Poker mit fünf Karten, die erste verdeckt, und wenn die fünfte Karte offen auf dem Tisch des Hauses liegt und du siehst, daß du einen Flush hältst, endlich mal ein Blatt, aus dem sich was machen läßt, dann kannst du die Schäfchen kommen lassen. Und sie kommen auch alle und blöken noch ein bißchen, wie Schafe das an sich haben, sie rupfen die Scheinchen aus und spucken sie brav in den Pott, dieser Straight, dieses Full House, diese Sucker, dieser Anfänger, der sich fast das Kinn ausreißt bei dem mühseligen Versuch, sich in Erinnerung zu rufen, welches Blatt seinen Dreier schlägt – fehlt nur noch, daß man ihm erlaubt, die Spielregeln neben sein Glas zu legen. Und dann sagst du: »Ich gehe mit und erhöhe um ...« Und du hast sie im Sack. Du hast den Pott. Den, der die Nacht versilbert. Den, den sich ein Profi nimmt.

Denkst du.

Denn genau in dem Augenblick, in dem du schon die Hand ausstreckst, deckt der Anfänger – er ist natürlich mitgegangen – seine verdeckte Karte auf und sagt mit einem irgendwie jämmerlichen Kiekser in der Kehle: »Ich weiß nicht, aber – ist mein Blatt nicht höher?«

Es ist höher. Es schlägt dich. Er hat den vierten Zehner oder sonst einen lausigen Stich, den du ihm nicht zugetraut hast – Anfänger bluffen wie die Blöden, Anfänger glauben, der Bluff macht's, dem Anfänger siehst du jeden Bluff an der Nasenspitze an –, er hat einen Poker und zieht jetzt mit diesen zögernden Fingern den ganzen Pott zu sich rüber und wirft dabei auch noch sein Glas um und sagt Sachen wie: »Das war sicher reines Glück«, und Fortuna, diese Hure, grinst dich aus seinem Kindermund an.

Natürlich wird der Anfänger noch in der gleichen Nacht nach allen Regeln der Kunst fertiggemacht, ausgezogen und nackt nach Hause geschickt, aber den Abend hat er dir doch verdorben. Es sind immer die Anfänger, die alles verderben.

Schon die Schulanfänger mußten vor dem kleinen Einmaleins oder der Deklination von *amicus* lernen, daß der Preis des Überlebens in der Meute nicht im Schönschreiben zu gewinnen ist und nicht am Tag der Versetzung ausgehändigt wird, sondern seinen Wert aus den Schmerzen der Anpassung bezieht. Je tiefer der Nacken gebeugt wird, desto größer der Genuß, wenn er sich aufrichten darf. Tatsächlich sind Schulen, zumal sogenannte höhere, ja nicht dazu da, um ein Wissen zu vermitteln, das selbst den Strebern später kaum noch nützt. Sie existieren als Exerzierfelder sozialer Abschleifung, als Gewöhnungsanstalten öffentlichen Unrechts, als gesellschaftliche Laboratorien, in denen der Staat diejenigen aussondert, die so klug sind, dumm zu bleiben. Je höher du in dieser Klassengesellschaft gestiegen bist, um so mehr haben die Anfänger den Appetit an deinen niederen Instinkten geweckt – und zugleich verdorben; indes sie dir nämlich nahelegten, deine Überlegenheit zu genießen und dich an ihrer Ignoranz zu weiden, verriet dir ihre störrische Blödheit, daß diese Anfänger noch mehr wußten als du, der eingebildete Lehrling des Überlebens. Mehr Schmerzen zu haben heißt, mehr zu wissen.

Anfänger sind auch deshalb abstoßend, weil ihr Leben so häßlich ist. Ich brauche nur an jene Zeit zu denken, als wir versuchten, einen Mai nicht nur in den Sommer, sondern auch in den Winter zu verlängern, eine Tätigkeit, die von 1968 bis Anfang der siebziger Jahre anhielt und für einige von uns so unterhaltsam gewesen sein muß, daß sie sie zu ihrem Lebensinhalt gemacht haben. Ich weiß nicht, ob ich schon an Altershalluzinationen leide, aber in der Erinnerung kommen mir jene Tage wie vergoldet vor, obwohl die Mädchen auch nicht alle blond gewesen sind. Allerdings gab es, war man damals im weitesten Sinne politisch tätig, immer eine Menge Mädchen, und dann gab es eine Menge Anfänger – und die Anfänger machten die Arbeit.

Als Anfänger – und darin unterschied sich unsere politische Basis, anders als in der Mädchenfrage, in nichts von der in den Altparteien – mußte man früh aus den Federn und ins Geschirr. Zur Frühschicht pünktlich in die Fabrik, agitieren, das machte jeden Mai zum November; nachmittags vier Stunden ökonomische Theorie, dazwischen ein eiliger Happen in der Mensa und Nachhilfestunden für Schulanfänger, damit das Zimmer in der WG nicht gekündigt wurde; und abends Gruppensitzung, Plenum, Kneipe, um dann, wenn die Revolution nach Liebe schrie, mit den anderen Anfängern in Trupps auszuschwärmen, Plakate zu kleben oder Parolen zu sprayen und womöglich von den Bütteln des Kapitals gegriffen zu werden und statt der Frühschicht in der Fabrik eine im Präsidium einzulegen, mit verschwitztem Hemd und Stempelfarbe und Leim an den Fingern. Richtigem Leim; dem Leim, auf den die Anfänger gehen.

Ein Sonderfall dieser Sorte Anfänger sind die literarischen Greenhorns, denn leider ist der Anfänger Ernest Hemingway in diesem Geschäft ein Einzelfall geblieben. Hemingway hatte eben ein paar Kurzgeschichten veröffentlicht und war daraufhin von Sherwood Anderson – einer Art amerikanischem Heinrich Böll der zwanziger Jahre – in dessen Verlag untergebracht worden. Für dieses Kompliment revanchierte sich der Anfänger Hemingway, indem er eine saftige (wenn auch ziemlich kindische) Anderson-Parodie schrieb und damit in einem anderen Verlag herauskam. Nicht ganz die feine Art, aber wenn einer in diesem Geschäft die vollen 15 Runden gehen will, kann er sich Feinheiten erst erlauben, wenn er in der ersten Runde nachhaltig auf sich aufmerksam gemacht hat. Und sei es mit einem Skandälchen.

Hemingway hatte es nicht nötig, eine Tagung der Gruppe 47 zu beschimpfen oder sich in Klagenfurt das Gesicht mit einem Rasiermesser aufzuritzen. Das Gewerbe des literarischen Anfängers scheint mir ohnehin auf den Hund zu kommen, seit die literarischen Anfänger auf den Word Processor gekommen sind. Wohin das führen wird, wenn die Redakteure und Lektoren nur noch Computerausdrucke zu lesen bekommen, die alle gleich aussehen, scheinen sich die Anfänger an ihren Schreibcomputern noch nicht klargemacht zu haben. In Zukunft wird nämlich ein Knopfdruck genügen, und schon kann der Lektor/Redakteur einen allzu aufdringlichen Anfänger und alle seine Texte, die sich wie alle anderen Texte lesen, modemweise lahmlegen. Was ja auch ein neuer Anfang wäre.

Abstoßend am Anfänger auch der Masochismus, der bei keinem anderen der Spezies so erschreckend zu Tage tritt wie beim politischen Anfänger. Seine Praktiken dürften den nur sexuell Behinderten die Schamröte ins Gesicht treiben, träten sie mit ihm in einen direkteren Kontakt als den in der parlamentarischen Demokratie unbedingt notwendigen. Jedenfalls stellen sich mir die Wünsche gewisser Inserenten von Kleinanzeigen unserer Stadtzeitungen (»Dominanter Herr mit Sklave sucht noch für Erziehung soft-hart dominante oder devote Sie«, *Münchner Stadtzeitung* 10/1986) weitaus harmloser, ja im Zweifelsfall auch durchaus plausibler dar als etwa die Anstandskampagne des Kanzlerkandidaten-Anfängers Johannes Rau, mit der dieser nach dem US-libyschen Bomb-out im Frühjahr 1986 flächendeckend in überregionalen Printmedien ein ganzes (Wahl-) Volk zu umarmen drohte. Überhaupt scheint dieser Anfänger mit seiner Weigerung, sich notfalls auch mit Stimmen der Grünen zum Kanzler wählen zu lassen, gewillt, die im gewiß schwierigen Terrain der Kanzlerkandidatensuche gesteckten Claims des politischen Masochismus in Bereiche zu verschieben, die für einen Wähler, der sich im Rahmen unserer freiheitlich-sexuellen Grundordnung für stinknormal hält, nicht mehr auszuloten sind. Gewiß, auch Jesus war ein Anfänger; aber hat Er nicht auch, indem Er damit anfing, zugleich schon damit Schluß gemacht?

Was man manchen Anfängern im Freizeitsport nur dringend zur Nachahmung empfehlen möchte. Wer hat sie nicht schon mit Horror zur Kenntnis genommen, wenn er an einem linden Sommervormittag den naheliegenden Weg vom Stehausschank zum Biergarten für sich lustwandelte – plötzlich ein Stampfen, ein Schnauben in der allenfalls durchschnittlich verseuchten Luft, als sei ein apokalyptischer Reiter von der Horde versprengt worden; es handelt sich jedoch um einen Pykniker in mittleren Jahren, violett-fahl im Gesicht, angetan mit dem Feinsten, das der Sport-Scheck für Jogging auf Lager hält. Die Augen sind nach innen verzerrt, auf die Lungen, die an der Schmerzgrenze rasseln; Schweiß- und Spuckeflokken stieben über den Gehweg wie fall-out von Marathon; aber die Beine tragen ihn davon, indes dem Dackel, der an seinen Gürtel geleint ist, genug Muße bleibt, um im Weiterwatscheln seinen frischen Beitrag zur Kostenexplosion im städtischen Reinigungswesen zu leisten.

Anfänger – ob sie nun Auto fahren, Kanzler werden, Poker spielen, Gedichte schreiben, Rosen züchten oder sexuell zur Sache kommen möchten – erregen niemals unser Mitgefühl, sondern nur Hohngelächter, Schadenfreude, Abneigung, Haß und wohl auch Ekel. Zugegeben, auch ich bin nicht auf jedem Gebiet Profi; aber in der Regel hält mich dann auch nicht nur mein angeborenes Gefühl für Schicklichkeit, sondern viel mehr noch mein Instinkt für brenzlige Situationen und meine hochentwickelte Angst davor, mich lächerlich zu machen, davon ab, auf ein Surfbrett oder ein Polopferd zu steigen, mich um die Kanzlerkandidatur zu bewerben oder mit einem Eurocheque die Bank von Monte Carlo zu sprengen. Um beim Zocken zu bleiben: Anfänger könnten sich viel Zeit und manchen Überziehungszins ersparen, wenn sie das beste Buch, das je über das Spielen geschrieben wurde, Dostojewskis *Der Spieler*, lesen würden, ehe sie eine Karte anfassen oder einem Kasinoangestellten ihre Verhältnisse offenlegen, und bevor sie ihre sicher zahlreichen Talente an etwas verschwenden, von dem nur Profis etwas verstehen, wie Dostojewski einer war und sie beschrieben hat: »Wie ich aus dem Kurhaus hinaustrete – fühle ich plötzlich, daß in meiner Westentasche noch ein Gulden steckt. ›Ah, da habe ich ja noch etwas, wofür ich zu Mittag speisen kann!‹ dachte ich bei mir, doch – keine hundert Schritte weiter hatte ich mich anders bedacht und kehrte zurück. Ich setzte den Gulden auf Manque (damals war gerade Manque an der Reihe), und wirklich es liegt etwas Eigentümliches in unserem Gefühl und Bewußtsein, wenn man ganz allein in der Fremde, fern von der Heimat, fern von Freunden und Bekannten, ohne zu wissen, was man essen und wo man schlafen wird, den letzten, den allerletzten Gulden aufs Spiel setzt!«

Wer so viel weiß, weiß so gut wie alles über Schmerzen; und wer so gut wie alles über Schmerzen weiß, hat immer nur angefangen, als er schon alles wußte.

Aber die Anfänger wissen ja meist nichts. Sie spielen oder schwafeln so naßforsch mit aufgeschnappten Brokken, daß sie nicht einmal zum Mitleid taugen.

Gerade hat mein Tennislehrer angerufen. Seit einem halben Jahr versucht er, meine Haltung zu korrigieren. Ich soll meine Schulter fallen lassen. »Lassen Sie die Schulter fallen!« ruft er immer wieder. »Sie sind doch nicht Atlas, der die Welt auf seinen Schultern trägt!« Aber genau das ist es. Auf den Schultern der Anfänger ruht die Welt, denn ohne Anfänger geht sie nicht weiter.

TransAtlantik 3/1986

Ein Kaff greift nach den Sternen

Wenn Fakten alles wären, dann genügten vier davon, um die Karriere von Ottobrunn zu erfassen.

Erstens: Nach dem Ersten Weltkrieg gaben 96 Schrebergärtner ihrer pauveren Waldsiedlung den Namen Ottobrunn.

Zweitens: 1943 nahmen rund 2000 Ottobrunner den Zuzug der KZ-Außenstelle Dachau zur Kenntnis.

Drittens: 1958 eröffnet in Ottobrunn die Bölkow Entwicklung KG, aus deren Fusionen Messerschmitt-Bölkow-Blohm, die MBB, entsteht.

Viertens: Im November 1985 schreibt die *New York Times*: »MBB, Westdeutschlands größte Raumfahrtfirma, könnte die Raumplattform SPAS liefern ... einen wichtigen Teil des ›Krieg der Sterne‹-Systems ...« Und der Ottobrunner Bürgermeister Dr. Horst Stähler-May klagt über seine Bürger: »Der Problempunkt in Ottobrunn ist die hohe Intelligenz. Das ist eine Denkfabrik erster Güte. Von den 21 000 Einwohnern sind 17 000 Akademiker. Und davon glauben 15 000, völlig zu Unrecht vom Nobelpreis ausgeschlossen zu sein. Diese Bevölkerung ist nicht leicht zufriedenzustellen.«

Dabei gibt sich der Bürgermeister doch so viel Mühe. Da ist beispielsweise die neue Ortsmitte. 500 Millionen Mark hat sie gekostet, und jetzt steht sie im leichten Schneegestöber da wie eine Filmkulisse, ein Pappmachédekor direkt an der Rosenheimer Landstraße. Die weißen Häuser mit ihren modischen Rundbögen und verschnörkelten Linien entfalten eine Art Puppenhäusercharme, zu dem wesentlich der Eindruck beiträgt, sie seien so gut wie unbewohnt.

In den neuen Boutiquen sind viele Verkäuferinnen zu

sehen, sie stehen starr wie Wachspuppen – keine Kunden. Dabei hat man die Preise für italienische Schuhe und französische Dessous drastisch herabgesetzt (aber immer noch so teuer wie bei feinen Münchner Adressen). Leben spielt sich um diese Zeit in der Ortsmitte, in der man den frischen Verputz noch zu riechen glaubt, nur bei McDonald's und im Café ab, wo der Cappuccino ungenießbar, die Croissants aus und die Bedienungen ländlich-freundlich und langsam sind. Auf jedem Dorfplatz wäre der Auftrieb größer.

Gleich über der Rathausstraße liegen dann das neue Rathaus und das Bürgerhaus, an dem noch gewerkelt wird, ein merkwürdiger Klinkerbau mit einem Dach, das an chinesische Tempel erinnert. In seinem geräumigen Amtszimmer mit Blick auf die Ortsmitte sitzt der Erste Bürgermeister von Ottobrunn, Dr. Horst Stähler-May, ein wuseliger Mann in jenem unbestimmbaren Alter, in dem Männer keine Zeit mehr haben, sondern nur noch funktionieren. Aber hinter der randlosen Brille kann man augenzwinkernden Schalk erkennen. Wenn Dr. Stähler-May den Mund aufmacht und man den Hessen heraushört, der Spaß an der Freud' hat, dann kann man relaxen. Das sollte man auch, denn der Erste Bürgermeister redet wie ein Wasserfall.

»Ich bin wie die Jungfrau zum Kind in die Kommunalpolitik gekommen«, legt er los. Hauptberuflich sei er eigentlich Universitätsprofessor für Verfassungsrecht und Völkerrecht an der Bundeswehrhochschule in Neubiberg. Dann habe er sich Anfang der 70er Jahre ein Häuschen in Ottobrunn gekauft – damals gab es so etwas noch für 130000 Mark, erinnert er sich schmunzelnd –, und da habe man ihn gedrängt, in die CSU zu gehen. Die brauche junge, dynamische Leute für diese junge, dynamische Gemeinde. »Ich bin dann gleich Zweiter Bürgermeister geworden und 1977 als Nachfolger des Altbürgermeisters Leiß zum Ersten Bürgermeister gewählt und 1984 mit rund 65 Prozent wiedergewählt worden. Die Kommunalpolitik macht mir Spaß, weil wir hier das 500-Millionen-Projekt errichten mit der Ortsmitte. Und das ist für jemand, der nur der Theorie gedient hat, sehr interessant, die Lehre vom Staat auf der kleinsten Ebene realisieren zu dürfen.«

Das sehe ich ein. Zumal mit einer so potenten Firma wie der MBB.

»Ottobrunn war eine arme Waldsiedlung und hat sich durch MBB zu dem – so sagen Fachleute – bedeutendsten Ingenieurzentrum Europas entwickelt. Hier arbeiten 10000 Wissenschaftler an der Technologie dieses und des kommenden Jahrhunderts.«

Dann müssen die Steuern ja ...

»MBB ist für uns finanziell nicht sehr interessant«, wiegelt Dr. Stähler-May ab. »Was die machen, ist ja rein wissenschaftliche Forschung. Die stellen gewerbemäßig dort nichts her.«

Aber es gibt vieles in diesem »Kraftfeld von High Tech«, was der Bürgermeister interessant findet: »Interessant sind die Arbeitsplätze, der geistige Austausch. Wir haben ja eine Art Silicon Valley hier mit Siemens und der Universität der Bundeswehr, das bringt eine interessante Bevölkerungsstruktur. Meine alte Rede: Wir sind fast zu intelligent hier. Wir leiden fast an unserer hohen Intelligenz, an unserem Image. Ah, die Ottobrunner Geistesathleten, heißt es dann bei den Nachbarn, die wollen wieder etwas ganz Besonderes. Die Verwurzelung ist unser Hauptproblem. Wir müssen das Wir-Gefühl schaffen, das Gemeinschaftsgefühl steigern. Diese Bevölkerung kommt doch aus ganz Deutschland, aus der ganzen Welt. Die sitzen auf ihren Koffern und denken, in zehn Jahren bin ich wieder weg. Aber die Kinder sollen sich als Ottobrunner Bayern fühlen.«

Seit mehr als 150 Jahren erinnert hart am Rand der Rosenheimer Landstraße, am Ortsausgang von Ottobrunn, die Ottosäule an das griechische Kapitel der bayerischen Geschichte. Über die Rosenheimer Landstraße zog 1832 das bayerische Korps unter Prinz Otto südwärts nach Hellas, wo Otto nach der Vertreibung der Türken auf dem Königsthron den Ruhm des Hauses Wittelsbach mehren sollte. Die Hellenen bedankten sich, knapp 30 Jahre später, für das bayerische Bier und den Wiederaufbau der Akropolis auf ihre Weise – sie jagten den König Otto einfach davon.

Generationen von Ausflüglern blickten zu Ottos Büste auf – lange bevor je ein Otto zu Filmruhm gelangen sollte. Und Otto dort oben blickte auf den Wald hinab, genauer: auf den Hohenbrunner Forst. Erst nach der Jahrhundertwende begannen Stadtflüchtige Schneisen in diesen Wald zu schlagen. Allmählich entstand eine Kolonie, um die moderne Aussteiger die Siedlungspioniere beneiden möchten: kein Wasser, keine Kanalisation, kein Licht, ganz zu schweigen von Sozialstationen, Kitas und Kommunikationszentren. Erst nach dem Ersten Weltkrieg wurde eine Haltestelle an der Bahnlinie zwischen München-Ost und Aying eingerichtet – gewichtiger Grund, der Kleingärtnerkolonie endlich einen Namen zu verpassen: Ottobrunn. Arbeiter, Gewerbetreibende und Beamte zogen hinzu und legten hier ihr Erspartes an. 1925 entstand ein Interessenverein.

Das deutsche Siedlungs- und Vereinsleben lenkte also früh in ordentliche Bahnen, was hier draußen im Wald ein Stück Freiheit gesucht hatte. Die Unterhachinger Bauern, denen der Wald gehörte, gaben ihn billig her. Mit den Nazis kam dann endgültig Ordnung. Leider entwertete der Bau des Flughafens Neubiberg zunächst den Ottobrunner Grundbesitz. Die Gleichschaltung machte vor dem Interessenverband Ottobrunn nicht halt, der 1936 in die Arbeitsgemeinschaft Bund Naturschutz als Obst- und Gartenbauverein Ottobrunn überführt wurde. Die Bevölkerungszahl war von 96 Personen im Jahr 1912 auf knapp 2000 im Jahr 1942 angestiegen. Als die alliierten Bombengeschwader schon dabei waren, Deutschlands Städte in Trümmer zu legen, 1943, nach Stalingrad, tauchten an der Ottosäule Wachmannschaften und Häftlinge auf. Aus dem KZ Dachau.

Die Geschichte der KZ-Außenstelle Dachau in Ottobrunn erfahre ich von Ottobrunner Gymnasiasten, die sie jahrelang recherchiert haben. Sie haben im Bayerischen Staatsarchiv Berge von Akten studiert, von denen die meisten inzwischen vernichtet sein dürften. Denn nach 40 Jahren werden Akten, die nicht von öffentlichem Interesse sind, aus dem Verkehr gezogen. Dem Kulturausschuß des Gemeinderats waren mehrere Briefe der Schüler in dieser Sache keine Antwort wert. Einer Veranstaltung zum Thema blieb der Gemeinderat fern.

Die Außenstelle Ottobrunn des KZ Dachau wurde im März 1944 in Betrieb genommen. Die 300 bis 400 Häftlinge hatten beim Bau der Luftforschungsanstalt München (LFM) Hand anzulegen, deren Ingenieure neue Flugzeugtypen entwickeln und so den Krieg noch für Hitler gewinnen sollten. Im Lager waren vorwiegend Homosexuelle, Zeugen Jehovas, politische Häftlinge und sogenannte Asoziale. In einem separaten Kriegsgefangenenlager saßen russische Offiziere und holländische Soldaten ein. Mindestens zwei Erhängungen haben die Ottobrunner Schüler nachgewiesen. Amerikanische Truppen öffneten am 1. Mai 1945 die Lagertore.

Die Wachmannschaften tauchten unter; einem einzigen Verantwortlichen, dem stellvertretenden Lagerleiter, wurde der Prozeß gemacht. Er erhielt eine Bagatellstrafe. Das Lager blieb stehen. Nach den KZ-Häftlingen und Kriegsgefangenen brachte man hier nun Ausgebombte, Flüchtlinge, dann ein Lazarett unter. Erst 1965/66 wurden die Baracken abgerissen, um Platz für eine neue Siedlung zu machen, deren Straßen Vogelnamen tragen.

Es ist heute eine nette, gepflegte Siedlung und überaus günstig gelegen, nur ein paar Minuten von MBB entfernt, denn auf dem Gelände der LFM und in den Gebäuden, die die KZ-Häftlinge errichtet hatten, fing schließlich Bölkow mit seiner Produktion an. Der Bund, vertreten durch den damaligen Verteidigungsminister Franz Josef Strauß, hatte dem Ingenieurbüro Bölkow, dem die angestammte Stuttgarter Klitsche zu klein geworden war, den Standort im Bayerischen angeboten.

Inzwischen sind die Holzflugzeuge, die Ludwig Bölkow als ersten Beitrag zur bundesdeutschen Luftfahrtindustrie bauen ließ, ebenso Legende wie die Holzpanzer, Typ HS-30, die sein Auftraggeber Strauß seinerzeit auf Kosten des Bundes einkaufte. Flugzeugbau und Rüstungsindustrie sind Ottobrunner Alltag geworden wie der allfällige Schutz vor Attentätern. Seit Ernst Zimmermann, Boß der Rüstungsfirma und Daimler-Benz-Tochter MTU, eines frühen Morgens angeblich von RAF-Aktivisten hinterrücks erschossen wurde, haben Ottobrunner Fabrikanten ihre Gartentore elektronisch gesichert, und ihre Firmengelände sind an ein Alarmsystem der örtlichen Polizei angeschlossen.

Doch nicht die Sicherheit beschäftigt Ottobrunn, sondern die Kultur. »Unsere Kulturarbeit ist beachtlich höher dimensioniert als andernorts«, rühmt sich Bürgermeister Dr. Stähler-May. Er kenne die Einwände. Das sei doch zwei Nummern zu groß für ein Kaff wie Ottobrunn. Aber so sprächen nur die Neider. »Gewiß, es hat 40 Millionen gekostet. Aber das ist noch verkraftbar. Wir müssen einen sehr teuren und bunten Blumenstrauß binden. Schließlich können wir nicht wie ein Kaufhaus eröffnen und dann nur lauter Pappkartons und alte Schuhe hinstellen.« Außerdem: Trotz aller Baumaßnahmen käme man in Ottobrunn mit gerade 1000 Mark Pro-Kopf-Verschuldung hin. »Denken Sie an meine Heimatstadt Limburg: 5000 Mark! Oder an Bremerhaven: 10000 Mark!«

Da ist dann auch das 500-Millionen-Ding in der Ortsmitte mit seinen leeren Boutiquen und geschlossenen Geschäften kein bedrohliches Problem mehr. Und wenn es tausendmal im nur wenige Autominuten entfernten München alles besser sortiert und ein wenig billiger gibt.

»Die fünfte oder sechste Boutique war eben kein Bedürfnis mehr«, meint der Bürgermeister aus Limburg, der früher Völkerrechtler war. »Das Problem ist, daß die geplante Markthalle noch nicht soweit ist. Das Problem ist, daß es Leute gibt, die mit Lust die Ortsmitte schlechtmachen. Und dann dieser Idiot, der uns immer die Tiefgarage anzündet. Schäden in Millionenhöhe, das ist negativ für unser fragiles Selbstverständnis.«

Mit Feuerteufeln hat es in Ottobrunn seine Tradition. Später erfahre ich von dem Schüler, der in den 70er Jahren zweimal das Gymnasium in Brand gesteckt und beim zweitenmal Selbstmord begangen hat. Die Tiefgarage soll auch als Atombunker fungieren. Im Ernstfall, der bei MBB durchgerechnet und in Ottobrunn, wie überall, verdrängt wird. Für Hinweise, die zur Ergreifung des Brandstifters führen, wurden im Januar 1986 130000 Mark ausgesetzt.

Die Rosenheimer Landstraße zerschneidet die Gemeinde, eine Abgaspiste, gesäumt von Hotels. Das auf der westlichen Seite heißt *Atlantic*, das auf der östlichen *Pacific*. Tankstellen, Supermärkte, Siedlungskästen, Garagen, fliegende Händler, schäbige Einfamilienhäuser wie überall. Aber auch letzte unbebaute Grasnarben. An der Rosenheimer Landstraße ist noch ein Rest von Aufbruchstimmung.

Robert Hetz zum Beispiel wirkt in seinem Büro im dritten Stock des Rathauses wie ein rastloser Gschaftlhuber – obwohl er seit kurzem im Ruhestand lebt. Er ist Mitbegründer und zweiter Vorsitzender des Kulturkreises Ottobrunn, war vordem Malsaalleiter der Bayerischen Staatsoper, ist ein berühmter Hinterglasmaler und sudetendeutscher Familienpatriarch. Ich befrage ihn zum Nachkrieg, als Ottobrunn, wie der Pfarrer noch 1952 ausrief, »Missionsland« war, berüchtigt wegen seiner Barakken, seiner kriminellen Banden, seiner sozialen Not. Robert Hetz war Nachtjäger gewesen, in Neubiberg stationiert, holte dann seine Familie nach, schlug Wurzeln. Vom Nachkrieg will er nichts mehr wissen, für ihn war das ein organischer Prozeß: »Es hat sich so ergeben, daß wir hier angefangen haben, uns zu etablieren. Wir haben eine Siedlungsgenossenschaft gegründet und sind dann in den Vorteil von Hilfsgeldern gekommen. Wir mußten entweder Ausgebombte sein oder Vertriebene oder politisch Verfolgte. Wir haben dann die ersten Häusel gebaut nach 1948, davon stehen jetzt noch 30. Und jedes Jahr haben wir ein Siedlerfest. Den Boden haben wir bekommen für eine Mark pro Quadratmeter, jeder 500 Quadratmeter Grund. Die Häusel haben uns 12000 Mark gekostet. So hat sich das in Ottobrunn ein bissel zusammengeschweißt.«

Man kann in Ottobrunn zusammensitzen, mit wem man will – Journalist, Lehrer, Putzfrau, Ingenieur –, unweigerlich kommt nach dem Wetter, den Befindlichkeiten und dem notwendigsten Small talk die Rede auf die Immobilie. Über den Grundstückspreis sprechen Ottobrunner wie Börsianer über den Goldpreis. »Damals, als er plötzlich absackte ...« »Mein Mann sagt, bald wird er auf 1200 klettern ...« Und seit neuestem sprechen die Ottobrunner auch über Kultur, genauer über das, was die Kultur sie plötzlich kosten soll: über das Bürgerhaus, wo das Kulturleben sich abspielen soll, das 40-Millionen-Ding. »Haben Sie das Dach gesehen?« fragt mich Robert Hetz etwas atemlos. »Chinesisch! Wie in Peking! Aber es muß ja immer etwas Besonderes sein!« Hetz vermißt die festen bayerischen Bauelemente in der Ortsmitte. Sie ist ihm zu modisch. Das Rathaus hat er, obwohl er das Innere mit dem Brunnen, den geschwungenen Treppen, den luftigen Räumen herrlich findet, schon ganz drastisch »Verwaltungsvollzugsanstalt« genannt.

Die Sudetendeutsche Landsmannschaft ist in Ottobrunn ein starkes Element. Sie hat nicht nur den Dirigenten des Sängerkreises gestellt und auch den ersten Maibaum – »einen richtigen Maibaum, nicht so ein Stangl wie heute« –, aus ihr ist auch die Faschingsgarde entstanden, und der erste Faschingsprinz war der Schwiegersohn von Robert Hetz.

»Der Schwiegersohn, der Schwager«, erzählt Robert Hetz, »alle sind bei MBB, sogar die Enkelin, eine Modezeichnerin, ist dort als Grafikerin. Es ist eben alles ein bissel abhängig.«

Der Tagungsraum im riesigen Sportzentrum am Haidgraben – einen Hüpfer entfernt vom NATO-Zaun, der MBB umgibt – ist überfüllt. Angesagt ist ein Treffen der Vereinsvorstände mit dem Ersten Bürgermeister und

Herrn Burbach, dem Leiter des Bürgerhauses und Kulturmanager von Ottobrunn. Der Tagungsraum dient auch dem Fasching. Die Stirnwand ist mit weiß-blauen Wölkchen dekoriert, Luftballons in Würstlform, Planeten aus Pappmaché.

Das Fräulein am Tresen läßt uns wissen, Bier, Weißbier, Limo gingen auf den Bürgermeister. Dann drückt man uns Grundrisse in die Hand und den Spielplan für die Saison 1986/87. Ich habe nicht schlecht gestaunt. Schauspiel, Oper, Ballett, Konzerte, Musical, Kleinkunst, Jazz – in Ottobrunn wird ab Herbst 1986 das Tourneetheater und die Veranstaltungsbranche Kasse machen. Mittwochabend *La Traviata* von der Compagnia d'Opera Italiana, Samstagabend *Wie es Euch gefällt* in der Inszenierung von Boleslaw Barlog. Am 13.11.1986 *Endstation Sehnsucht* mit Monika Lundi, am 15.11.1986 *Mephisto* mit Klaus-Maria Brandauer. Auf *Zärtliche Bande* mit Karin Eickelbaum folgt die *Natural Theatre Company* und auf die Volksbühne Neubiberg-Ottobrunn die Bosl-Stiftung. Warschau, Budapest, Mailand, New York – Bretter, die die Welt bedeuten, knarren bald auch in Ottobrunn. Dr. Stähler-May ergreift das Wort und hat sein Publikum – an die 80 bodenständige Bürger, das reife Alter, in dem man es zu Vereinswürden gebracht hat, überwiegt – bald im Griff. Das Bürgerhaus sei im Gespräch, erklärt der Bürgermeister. Manche meinten, man müsse etwas unternehmen gegen falsche Darstellungen in der Presse. In einem freien Land dürfe aber jeder schreiben, was er wolle, und er halte es mit Churchill, der bekanntlich gesagt habe, wichtig sei nicht, *was* in der Zeitung, sondern *daß* etwas in der Zeitung stehe. Churchill kommt gut an. Dafür haben sie sich ihn geholt, den Profi von der Bundeswehr.

Man habe nun ja auch einen würdigen Namen für das Bürgerhaus gefunden, flicht Dr. Stähler-May ein. Wolf-

Ferrari sei ein bedeutender Komponist von Weltrang gewesen, was in Deutschland leider nicht jeder wisse, dazu ein langjähriger Bürger Ottobrunns, ein Kulturträger erster Güte sei der Pate des Bürgerhauses.

Einige wenige Miesepeter – die Stimme des Bürgermeisters trieft vor Hohn –, einige berufsmäßige Pessimisten verbreiteten Gerüchte, das Bürgerhaus sei am Bürger vorbeigeplant worden. Er trete dem mit aller Schärfe entgegen. Nur um es an einem Zahlenbeispiel zu verdeutlichen: Wenn alle Räume genutzt würden, biete das Bürgerhaus an einem Abend 2200 Bürgern für Veranstaltungen Raum, mit den Keglern, den Schützen, den Fotoliebhabern und einer Dichterlesung seien es sogar 2500 Bürger. Mit anderen Worten, man könne in acht Tagen die gesamte Bevölkerung Ottobrunns im Bürgerhaus unterbringen.

Dr. Stähler-May nimmt das zustimmende Gemurmel knapp zur Kenntnis. Bisher habe man den Mangel verwaltet, in Zukunft verwalte man hingegen die Fülle. Er habe auch gelesen, das Ganze sei zu großkopfert für die Gemeinde. Aber wo leben wir eigentlich? Man habe hier ein magisches Dreieck weltweiter Unternehmen. Man habe mit MBB eine Denkfabrik erster Güte, mit der Universität der Bundeswehr eine hochmoderne Universität von höchster geistiger Potenz, mit Siemens in Perlach ein wissenschaftliches Zentrum erster Klasse – und dazu noch die große bayerische Bildungsträgerin, den Kulturkreis! Und nun gilt es, die letzte Lücke zu füllen.

Dr. Stähler-May nimmt den Beifall routiniert entgegen und führt dann Herrn Burbach als den Leiter des Wolf-Ferrari-Hauses ein, einen echten Profi, keinen selbsternannten. Der hat zuvor mit großen Erfolgen das Kulturleben in Lindau mitgestaltet. Manche munkeln, die Lindauer seien heilfroh gewesen, als sie ihn loswurden. Rainer Burbach steht zunächst nicht auf. Dann spricht er zu leise und hat das Publikum im Handumdrehen gegen sich. Von seinen Worten bleibt nur hängen, daß alle Räume im Wolf-Ferrari-Haus bewirtschaftet seien und man dort jederzeit seinen Leberkäs bekommen könne.

Die Vereine melden sich zu Wort, bringen Bedenken vor, Mißtrauen, Kritik. Der Vertreter des Obst- und Gartenbauvereins gibt zu bedenken, sein Verein feiere im nächsten Jahr das 75jährige Bestehen, und man habe für den Herbst 1987 eine große Ausstellung geplant. Müsse man da jetzt schon den Großen Saal buchen? Und was, wenn dann die *Aida* gespielt werde? Bei ihnen komme doch alles auf das Wetter an, wer wisse schon, was für ein Wetter im Herbst 1987 sei?

Nun spricht Benno Anderl, ein bekannter Mann in Ottobrunn, Berichterstatter des konservativen *Münchner Merkur*. Wenn er aus der geplanten Gebührenordnung zitieren dürfe, dann koste der Große Saal 950 Mark Miete plus 95 extra plus Bühne plus Orchestergraben plus Putzfrau und Garderobenfrau und Klofrau, wer könne sich das denn noch leisten? Wenn die Vereine das umlegten, dann müßten sie bei Veranstaltungen 30 Mark Eintritt nehmen. Es liege, beschwichtigt Dr. Stähler-May den Nörgler, im Ermessen der Gemeinde, ob man das bezuschusse.

Es geht ums Geld. Ottobrunn ist eine teure Stadt. Jeder muß sehen, wo er bleibt, auch der Bürgermeister. Deswegen hat er ja auch vor Jahren, als er endlich die 20 000. Einwohnerin Ottobrunns amtlich ausgemacht hatte, aufgeatmet und sofort die Gehaltserhöhung beantragt, die ihm nach der Bayerischen Gemeindeordnung auch zustand. Sein Pech war damals, daß die Zahl 20 000 auch die magische Zahl des horizontalen Gewerbes ist – unter bestimmten Voraussetzungen müssen Gemeinden dann die Prostitution zulassen. Kaum hatte sich aber eine

Schöne aus Thailand in Ottobrunn niedergelassen und ihre Dienste offeriert, schlug der Bürgermeister in seiner Eigenschaft als Saubermann zu und legte sich auch vor Gericht mit den Anwälten der Dame an. Einmal war Ottobrunn nicht wegen der MBB in den Schlagzeilen. Inzwischen hat Dr. Stähler-May seine 400 Mark Gehalt mehr, und das Establissement *Schickeria* im Gewerbeviertel gilt unter Insidern als Geheimtip.

Der Hundt ist der Größte, heißt es in Ottobrunn. Das bezieht sich nicht nur auf das Supergardemaß des athletischen Fünfzigjährigen. Wolfgang Hundt, gebürtiger Oberfranke und bei der Sperry-Corporation (Luftfahrt, High Tech, Rüstung) tätig, ist seit knapp zehn Jahren Chef der 300 Mitglieder starken Ottobrunner CSU. Lässig steuert er seinen Mercedes durch den Regen.

»Ich tendierte vor 1969 zur FDP«, erzählt er im Auto, »aber als die nach links schwenkte, schied sie für mich aus. Ich habe mich bei der SPD umgesehen. Da gab es durchaus Punkte, mit denen ich einverstanden sein konnte, aber die CSU stand mir doch näher.«

Der Regen steht wie eine Wand vor dem Wald. In den Bauernhöfen ist kaum noch Licht. Es sind große, reiche Höfe. Oberbayern, der reichste bayerische Bezirk, hat den größten Nutzen aus dem neuen bayerischen Reichtum gezogen, den die Strukturpolitik der CSU ins Land gebracht hat. Wir fahren am Munitionsdepot der Bundeswehr vorbei. Dann sitzen wir im »Hofbräustüberl«, der gediegen renovierten Traditionsgaststätte im traditionsschwachen Ottobrunn. Deshalb hat man es dem Pächter auch nicht durchgehen lassen, als er abreißen wollte. Das Essen ist vorzüglich.

Auch die CSU leiste, so Wolfgang Hundt, Vorzügliches für Bayern. Wie man Bayern nach dem Krieg hochgebracht habe von einem Agrarstaat zu einem der modernsten, wenn nicht dem modernsten Industriestaat Europas, und das ganz in den alten Traditionen und ohne das Erbe zu verleugnen, das sei eben nur möglich gewesen durch eine weit vorausschauende Politik. Und wie im großen Bayern, so spezifisch in der Region München und in Ottobrunn. Wenn es dagegen nach der SPD gegangen wäre, dann wäre Bayern noch heute ein Agrarland, und in Ottobrunn würden sich Fuchs und Hase gute Nacht sagen. Ich solle mal jemanden fragen, ob er nach Bremen ziehen wolle. Aber 14 Millionen Deutsche wollten in München leben.

Ich nehme noch einen Bissen Spanferkel und frage Herrn Hundt nach dem Erfolgsrezept der CSU. Er erklärt es mir an einem Beispiel, am Schützenverein.

»In Ottobrunn gab es keinen Schützenverein. Es lag aber nahe, einen zu gründen. Denn ein Schützenverein ist ein Traditionsverein, und Traditionsvereine brauchen wir. Ein paar andere und ich haben also den Schützenverein aus der Taufe gehoben. Da hieß es zuerst: Also zu den Schwarzen geh ich net. Aber heute hat der Schützenverein über 80 Mitglieder. Und die meisten sind in der CSU. Und jetzt bekommen sie ja auch einen Schießstand im Bürgerhauskeller, der zusätzlich 700 000 Mark kosten soll.«

Wolfgang Hundt lächelt breit und trinkt einen behaglichen Schluck von seinem Weißbier. »Aber wissen Sie auch, daß der Schützenverein der einzige Verein ist, der im Bürgerhaus selbst investiert hat? Die Schießbahn kostet zusätzlich 700 000 Mark, okay. An Eigenleistung erbringt der Schützenverein 430 000 Mark – Hypotheken, Nebenarbeiten, wir haben ja viele Handwerker dabei. An Zuschüssen vom Staat bekommt der Schützenverein aber 520 000 Mark – der Freistaat Bayern läßt sich seine

Vereine nämlich auch etwas kosten. bleiben also 250000 Mark unterm Strich – und zwar als Positiva. Sehen Sie, es ist doch ganz einfach: Man muß nur Lücken entdecken und sie ausfüllen. Das honoriert der Bürger dann auch.«

Herr Hundt ist ein gewandter Plauderer, man kann sich gut mit ihm unterhalten, auch über Popmusik. Das war eine Lücke, die seine Frau und er über die Kinder entdeckt haben, und seither gibt es ein Ottobrunner Popfestival. Aber unter seiner altfränkischen Bonhommie liegt stählerne Härte. Als er die CSU in Ottobrunn übernommen habe, sei man zu lasch und zu vornehm gewesen. »Aber seit ich das mache, ist es damit aus. Wer mich angreift, den greife ich an. Man muß da konsequent sein«, sagt er mit einem Lächeln, das frieren macht.

Die SPD, so heißt es überall in der Partei, müsse ihre Erneuerung über die Kommunen und die technische Intelligenz suchen – wäre Ottobrunn da nicht ein ideales Umfeld? Aber auch in Ottobrunn steckt die Partei im 30-Prozent-Getto, und bei der CSU heißt es, außer Nörgeln haben die wenig zu bieten. Rudi Heydt, seit 20 Jahren für die SPD im Gemeinderat, ein alter Hase der Kommunalpolitik, lacht freudlos, als ich ihm das erzähle.

»Ottobrunn«, sagt er, »ist in der glücklichen Lage, daß sehr viel Geld in der Gemeinde geblieben ist. Nicht nur über Steuereinnahmen. Es war ja gang und gäbe, daß Grundbesitzer gezwungen wurden, billig zu verkaufen oder Straßengrund an die Gemeinde abzutreten. Natürlich wurde das nicht bei allen Leuten gemacht, es gibt ja immer Gleiche und Gleichere.«

Ich hoffe auf einen saftigen Immobilienskandal, aber der alte Sozialdemokrat zuckt müde die Achseln.

»Wenn geschoben worden ist – haben wir nicht alles, was man sich wünschen kann?« Er zählt an den Fingern ab und braucht zwei Hände dafür. »Sportzentrum, Hallenbad, Eislaufstadion, Übungsplätze, Mehrzweckhalle, Kulturpalast ... Bis auf die Verkehrsentflechtung und die Radwege ist alles unter Dach und Fach.«

»Ottobrunn, eine Oase des Glücks?«

Sein Lächeln ist politischer. Seine Antwort auch.

»Ottobrunn ist durch diese sprunghafte Entwicklung so teuer geworden, daß junge Leute, die hier aufgewachsen sind, sich eine Wohnung gar nicht leisten können. Die müssen wegziehen. Das ist eine Struktur, die bewußt herbeigeführt worden ist, eine hohe Fluktuation, 10 Prozent im Jahr, hohe Einkommensschichten, Techniker, Beamte, Wissenschaftler. Da hat man sich ein bestimmtes Wahlverhalten erwartet, und das nicht zu Unrecht. Wir müssen uns fragen, ob wir nicht zuwenig nörgeln.«

Ich bringe das Gespräch auf die Ortsmitte, das 500-Millionen-Ding. Rudi Heydt sagt, die SPD habe sich dafür stark gemacht, daß nicht ein Bauträger allein den Zuschlag für das Projekt erhalten sollte. Das habe dann ab dem Zeitpunkt nicht mehr funktioniert, als die Verwaltung mit den Banken und der Bayern Grund zusammengegangen sei.

»Was ist das – Bayern Grund?«

»Das ist eine Finanzierungsgesellschaft, in der auch Minister und Bankenbosse sitzen, um den Gemeinden Hilfestellung zu leisten bei der Finanzierung großer Bauvorhaben. Ein Instrument staatlicher Baupolitik, auch um legal gewisse Steueranfälle zu umgehen.«

»Und wer ist der wichtigste Bauträger in der Ortsmitte?«

»Das ist der Eichbauer. Fritz Eichbauer, eine alte Münchner Baufirma. Der Eichbauer spielt eine große Rolle in Ottobrunn, der hat ein Drittel von Ottobrunn gebaut.«

Ende der 60er Jahre hatte die Gemeinde einen Wettbewerb für die Ortsmitte ausgeschrieben. Die Firma Eichbauer, schon lange in Ottobrunn engagiert, kaufte nun Grundstücke, gründete eine Ortszentrum KG; führte eine intensive PR-Kampgane und rüstete für das große Geschäft. Statt dessen kam die Rezession. Die Gemeinde verwarf die alten Pläne, die Ortszentrum KG machte dicht.

»Ich war bei einem Gespräch in einer Bank in München dabei«, erinnert sich Rudi Heydt, »da hat man den Herrn Eichbauer sehr schofelig behandelt. Aber die Bank hat schnell gemerkt, daß sie das bessere Geschäft macht, wenn sie dafür sorgt, daß der Herr Eichbauer wieder verdient. Da hat man also neue Pläne gemacht und das dann auch in einem Zug durchgebaut. Es gibt Leute, die einiges darüber wissen, aber sie sagen, wenn du da was rausläßt, streite ich hinterher alles ab. Baugeschäft und Kommunalpolitik, das liegt doch auf der Hand, was da zwangsläufig passiert.«

»Und eine Hand wäscht die andere.«

»Das ist ein Graubereich«, drückt der Gemeinderat es aus, »wo man nur sagen kann, der Eichbauer hat hier ein Bauvolumen, der muß besonders gute Drähte haben. Da kriegt er mal von der Gemeinde 2000 Quadratmeter mehr zugesprochen beim Umlegungsverfahren, als notwendig gewesen wäre, da vermehrt sich ganz wundersam sein Kaufhaus von 2000 auf 6000 Quadratmeter, da legt er für das Kaufhaus ein Planungsgutachten vor, das nie im Gemeinderat abgesegnet worden ist – solche Dinge sind halt symptomatisch dafür, wie so etwas entsteht.«

Der Kernpunkt sei der: In Ottobrunn seien immer private Gesellschaften zum Zug gekommen, die mit Bundesmitteln Gewinne gemacht hätten, und weil Geld nun mal nur mit Geld spreche, die Gemeinde aber nicht, wie andernorts üblich, Grund bevorratet habe, sei der soziale Wohnungsbau sträflich vernachlässigt worden. So würden für Häuser, die vor 15 Jahren 108 000 Mark gekostet hätten, jetzt an die 600 000 Mark bezahlt, sei der Grundstückspreis von 250 Mark im Jahr 1974 auf das Drei- bis Vierfache gestiegen und Ottobrunn nun so dicht bebaut wie Chicago. Und im übrigen sei Anstand, wenn es um die Macht gehe, nicht gefragt.

Die Bauunternehmung Fritz Eichbauer residiert in Münchens lärmiger Schwanthaler Straße. Ich habe nicht das Gefühl, im Büro eines Giganten der Baubranche zu sitzen, und Fritz Eichbauer macht eher den Eindruck eines weltläufigen Genießers als den eines bayerischen Baulöwen. In München hat er – außer den üblichen Siedlungen – die feine Amalienpassage gebaut und das Tantris-Hochhaus mit dem gleichnamigen Edelrestaurant. Und seit 1961 ist die Firma in Ottobrunn engagiert.

»Bei der Prüfung von Standorten zeigte sich der Südosten in der Entwicklung sehr günstig«, sagt Fritz Eichbauer, »auch war die Gemeinde auf politischem Gebiet sehr rege und forcierte die Entwicklung von sich aus.«

»Und Sie haben dann ein Drittel von Ottobrunn gebaut?«

Er lächelt höflich. »Es waren bestimmt nicht mehr als fünf bis zehn Prozent.«

Zahlen, die ich später einhole, sprechen von etwa 25 Prozent der Baufläche.

»Und dann sind Sie auch noch fast pleite gegangen?«

»In die Bredouille geraten«, möchte Herr Eichbauer es formuliert wissen. »Wir waren eingestiegen in die Ortsmitte, als dort neun- bis zehngeschossige Gebäude geplant waren, und als man es dann bescheidener wollte – und wir die 1969 erworbenen Grundstücke um vieles billiger an die Gemeinde zurückverkaufen mußten – ja, da hat man uns ganz schön in Verlegenheit gebracht. Wir haben das aber Gott sei Dank durchgestanden.«

Ottobrunn ist für Fritz Eichbauer zum Synonym für schwierige Verhältnisse geworden. »Es gibt dort sehr viele Meinungen«, erklärt er, »die erst koordiniert werden müssen.« Trotz der CSU-Mehrheit. Er seufzt. »Auch in der CSU gibt es divergierende Meinungen.« Und trotz der Ausrichtung auf MBB? »MBB spielt dabei überhaupt keine Rolle.«

Nett, wenn man das sagen kann. Ich erinnere Eichbauer daran, daß er trotz aller Schwierigkeiten sogar ein Planungsgutachten am Gemeinderat vorbeilenken konnte. Er scheint aufrichtig überrascht.

»Das entzieht sich meiner Kenntnis und klingt äußerst unwahrscheinlich«, meint er. »Eher kann ich mir vorstellen, daß bei der Vielzahl von Gutachten im Laufe eines Jahrzehnts das nicht mehr allen Gemeinderäten gegenwärtig ist.«

Fritz Eichbauers melancholischer Blick heftet sich auf das Tonbandgerät. »Wissen Sie, ich habe nicht zusammengezählt, ob wir und, wenn ja, wieviel Geld wir verdient haben. Aber ich meine, es hat sich gelohnt, wenn die Ortsmitte nach all den Anfangsschwierigkeiten ein Erfolg wird – für die Gemeinde selbst und für die Investoren.«

»Wenn Sie schon praktisch nichts daran verdient haben, Herr Eichbauer, wer hat denn nun am Aufstieg von Ottobrunn den Reibach gemacht?«

Er reicht mir zum Abschied seine gepflegte Hand. »Fragen Sie einen von denen, die den Grund besessen haben.«

»Und was werden Sie nach der Ortsmitte noch in Ottobrunn bauen?«

Er lächelt noch einmal und sagt: »In Ottobrunn sind

90 Prozent der Baufläche verbaut oder vergeben. In Ottobrunn gibt es praktisch fast nichts mehr zu bauen.«

Satte zwölf Mark Eintritt werden verlangt, und gegen zehn am Abend sind alle Tische in der Mehrzweckhalle besetzt. »Unser Bürgerball fand immer im Casino von MBB statt«, sagt Wolfgang Hundt. »Aber aus Sicherheitsgründen hat uns MBB diesmal einen Korb geben müssen. Seit dem Zimmermann-Mord sind die sehr sicherheitsbewußt.« Die *Tornado Music Allround* spielt zum Tanz auf. Bürgermeister Dr. Stähler-May führt die Frau des Landtagsabgeordneten. Ich frage die an meinem Tisch sitzende Gemeinderätin der parteilosen Bürgervereinigung, ob sie sich nicht manchmal etwas unbehaglich fühle in der Nähe eines Rüstungskonzerns, der doch ziemlich sicher auf der Hitliste für einen feindlichen Erstschlag stehe. Einmal, erzählt mir die Dame, habe sie Raketen über die Rosenheimer Landstraße rollen gesehen, stundenlang, und an den Krieg gedacht, den sie im Ruhrgebiet überlebt hat, an die Bombennächte. Das dürfe niemals wiederkommen. Aber wenn man hier lebe, müsse man zwangsläufig den Gedanken beiseite schieben, was nun wirklich bei MBB gemacht werde. Die Technik habe sich eben so entwickelt, etwas, das zum Segen gereiche, gereiche auch zum Fluch, und ohne MBB sei Ottobrunn einfach nicht mehr denkbar. Wir wechseln das Thema.

Wolfgang Hundt, der Hausherr und MC, trägt einen Smoking, der gut zu seinem Gardemaß paßt. Die Damen des Balles sind in der Mehrzahl recht aufwendig kostümiert, die meisten Herren bevorzugen den Abendanzug. Der einzige Langhaarige ist der Modefriseur von Ottobrunn.

Bevorzugtes Getränk ist der fränkische Bocksbeutel, dem ja auch der Landesvater gerne zuspricht, gefolgt von

Bier und Sekt. Doch bleibt die Stimmung gedämpft, und an dem fehlenden Ambiente des MBB-Casinos kann es auch nicht allein liegen. Nein, wie ich sie so betrachte, die gute, die erfolgreiche Gesellschaft von Ottobrunn, tausend Lippen, die parlieren, tausend Augen, die taxieren, wird mir klar, hier bleibt man unter sich, hier hat man alles im Griff, die Frau paßt auf den Mann auf, der Mann auf die Frau und die CSU auf Ottobrunn.

An der Sektbar im Geräteraum steht Benno Anderl, der Mann vom *Merkur* und flüstert mir zu, es werde so laufen, wie die Vereine sich das wünschten im Bürgerhaus. Zuschuß heißt die Devise.

Das Rezept der CSU liegt klar auf der Hand, Lücken finden oder erfinden und dann füllen, auf allen Ebenen, in sämtlichen Schlupfwinkeln, und wer glaubt, das sei ein totaler Staat, der irrt – es ist nur ein konsequenter Staat, und was ihn zusammenhält, das hat Lion Feuchtwanger vor bald 60 Jahren in einem großen Roman mit einem exemplarischen Titel beschrieben: *Erfolg*. Die Tornados spielen *Eine Reise ins Glück*.

Als ich die MBB-Besucherplakette befestige, muß ich an einen Witz denken, den ich in Ottobrunn erzählt bekommen habe. Frau Meier fragt die neue Nachbarin: »Und wo arbeitet Ihr Mann?« »Ach, der ist auch Geheimniskrämer bei Bölkow.«

Daß MBB das ideale Kraftfeld für Agenten abgibt, hat nicht erst der Fall Rotsch gezeigt. Rotsch, der 1984 unter dem Verdacht aufflog, seit 30 Jahren für den KGB gearbeitet zu haben, hatte – obwohl selbst in anderen Abteilungen beschäftigt – nach Darstellung eines SPD-Abgeordneten im Verteidigungsausschuß »Zugang zu allem, was bei MBB geheim, gut und teuer ist«, also nicht nur zum militärisch-operativen Bereich, sondern vor allem zur Zukunftstechnologie. Den Dollpunkt des Skandals resümierte damals die *Süddeutsche Zeitung* so: »Der jetzt bekanntgewordene ›Sicherheitsvertrag‹ mit MBB wurde vom Bundesamt für Wehrtechnik und Beschaffung (BWB) gemäß einer Richtlinie des Bundeswirtschaftsministeriums geschlossen, das für Sicherheitsüberprüfungen von Industriepersonal zuständig ist und aus den Reihen von CDU/CSU und SPD im Fall Rotsch mit dem Vorwurf des ›Versagens‹ belegt wurde. Rotsch war seit 16 Jahren nicht mehr überprüft worden.«

Da werden also Jahr für Jahr 25 Millionen Mark aus dem Verteidigungshaushalt für die Sicherheitsarbeit des Top-Rüstungskonzerns lockergemacht, und dann kann ein KGB-Agent Geheiminformationen aus Abteilungen weiterleiten, für die er »vom Aufgabenbereich her unzuständig« war?

»Mit Agenten müssen wir leben«, meint seelenruhig der Pressechef von MBB, Herr Roth, während wir übers Betriebsgelände fahren. Roth, gelernter Physiker, ist ein bedächtiger Mann in den Fünfzigern, ein gewiefter Moderator, der auch in den heftigen Kontroversen um die Ottobrunner Ortsmitte als Leiter öffentlicher Diskussionen gefragt war. »Wo, wenn nicht hier, sollte die Gegenseite ihre Spione einsetzen? Wir haben doch auch ein Interesse daran, daß sie bei ihren Berechnungen zum richtigen Ergebnis kommt. Oder glauben Sie, wir lieben die Waffen, die wir hier entwickeln, um ihrer selbst willen?«

Er zeigt mir einige Prototypen – die Panzerabwehrraketen Cobra und Hot, die Flugabwehrrakete Roland, die Seeabwehrrakete Kormoran, Vorbild für die französische Exocet, die im Falkland-Krieg ihre Durchschlagskraft eindrucksvoll belegte – halbintelligente Systeme, die zum Einsatz noch des Menschen bedürfen; die Waffensysteme der Zukunft lassen sich von einem Computer steuern.

»Bedenken Sie dabei«, sagt Herr Roth, »daß solch große Programme eine Lebensdauer von 40 Jahren haben. 40 Jahre – das sind zehn Legislaturperioden des Bundestages. Generationen von Politikern kommen und gehen, aber was Verteidigungssysteme brauchen, ist Kontinuität.« Herr Roth versäumt es auch nicht, mich darauf hinzuweisen, daß selbst ein schlapper Zivilist wie ich ohne größere Schwierigkeit eine Hot abfeuern könnte – das gute alte Fadenkreuz und die eingebaute Halbintelligenz machen's möglich. Freilich, bei den wirklich modernen Systemen müßte ich passen. Da tasten sich dann Laserstrahlen durchs Hachinger Tal, und Tornados streuen den vollautomatischen Tod über das, was die politische Halbintelligenz als Feind ausmacht: »Mobility kill« lautet das MBB-Konzept.

»Wir haben durchgerechnet«, sagt Herr Roth, »daß wir beim Kormoran mit einem einprozentigen Verteidigungsaufwand einen hundertprozentigen Angriffsaufwand ausschalten. Insgesamt bewegt sich die Rate bei 1:15, das heißt, der Gegner muß 15mal mehr produzieren, um eine halbintelligente Verteidigung zu durchbrechen.«

»Die der Gegner aber auch hat?«

»Sicher, sonst wäre das Abschreckungssystem ja hinfällig. Bei den Lasersystemen beträgt allerdings der westeuropäische Vorsprung das Zwei- bis Siebenfache.«

Von einem Atomkrieg hält man bei MBB nicht viel (kein Wunder, mit Atomwaffen beschäftigt man sich dort nicht). »Warum sollte jemand einen Atomkrieg führen?« fragt mich Herr Roth. »Jeder Krieg wird wegen Land- und Technologiegewinnung geführt. Was hätten die Russen von einem total atomverseuchten Deutschland?«

»Dann fürchten Sie auch gar nicht, im Ernstfall hier bei MBB atomar zu verglühen?«

Herr Roth lächelt halb belustigt, halb sarkastisch. »Wenn sie kommen, dann mit großen Waggons, um uns nach Sibirien zu verfrachten. Da dürfen wir dann weiterrechnen.«

Das ist das Phantastische an einer Denk- und Prototypenfabrik wie MBB – da die Serienproduktionen, wenn überhaupt beim Konzern, dann in anderen Standorten gefertigt werden (Hubschrauber in Donauwörth, der Airbus im Elbe-Weser-Raum, der Tornado in Augsburg, um nur einige Highlights aus der Produktionspalette zu nennen), umgibt das Werk eine Aura friedfertiger Wissenschaft, ja humaner Muße, auch wenn in geheimen Rechenzentren sämtliche Variationen von Krieg durchgespielt und auf 20 Jahre hochgerechnet werden. Die Sozialleistungen werden weithin gerühmt; Gewerkschaften, so Herr Roth, seien praktisch überflüssig. Und was die Tagespolitik betrifft, so erzählt er, man habe, wie bei Siemens, auch bei MBB mal durchgerechnet, ob es sich lohne, Abgeordnete nach Bonn zu schicken. »Wir stellen fest, daß es genügt, wenn wir exzellent sind.«

Phantastisch auch die Entwicklung der alten Bölkow-Klitsche, wie sie Veteranen liebevoll und zugleich spöttisch nennen. Mit 200 Leuten fing Bölkow 1958 in Ottobrunn auf dem alten LFM-Gelände an; heute umfaßt der Konzern 19 Standorte, weltweite Beteiligungen, 35 000 Mitarbeiter: die MBB-Story ist selbst ein Prototyp. Ein 3,5-Milliarden-Prototyp. Das Konzept: Schaffung eines nationalen Luft-Raumfahrt- und Rüstungskonzerns. Der Ausgangspunkt: die alliierte Kontrolle über die deutsche Wiederaufrüstung. Die Strategie: durch Einbindung in die NATO Verflechtung mit westeuropäischen und amerikanischen Rüstungskonzernen. Die Handelnden: Regierungen, Großbankiers, Rüstungsindustrielle. Im Gespräch: eine Fusion mit BMW. Der Motor seit fast 30 Jahren: Franz Josef Strauß.

Zum Stand der Dinge schrieb die Düsseldorfer *Wirtschaftswoche* am 22. März 1985: »Der Konzern ist mit seiner Wehrtechnik zum Inbegriff der Denkfabrik und zum Technologiezentrum von höchsten Ansprüchen geworden ... MBB-Ingenieure entwickeln und produzieren wesentliche Elemente des trinationalen Kampfflugzeugs Tornado, konstruieren Rumpf und Flügelteile für den zivilen europäischen Passagierjet Airbus, entwickeln modernste Hubschrauber für militärische und zivile Dienste, bauen Minenkampfboote und elektronisch gesteuerte Munition, von der nur ein Schuß schon eine Million Mark kostet. Daneben fertigen sie U-Bahn-Züge, Wind- und Sonnenkraftwerke und bieten Datenverarbeitungs- und Prozeßsteuerungssysteme an.«

Störend nur, daß – außer mit Großbanken, Konzernen und Beteiligungsgesellschaften – der Freistaat Bayern seinen Anteil an MBB mit Hamburg und Bremen teilen muß. Logisch, daß der Aufsichtsratsvorsitzende, Bayerns Finanzminister Streibl, MBB als »bayerisches Unternehmen« betrachtet, in dem der Freistaat nun auch die »bayerischen Belange« durchsetzen müsse. Zwingend, was der *Spiegel* am 12. August 1985 formulierte: »Die gemeinsame Beteiligung des Luft- und Raumfahrtkonzerns MBB und der Rüstungsfirma Diehl an der Panzerfabrik Krauss-Maffei ist offenkundig nur der erste Schritt zu einem gigantischen bundesdeutschen Rüstungskonzern. ... Mit einem solchen über Kapitalanteile und Produktionsgemeinschaften verflochtenen Konglomerat wäre die Familie der deutschen Rüstungsindustrie mit ihrem Patron Franz Josef Strauß endlich am Ziel: Am Kartellamt vorbei würde ein Waffenmonopol entstehen, das aus München von MBB dirigiert wird und von Laserwaffen bis Panzern auf nahezu allen Gebieten den Markt beherrscht.«

Ein Freudian Slip ist dem *Spiegel* da unterlaufen: MBB liegt in Ottobrunn. In München steht die Bayerische Staatskanzlei.

In Unterhaching, an der Straße von München nach Taufkirchen, liegt der Kögel-Hof, ein stattliches Anwesen, das an weite Felder grenzt. Der Landwirt Johann Geiger empfängt mich in seiner guten Stube. Er wirkt kaum älter als fünfzig, aber den Hof hat er schon seinem Sohn übergeben, und nun erzählt er mir, wie das gewesen ist damals, als die Unterhachinger Bauern ihren Ottobrunner Waldbesitz verkauft haben.

Ob sie dabei reich geworden seien? Keine Rede, drei, vier Markl hätte man in den fünfziger Jahren bekommen. Wer hätte denn gedacht, daß man heute 800 einsacken kann? Er habe, das sei richtig, die 30 000 qm in der Ortsmitte erst später verkauft, aber auch nur 140 Mark bekommen und ein paar Zerquetschte, bloß, daß er so schlau gewesen sei und sich – zusammen mit anderen – ein paar Quadratmeter noch reserviert habe. Ja, da ständen heute Wohnungen, vier seien noch frei, und der »Plus«-Supermarkt. Ich frage, was ich Miete zu zahlen hätte, und er sagt, 13 Mark pro qm, aber letztes Jahr seien es noch 14 gewesen. Teuer, sage ich, und er nickt und sagt, ja sündteuer, aber nicht er habe das große Geschäft gemacht in Ottobrunn. Wer das Geschäft gemacht habe? Die Gemeinde natürlich.

Ich frage den Landwirt Geiger, ob ihm noch etwas verblieben sei in Unterhaching, etwas Land, und er nickt, freilich, für die Landwirtschaft, sie hätten ja keine Viehzucht, sondern Landwirtschaft, Getreide.

Ob er das Land – gegen gutes Geld – auch verkaufe?

Der Landwirt Geiger rollt seine kleinen schlauen Augen und blinzelt, er verkaufe doch kein Ackerland. Und dann sagt er, und seine Augen blicken durchs Fenster auf das Land hinterm Hof, auf die Silhouetten der Ottobrunner Hochhäuser. »Verkaufen kannst' nur einmal.«

TransAtlantik 2/1986

Stadt der Desperados

Bangkok bei Nacht. Auf der Sukhumvit Road schlendert ein Mann, läßt sich scheinbar ziellos treiben durch das Aufgebot von Jägern und Wild. Um diese Zeit holt die City noch einmal Atem. An jeder Ecke schrille Musik, geflüsterte Anmache: »Massage? Movie? Mädchen? Jungen? Meine Schwester? Großer Drachen?« Der Mann bewegt sich im Gedränge mühelos wie ein Schatten. Ein schlaksiger Europäer mit fahler Haut, aschblonden, gelichteten Haaren, dunkler Brille. Ziemlich neue Kleidung, an den Handgelenken eine Taiwan-Rolex und ein silberner Armreif. Touristen sehen nur so ähnlich aus, den Mund würde keiner buchen: eiskaltes Lächeln auf blutleeren Lippen, einen Spalt geöffnet für die Zungenspitze, die unablässig an ihnen leckt wie ein gefangenes Tier, das sich ins Freie gräbt.

An einer Seitengasse bleibt der Mann bei einem Schmuckverkäufer stehen, wirft einen Blick auf dessen Ware, auf Passanten, die vorbeidrängen, Blumenverkäufer, Zeitungsjungen, Polizisten. Und der Malstrom treibt weiter. Der Mann holt einen Zettel aus der Brusttasche seines Khakihemds, zeigt ihn dem Schmuckverkäufer, der auf das Neonlicht in der Gasse deutet: Fat Soy's Chinese Restaurant.

Eine halbe Stunde später sitzt der Mann an einem Seitentisch auf der Terrasse. Moskitos schwirren um die Neongirlanden, in einem Käfig zwitschern Singvögel, Goldfische glotzen in dem großen Aquarium neben der Tür, die zur Küche führt, und schnappen nach Futter. Der Duft von Jasmin und Orchideen mischt sich mit dem Aroma von Chilies, Minze, Erdnußsoße. Zwei chinesische Paare nehmen ein umfangreiches Supper zu sich, die Frauen legen den Männern vor, die sich schmatzend und laut redend bedienen lassen. Bei einem jungen Mädchen bestellt der Europäer in einem Gemisch aus Thai und Englisch chinesischen Tee und gebratene Nudeln. Als er gegessen hat, läßt er den Besitzer kommen, einen fetten chinesischen Filipino in einem grünen Anzug aus Shantungseide. Nach kurzem Zögern setzt sich der Besitzer auf den freien Stuhl.

»Was wünschen Sie, Sir?«, fragt er auf englisch.

»Mein Name ist Charles Kuhn«, sagt der Europäer. »Ich bin ein Freund von Freddy Song.«

Der Besitzer verzieht keine Miene, nur seine Augen verschleiern sich.

»Freddy Song ist tot, Mister.«

»Freddy Song lebt«, sagt Charles Kuhn und winkt die Zigarette weg, die der Besitzer ihm anbietet. »Freddy Song lebt, aber er braucht Hilfe. Deswegen bin ich in Bangkok. Ich muß jemand finden. Einen Deutschen. Freddy meint, daß Sie ihn kennen. Sein Name ist Harry. Burma-Harry.«

Der Restaurantbesitzer läßt den Rauch seiner indonesischen Kretek-Zigarette über den Tisch driften. Das beißende Aroma von Gewürznelken verdrängt sogar das der Chilies. »Burma-Harry?« Der Filipino schüttelt bedauernd den Kopf. »Ich habe ihn seit einer Ewigkeit nicht gesehen. Sind Sie auch Deutscher, Mr. Kuhn?«

Aber Kuhn kommt nicht mehr dazu, sich zu seiner Staatsangehörigkeit zu erklären. Zwei Maskierte mit Lederjacken und grell bemalten Sturzhelmen springen die Stufen zur Terrasse hoch. Einer hält mit einer großkalibrigen Pistole die Gäste in Schach, der andere packt den fetten Restaurantbesitzer, kickt seinen Stuhl weg und zerrt den Mann auf die Straße. Eine Autotür fällt zu, ein

Motorrad heult auf, Reifen singen. Auf der Terrasse eine eingefrorene Szene, als hätte jemand den Film angehalten: Nur die Moskitos schwirren weiter, und ein Goldfisch verschlingt einen Futterbrocken. Als das Mädchen zu schreien anfängt, ist Charles Kuhn schon verschwunden.

Patpong. Um Mitternacht brodeln die engen Straßen des Vergnügungsviertels. Die Luft steht. Wie Marionetten taumeln Männer – allein, zu zweit oder in kleinen Gruppen – durch die Bars, Discos, Massagesalons, Sex-Shows, Kneipen, Restaurants, Nachtklubs, lassen sich anmachen, abfüllen, einseifen, aufgeilen und ausnehmen und kriegen nicht genug. Ein einziges Lächeln, und sie machen weiter, drängen sich in den Go-Go-Pagoden, wo ihre Haut ausschlägt und von Peitschen träumt.

»Burma-Harry? Kann ich leider nicht mit dienen«, sagt der Deutsche, mit dem Charles Kuhn im *Cosa Nostra* auf der Patpong I sitzt, dem Eldorado der ernsthaften Trinker, denen eine ernsthafte Bardame, die den Unterschied zwischen einem Martini Dry und einem Dry Martini kennt, zum Träumen genügt.

Der Deutsche hat graue Haare, große Ohren und trägt ein Hawaiihemd, das seine muskulösen, mit Leberflecken übersäten Unterarme betont. Über der verwaschenen Hose wölbt sich ein Bierbauch, und die nackten Füße stecken in billigen Latschen. Er riecht nach einem Drei-Tage-Suff, und der Drei-Tage-Bart bedeckt sein rotes Gesicht wie eine Pfeffer-und-Salz-Collage. Nur seine Augen – vereister Granit in einem Netz roter Adern – verraten, daß er genau weiß, worum es geht. Er macht der Bardame ein Zeichen und bekommt einen frischen Mekhong-Whisky mit Zitronensaft und Eis. Kuhn hat seinen Drink nicht angerührt.

»Schade«, sagt er. »Burma-Harry hätte sich bestimmt gefreut, seinem alten Freund Freddy Song einen Gefallen zu tun.«

Der Deutsche kostet seinen Drink, nickt beifällig und greift zu den Salzbrezeln, die das Haus gratis serviert. Am Ringfinger seiner linken Hand glänzt ein schwarzer Stein mit silberner Gravur.

»Freddy Song? Hab gehört, daß sie ihm in Goa die Kehle durchgeschnitten haben.« Er zermalmt die Salzbrezeln, schluckt sie mit Mekhong hinunter und steckt sich dann eine einheimische Zigarette an, die den alten Namen der Stadt trägt. Krungthep, Stadt der Götter. »Oder war es in Chittagong oder einem anderen lausigen Kaff, wo Freddy Song den Kaiser von China spielen wollte?«

»Freddy Song lebt noch. Kennen Sie ihn gut?«

»Flüchtig, mein Junge. Flüchtig. Wenn man lange genug in Bangkok hockt, lernt man sie irgendwann alle kennen. Die, die mit großen Träumen ankommen und mit der Luftfracht nach Hause gehen. Die, die mit großen Scheinen ankommen und sich dann im Knast noch nicht mal eine Schale Reis kaufen können. Und die, die rausfinden, daß für jeden, der ankommt, einer abhauen muß. Bangkok hat sie noch alle geschafft.«

»Die Stadt der Götter«, sagt Kuhn und nimmt einen Schluck von seiner Limonade.

»Und noch ein bißchen mehr«, meint sein neuer Bekannter. »Stadt der Götter, die Große Stadt, Residenz des Smaragd-Buddhas, die uneinnehmbare Stadt Indras, die Große Hauptstadt der Welt, ausgestattet mit neun kostbaren Juwelen, die Glückliche Stadt mit den vielen großen Palästen, die dem Himmlischen Wohnsitz des Reinkarnierten Gottes gleichen, eine Stadt, von Indra gestiftet und von Vishnukarm erbaut.«

Er hat mit einer hohen Stimme gesprochen wie ein

Priester, der eine Litanei herbetet, und sogar die angetrunkenen Engländer am anderen Ende der Bar haben ihm mit offenem Mund zugehört und lachen jetzt etwas gezwungen, bevor sie sich wieder ihren Drinks und ihre Freundinnen sich ihren Einkäufen widmen.

»Schönes Nachtgebet«, sagt der Deutsche mit seiner normalen Stimme zu Kuhn. »Besonders das mit den neun Juwelen. Übrigens, mein Name ist Hilsendonk. Die Hilsendonks aus Aachen, nicht die aus Köln.«

Kuhn schüttelt seine Hand. »Charles Kuhn«, sagt er.

»Geschäftlich hier?« Kuhn zuckt die Achseln. »Ist ja auch egal. Nur, Deutsche sind hier nicht so üppig vertreten. Und dann welche, die Freddy Song kennen. Ist er wirklich noch am Leben? Nicht, daß es mich was angeht. Sind doch alles Halsabschneider. Und Sie haben eine Botschaft an Burma-Harry. Braucht wohl massive Unterstützung, Freddy Song. Unterstützung von der Schnellen Eingreiftruppe. Moneten. Logistik. Sphätrupp in Chittagong, meine Güte. Macht Heimweh, wenn man nur dran denkt.«

Charles Kuhn nimmt die dunkle Brille ab und blinzelt ins Dämmerlicht, mustert dabei Hilsendonk. Abgefuckter Typ. Zu lange in den Tropen, wo jeder Schnaps doppelt kostet und die Verwesung einsetzt, wenn das Herz noch pumpt und das Hirn noch ficken will. Nur seine Augen leben noch. Die Bardame legt eine neue Kassette ein. Synthetischer Anglo-Thai-Softrock, aber eine Sängerin, die durch die Rippen schneidet:

Desperado ...
the things that please you
can hurt you so much ...

Durch die Rippen, durch die Eingeweide: drei Jahre und drei Monate ohne Frau. Drei Tage in Bangkok ohne Frau.

Er merkt gar nicht, wie er in die Brezelschale greift, eine Brezel zerkrümelt. Bei Freddy Song waren es sechs Jahre. Wieviel Leben braucht ein Mann dafür?

»Ist ihnen nicht gut, Kuhn?«

Kuhn setzt die Brille auf. Der Armreif klirrt, als er zum Glas greift.

»Mir ist top, Hilsendonk. Falls Ihnen doch noch einfällt, daß Sie Burma-Harry kennen, sagen Sie ihm, Charles Kuhn erwartet ihn. Und Freddy Song erwartet, daß er seine Schulden bezahlt.«

Desperado ...
your prison is
walking through this world
all alone ...

»Wo würde Harry Sie treffen können?«

»Wenn er mich sucht, wird er mich schon finden.«

»Und es lohnt sich, Sie zu finden?«

Kuhn wirft Geld auf den Tresen. »Es lohnt sich, Freddy Song zu helfen.«

»Fragt sich, ob es sich für Fatty gelohnt hat.«

Kuhn, schon an der Tür, bleibt stehen. Hilsendonk bläst einen Rauchring.

»Wer ist Fatty?«

»Hat ein Restaurant an der Sukhumvit. Alter Freund von Freddy Song, heißt es. Heute abend haben sie ihn gekidnappt. Würde mich sehr wundern, wenn Fatty morgen wieder seine Erdnußsoße macht. Schade drum.«

»Wer ist ›sie‹, Hilsendonk?«

Hilsendonk gibt der Bardame ein Zeichen, aber sie hat die Mekhongflasche schon parat.

»Leute, bei denen Freddy Song noch etwas offenstehen hat. Und davon, mein lieber Herr Kuhn, gibt es eine ganze Menge in der Großen Hauptstadt der Welt.«

Nach drei Uhr morgens steigt der Dampf aus dem feuchten Asphalt, mischt sich mit dem Rauch, den Abgasschwaden, die wie Nebel über den Straßen hängen. Nur die großen Hotelklötze sind noch hell erleuchtet. Uniformierte Fahrer von Luxuslimousinen dösen auf dem Sitz oder rauchen eine Zigarette mit den Parkwächtern und den Sicherheitsbeamten, die die Gettos der Reichen kontrollieren.

Auf der Sukhumvit noch Leben. Licht flackert in den Nudelküchen. Tuk-tuk-Fahrer bieten ihre Dienste an, Zuhälter, Dealer, Frauen, Kinder, manchmal ein heiliger Mann, den die Straße durchfüttert. Das Blattgold der Buddhafiguren in den Geisterhäuschen schimmert, und wie riesige Insekten gleiten die Streifenwagen der Metro Police durch die Nacht. Mit den Moskitos sind alle unterwegs, die noch nichts abbekommen haben.

Auch Charles Kuhn. Er verschmäht die großen Straßen, die bequemen Transportmittel. Hält sich an dunkle Wege, seine lautlosen Schritte, die Schattenspiele in den Hinterhöfen. Aus einem geöffneten Fenster weht ein Saxophonriff über den Parkplatz, die Mülltonnen und die Abflußgullys, und Kuhn bleibt einen Augenblick stehen: Ist Charlie Parker in der Stadt? Ein leerer Kanister fällt klappernd um. Eine Katze miaut zum Mond. Gebt den Geistern, was der Geister ist, denkt Kuhn und läuft weiter. Und den Lebenden, was den Toten ist.

Er überquert die Sukhumvit und biegt in eine Passage ein, die in einen Hof führt. Zwei Schwarze verhandeln im Standlicht eines Chevrolets. Ebenholzgesichter, von Narben entstellt. Ein Licht über einer offenen Tür, in der eine alte Frau eine Zigarette raucht. Sie winkt Kuhn näher, bis er den Urin riecht, verfaultes Fleisch. Kuhn betritt die »Thermen«: die letzte Bar in der Stadt, die noch geöffnet ist.

Zuerst sieht er Frauen, die sich waschen. Gefliester, glitschiger Boden. Schwingtüren. Toiletten. Abflußrinnen. An den Frauen vorbei, vorbei an den Männerklos. Eine Hand greift nach ihm, er weicht ihr aus. Trüber, enger Gang, dunkel, schlüpfrig, als ginge es durch die Eingeweide der Sukhumvit Road. Eine Küche, Knochenköpfe in Dampfschwaden, Schüsseln mit Reis, mit Nudeln, mit Fischköpfen, Hummerscheren, Hühnermägen. Knochige Finger, die auf einem Steinblock Teig klatschen. Eine Treppe. Tiefer hinab. Ein feuchter, heißer Schlauch. Hämmernde Rhythmen. Lichtwirbel. Gesichter: schwarze, gelbe, braune, weiße. Geschminkte, mit Säure verätzte, schweißüberströmte, fratzenhaft verzerrte, lachende, stille, blutverschmierte, weinende, betäubte Gesichter. Masken. Trinkermasken. Heroinmasken. Sexmasken. Geistermasken. Geisterstunde in den »Thermen«. Wieviele Masken braucht ein Mann dafür?

Desperado ...
you better let somebody love you
before it's too late ...

Kuhn drängt sich zur Bar durch. Seit drei Tagen hat er nach Burma-Harry gefragt. In den Nudelküchen von Chinatown, in Hotelbars am Chao Phraya, in Juweliergeschäften, Tempeln und Massagesalons, in europäischen Restaurants und den Touristen-Bars der Soi Cowboy. Der Mist ist, daß Freddy Song keine Zeit mehr hatte. Burma-Harry: mehr als den Namen hat er nicht. Der Mist ist, daß Charles Kuhn auch keine Zeit mehr hat. Bangkok ist ein viel zu heißes Pflaster, wenn du keine Connection hast. Auf jeden Dollar angewiesen bist. Auf jeden Deal. Der Mist ist, daß Bangkok die Große Hauptstadt der Welt ist. Die Große Hure, die sie alle ficken wollen. Und die statt dessen alle fickt. Der Mist ist, daß

Charles Kuhn bis auf den letzten gestohlenen Travellerscheck abgebrannt ist. Die Wahrheit ist, Charles Kuhn will heim. Nicht heim wie Heroin, sondern heim wie Schnee. Sechs Jahre lang unterwegs nach Eldorado, und Charles Kuhn ist verrückt nach Deutschland.

Ein langer Weg, nachts um vier in den »Thermen«.

Drei Jahre. Drei Monate. Drei Tage.

»Hallo«, sagt eine Stimme, die nur einem Engel gehören kann, »warum bist du allein?«

Die Taiwan-Rolex meint, daß nur eine Stunde vergangen ist, aber das muß Chinesenzeit sein. Wozu Chinesenzeit am Handgelenk rumschleppen, wenn die Charles-Kuhn-Zeit alle Uhren widerlegt? Er nimmt die Uhr ab, legt sie auf den Nachttisch zu den anderen Charles-Kuhn-Imitaten: der leeren Brieftasche, dem Folder mit dem letzten Scheck, dem hohlen Elefantenzahn. Der Engel sieht die roten Male an Kuhns Handgelenken. Dem Engel braucht keiner zu erzählen, was sie bedeuten. Engel in Asien wissen alles über die Hölle.

Oy nimmt seine Hand und führt das Gelenk an ihre dunklen, prallen Lippen. »Wie lange?«

»Drei Jahre.«

Sie fängt an, seine Hand zu massieren, ganz leicht, Schmetterlinge auf einer Blüte. Die nackte Glühbirne über dem Waschbecken gibt genug Licht, um ihren braunen Körper goldrot anzuhauchen. Blauschimmernde Haare fallen in Wellen über sanft gerundeten Schultern, bis zu den Brüsten, deren schockoladenfarbene Nippel aufrecht stehen. Laotischer Einschlag, denkt Kuhn, vielleicht burmesisch. Ein Schmetterling aus dem Goldenen Dreieck. Verdammt üppig gebaut für einen Schmetterling. Da oben jagen sie noch Tiger. Zwischen den Gedanken macht Kuhn lange Pausen. An Oys Hals glänzt ein kleiner goldener Buddha.

Sie legt seine Arme auf die Seite. Kniet neben seiner Hüfte. Fängt an, seine Oberschenkel zu massieren. Rückt tiefer hinein. Über den Vorspann sind sie schon hinausgewesen, als sie in das Tuk-tuk kletterten. Wie-heißt-du-wo-kommst-du-her-was-machst-du-hier-magst-du-mich. Haben Engel nicht nötig. Tigerinnen schon gar nicht. Sprechen sogar Deutsch. Hat sie in München gelernt. Sagt Oy. Oktoberfest. Aber du bist ein anderer Deutscher. Klar bin ich anders, meinte Charles Kuhn, als der bekiffte malaiische Nachtportier seiner viertklassigen Absteige endlich den Schlüssel gefunden hatte. Ich hab weniger Geld. Drei Jahre, drei Monate und drei Tage weniger Geld als die anderen Deutschen. Mach dir keine Sorgen, sagte Oy. Warum sollte ich mir Sorgen machen, sagte Kuhn. Um einen Engel zu bezahlen, müßte ich zwanzigmal achtzigtausend Jahre dreimal auf dich sparen. Bist du Buddhist? fragte Oy. Willkommen in meinem Heim, von Indra gestiftet und von Vishnukarm erbaut, sagte Kuhn und machte das Licht an. Die Kakerlaken wußten, was sich gehörte. Die Air-condition auch. Göttinnen wird nicht warm.

Sondern Göttinnen heizen ein, bis der Schweiß in den Poren explodiert wie Feuerwerkskörper. Oy kniet jetzt auf Kuhns Rücken, knetet, schiebt, preßt, reißt seine Muskeln in Atome und setzt sie wieder zusammen, vielleicht sogar in der richtigen Reihenfolge. Beiß die Zähne zusammen, jedenfalls die, die du noch zum Beißen hast. War Alleinsein besser? Sagen wir, es war anders. Und außer beim Abgang bist du doch nie allein. Jedenfalls nicht da, wo du herkommst. Man hätte Freddy Song fragen müssen, solange man noch Zeit dazu hatte. Freddy-Song-Zeit. Was mach ich, wenn ich rauskomme, Freddy? Wie komme ich über die Straße? Und wenn ein Engel mich fragt, warum ich allein bin?

Sie ist mit dem Rücken fertig und dreht ihn um. Er atmet ruhig, denkt nicht. Nachtfalter klatschen gegen das Fliegengitter. Stimmen auf der Veranda. Hundegebell. Die ersten Lastwagen dröhnen durch die Hauptstraßen. Gute Reise, Freunde. Wenn die Stadt wach wird, geht Charles Kuhn schlafen. Mit einem Schmetterling, einer Tigerin und einer Göttin.

Er entdeckt eine Tätowierung auf ihrem flachen Nabel.

»Sieht aus wie eine Schlange.«

»Das ist eine Schlange.«

»Für den Schlangentanz?«

Sie lacht, sieht aber an ihm vorbei.

»Oder bist du bei den Tongs?«

»Glaubst du, ich bin bei einer Verbrecherorganisation?«

»Allein zu stehlen ist auch nicht besser.«

Sie will davon nichts hören.

»Und außerdem könnte ich Hilfe gebrauchen.«

Sie nimmt den Buddha ab und legt ihn mit dem Bauch nach unten auf den Nachttisch.

»Warum nimmst du den Buddha ab?«

»Buddha darf das nicht sehen«, sagt sie und fängt an, ihm richtig zu helfen.

»Aber Buddha sieht es doch.«

»Jetzt nicht.«

»Jesus, Oy! Laß mich am Leben! Buddha ist überall.«

»So gut?«

»Sehr gut so. Buddha ist der Falter, der seinen Kopf am Gitter zerschmettert. Buddha ist die Kakerlake, die uns zusieht. Buddha ist das, was du jetzt machst.«

»Das ist nicht Buddha.«

»Aber es kann ein Buddha werden.«

»Du redest zuviel«, sagt Oy und nimmt ihn so ran, daß

er nicht mehr reden kann, nur noch reagieren, Atem holen, explodieren. Die Augen aufmachen, nachdem die Welt sich einmal gedreht hat, und Herrn Hilsendonk sehen, der am Bettpfosten steht, eine Zigarette raucht und sehr deutsch aussieht mit seinen großen Ohren und dem Hawaiihemd und der Pistole, die genau auf Kuhns nasses Glied zeigt. Oy steht am Waschbecken und putzt sich die Zähne mit dem Wasser aus der Sprudelflasche. Saubere Oy.

»Buddha würde das, was Sie da machen, aber nicht gern sehen, Herr Hilsendonk«, bringt Kuhn hervor, nachdem er seine Stimme gefunden hat, irgendwo weit weg, im Goldenen Dreieck.

»Buddha Leckarsch«, sagt Hilsendonk. »Nenn mich Harry.«

»Burma-Harry?«

»Es gibt drei Wege, nach Burma zu kommen, Kuhn. Mit dem Flugzeug, mit dem Maulesel und zu Fuß. Ich hab alle drei Wege probiert, und ich kann keinen davon empfehlen. Vergiß also Burma.«

»Freddy Song fand den Namen schön. Er hat ihn manchmal aufgesagt wie ein Gedicht. Wenn du rauskommst, geh nach Bangkok und treib Burma-Harry auf. Er weiß, was er zu tun hat.«

Es ist Tag geworden, und Oy macht das Licht aus. Sparsame Oy. Gut, daß sie wenigstens nicht am Wasser gespart hat. Die Flasche ist leer.

»Was ich zu tun habe, weiß ich auch«, sagt Hilsendonk. Auch Hilsendonk spart: Er flüstert. »Freddy Song war ein Freund von mir. Aber sechs Jahre sind eine lange Zeit. Freunde, die sechs Jahre weg vom Fenster sind, verlieren viel von ihrem Charme. Und von ihrer Nützlichkeit.«

»Das wird Freddy aber gar nicht gerne hören.«

Oy steht jetzt hinter Hilsendonk. Starrt Kuhn an. Der Buddha funkelt an ihrem Hals.

»Freddy Song ist schon lange tot, Kuhn. Mit Freddy Song und der Raushol-Masche durch die Gegend ziehen, das kann verdammt gefährlich werden. Hab ich dir erzählt, was mit Fatty passiert ist? Heute früh haben sie ihn aus dem Kanal gezogen – das, was die Ratten von ihm übriggelassen haben. Den Tod kaufst du dir hier schneller als eine Schüssel Klebereis. Aber mit dem Tod kann man auch noch Geschäfte machen. Freddy Song hat genug Freunde bei den Tongs, die gar nicht glücklich sein werden, wenn sie hören, daß er tot ist. Aber ausgesprochen glücklich, wenn sie seine Mörder kriegen. Und das werde ich tun, mein Junge. Für mich wird es nämlich Zeit, nach Hause zu fahren. Da kommst du mir gerade recht. Du bist meine Fahrkarte. Du hast mit Freddy gesessen. Dich vermißt keiner. Du warst ein Niemand. Jetzt bist du jemand. Charles Kuhn. Du bist der Mörder von Freddy Song.«

Er wirft die Zigarette auf den Boden, drückt sie mit seinen Latschen aus. Spürt den Atem in seinem Nacken, macht eine Bewegung. Zu spät. Mit voller Wucht kracht die leere Wasserflasche auf seinen Hinterkopf, und Burma-Harry geht zu Boden.

»Beeil dich«, flüstert Oy. Starke Oy.

»Warum sollte ich mich beeilen? Ob Burma-Harry mich erledigt oder die Tongs ...«

»Burma-Harry ist ein alter Schwätzer. Fatty ist von Tongs erledigt worden, weil er sie gelinkt hat. Wer mit Freddy Song im Gefängnis war, braucht die Tongs nicht zu fürchten.«

»Aber dich hat Harry auf mich angesetzt?«

»Beeil dich, bevor er aufwacht.« Sie lächelt. Heitere Oy. »Wer braucht Burma-Harry, wenn er Charles Kuhn haben kann?« Auch wahr.

Bevor sie verschwinden, streicht Kuhn über den Buddha an ihrem Hals: »Das nächste Mal darfst du alles sehen.«

lui 3/1987

Joschka, übernehmen Sie

Bonn, 10. September. Helmut Schmidt hält seine Abschiedsrede im Bundestag. Appell an die Vernunft, sittliche Verpflichtung ans Große Ganze usf. Rührung im Saal. Krokodilstränen entstehen bekanntlich, wenn die Krokodile schwitzen. – Abends in der *Provinz*. Als die Grünen noch neu in Bonn waren, gehörte die Kneipe zu ihren festen Reservaten. Inzwischen Dominanz der jüngeren Leute vom neuen SPD-Establishment. Wenn schon keine Meinungsführerschaft in den großen Themen, dann doch die Führungsrolle am Tresen. Erst als spät am Abend Joschka Fischer auftaucht, kommt noch einmal Bewegung ins grüne Eck. Wenn einer den Sozis nicht nur vom Rednerpult oder in der Mauschelrunde der Parlamentarischen Geschäftsführer Paroli bieten konnte, sondern auch bei Pils und Grappa, dann der Abgeordnete Fischer (Frankfurt), bis er im Frühjahr 1985 wegrotiert wurde. Aus dem drohenden Karriereloch holte Fischer die erste rot-grüne Koalition auf Landesebene, die Berufung zum hessischen Staatsminister für Umwelt und Energie. Aber den Minister Fischer empfängt hier kein Sozi mit Bruderkuß, und auch sonst nur die spröde Ansprache, die unter Deutschen seiner Generation für cool gehalten wird.

Fischer hat zugesetzt. Das Kinn noch eckiger, die Bewegungen gravitätisch; leichter Bauchansatz. Er hat das Rauchen aufgegeben, auch eine Konzession an das Amt, wie die Spuren chronischen Schlafmangels im Gesicht. Seine Freundin, die mit ihm von Bonn nach Hessen ging, erzählt von der neuen Wohnung in dem besseren Viertel, und was die feinen Leute da über sie reden, den Chaotenminister und sein blondes Ding. Und dann das ewige

Warten am Telefon, wenn die Sitzung in Wiesbaden wieder so lange dauert, bis die Nacht tot ist. »Darüber müßtest du schreiben«, sagte sie, »über das Absterben des Privatlebens in diesem Amt, über das Ende des Lebens als Minister«, und Fischer sagt, ich solle ihn mal besuchen in Wiesbaden, »ein Tag im Ministerbüro, da gehn dir die Augen auf, wie die Macht funktioniert«.

Wiesbaden, 23. eptember. Der Altweibersommer liegt auf den Taunushängen wie von einem auf grüne Witwen spezialisierten Visagisten gemalt. Über der Altstadt die Wiesbadener Mischung aus Sekt und Kochsalz, und selbst die Punks sehen aus, als liefen sie unter einem Haushaltstitel des öffentlichen Diensts mit – inkl. Landeshauptstadtzuschlag, versteht sich. Auf dem Brunnen Ecke Marktstraße ein junger Mann mit Bart und dicker Kassenbrille, der mit schneidender Stimme die Gaffer auffordert, an Gott zu denken: »Denn seine Macht ist Liebe!«

Das Landtagsplenum wie von einem Neue-Heimat-Architekten entworfen und von Ikea bestuhlt. Zwischen den Volksvertretern junge Leute mit Meßgeräten. Zu Beginn der Sitzungsperiode weist der Landtagspräsident darauf hin, daß nach einem interfraktionellen Beschluß die Luftverunreinigung des Hohen Hauses gemessen wird. Nach der Fragestunde muß Wirtschaftsminister Steger (SPD) ans Rednerpult. Aktuelle Stunde in Sachen Hanauer Atombetriebe.

Auf dem Hanauer Atomschlamassel könnte die Koalition ins Schlingern geraten. Anscheinend betreiben die Firmen Nukem, Alkem und RBU dort seit Jahren Anlagen zur Herstellung von Brennelementen ohne die seit 1975 erforderlichen Genehmigungen. Seit 1984 läuft eine Anzeige gegen die Geschäftsführung, erstattet von einer Hanauer Bürgerinitiative. In Hanau, berichtet gerade der

Spiegel, liege soviel spaltbares Material »auf einem Haufen« wie nirgendwo sonst in der Bundesrepublik: »Allein aus dem hochgiftigen Plutonium, das auf dem Firmengelände lagert, könnten 600 Atombomben gebaut werden.« Von der hessischen Landesregierung? Steger jedenfalls droht nun den Managern der RBU, er werde »den Laden dichtmachen«, falls nicht Abhilfe geschaffen werde. Dollpunkt: das Austreten von 6000 Litern Kühlwasser bei der RBU. Er werde, so Steger vom Rednerpult, »ohne Zorn und Eifer« und nur im Sinne einer »ordentlichen Verwaltung« entscheiden. Was entscheiden? Zwar sind seinem Haus Genehmigung und Aufsicht über die Betriebe unterstellt, aber das letzte Wort hat der Bundesminister für Umwelt, Wallmann – zugleich Kandidat der CDU für das Amt des Ministerpräsidenten, falls die rot-grüne Koalition bei der Wahl im Herbst 1987 unterliegt oder schon vorher an Hanau scheitert. Denn die Grünen haben bekanntlich den Ausstieg aus der Kernenergie zum Kernpunkt ihrer Politik gemacht.

Je länger er redet, desto schärfer der Eindruck: Steger reagiert wie ein Musterschüler, der seinem Klassenlehrer einen dramatischen Leistungsabfall zu erklären hat. Dagegen Joschka Fischer auf der Regierungsbank wie einer, der sich diesen Platz nicht ersessen, sondern ihn besetzt hat. Zwei Kulturen in einer Koalition. Der Street Fighting Man bei den Apparatschiks. Prinz Eisenherz und die Biedermänner. Aber auch: Joschka und Holger – zwei Himmelhunde aus dem Hessenland.

Während die Opposition nörgelt, warnt, geifert, praktizierte Börner sein Handwerk. Es beherrscht das Plenum wie ein alter Elefant sein Gehege, durch kontrollierte Bewegung. Allein wie er die Brille putzt, während Herr Kanther von der CDU – Typ Sektvertreter aus einem Zadek-Film über das Wirtschaftswunder – sich darüber ausläßt, daß »zum Nasenherumführen immer zwei gehören«, hat eine gestische Eloquenz, die den Redner zum Statisten verurteilt. Als der Grüne Jakob – lila gestreiftes Hemd, lange Haare, Bart – das Wort ergreift, hält es Börner nicht auf seinem Platz. Er bewegt sich majestätisch raumausgreifend durchs Plenum, legt hier eine Hand auf, beugt sich dort zu einem Plausch herab, nimmt schließlich auf einem Abgeordnetenstuhl Platz. Kaum lasse ich ihn einmal aus den Augen, sitzt er plötzlich auf der Regierungsbank, und zwar auf dem Platz Fischers, der den Saal verlassen hat. Er tauscht einen Händedruck mit Fischers Staatssekretär Karl Kerschgens, dessen Zähigkeit die Koalition ihr Entstehen mitverdankt, und verläßt dann auch das Plenum, um wenig später den Saal wieder zu betreten, aber nicht allein. Börner und Fischer, Variation auf eine alte Weise: »Wann wir schreiten Seit' an Seit' ...«?

Wiesbaden, 24. September. Tom Königs, Leiter von Fischers Ministerbüro, zeigt mir das Verwaltungssilo im Süden Wiesbadens. Finanzamt, Ministerien, Post, das Landeskriminalamt. Das Ministerium für Umwelt und Energie liegt im 12. Stock des Finanzamts, eine Büroflucht mit Blick über die hessische Chemiesteppe, den Grünen ein Dorn im Auge, sie hätten gern ein Öko-Haus, ein grünes Wigwam. Das Ministerium aus verschiedenen Abteilungen anderer Häuser zusammengestoppelt, 200 Mitarbeiter, Etat von 350 Millionen bei einem Landesetat von 24 Milliarden, und der liege noch über dem Etat anderer Länder. Die Umweltbehörde der Stadt Frankfurt, so Königs, sei besser ausgestattet als das Ministerium. Da sitzen wir schon in der Kantine bei gemischtem Salat und Birchermüsli. Königs, hager, eloquent, gelernter Marxist aus alter Bankiersfamilie, selbst Bankfachmann und früher als Assistent Haushaltsexperte der grünen Landtagsfraktion, nennt mir das wichtigste Prinzip im Umweltministerium: Nicht durch Kriminalisierung der Betriebe, die umweltschädlich arbeiten, sondern durch Eingriffe in die Produktion verändern wir die Dinge zum Besseren.

Über die Hanauer Atombetriebe: Wenn Kapital *und* Arbeit zusammengingen, laufe für die Grünen nichts ohne exekutive Gewalt. Nur in der Regierung bekomme man Akteneinsicht, und die sei nun mal ein Essential. Die Strategie des Ministeriums in drei Punkten. Einmal legalistisch: Die Fabriken arbeiten illegal. Das habe der Gutachter RA Geulen aus Berlin jetzt bestätigt, und dieses Gutachten habe man nur in Arbeit geben können, weil man sich Akteneinsicht verschafft habe. Zwar sei an sich das Wirtschaftsministerium zuständig, für den Emissionsbereich von Nukem-Alt jedoch das Umweltministerium, was die SPD bei den Koalitionsverhandlungen glatt übersehen habe: die Bedeutung der Zuständigkeit sei nicht zu überschätzen. Dann das internationalistische Moment: Die Bundesrepublik habe – gegen den Willen des früheren Atom- und Verteidigungsministers Strauß – den Atomwaffensperrvertrag unterschrieben, Hanau lagere und liefere für Atombomben wesentliches Material auch an Länder, die dem Abkommen nicht beigetreten seien (Indonesien, Indien, Südkorea). Und drittens natürlich das ökologische Argument: die Gefahr, die von den Anlagen ausgehe. Die populäre Schiene. Tschernobyl usw.

Die Angestellten am Nachbartisch widmen uns kaum einen Blick über ihre Koteletts und Rindswürste; seit die Grünen in Wiesbaden mitregieren, haben sich auch Finanzbeamte an Mobilisierungsstrategien und Spielbein/Standbein-Theorien gewöhnt (und der öffentliche Dienst stellt das größte Wählerreservoir der Grünen).

Nachtrag zur Regierungsbildung. Tom Königs gehörte damals zu denen, die hinter den Kulissen die Drähte zogen. Ich erfahre, daß die Sache gelaufen war, sobald die Grünen Börner mit einem klaren Personalangebot konfrontiert hatten. Das sei auch etwas, was die Grünen lernen müßten. In der parlamentarischen Demokratie stünden Personen für Inhalte. Sowieso für Männer wie Börner, diese alten Fahrensleute, die wüßten, was Geschwätz wert ist. Als die Grünen Joschka Fischer präsentiert hätten, sei Börner klar gewesen, daß die Koalition machbar sei, weil Fischer bis zum Umfallen dafür kämpfen werde. Auch persönlich könnten die beiden, bei größten Gegensätzen, und zwar besonders deshalb, weil jeder die Situation des anderen verstehe. Deshalb sei auch das Tolerierungsszenario, das die Grünen derzeit auf Bundesebene diskutieren, der reine Schwachsinn. Mit Tolerieren allein dürfe man nur absegnen, was die anderen machen. Und Königs sagt mit dem Lächeln eines politischen Gourmets: »Ich begebe mich doch nicht ohne Not der exekutiven Gewalt.«

Wiesbaden, 25. September. In der Landtagslobby Holger Börner im Kreise seiner Lieben, lauter fröhliche alte Frauen aus Kassel-Stadt und Kassel-Land mit gestärkten Blusen, schweren Handtaschen und seligem Blick: Holger, ihr Heino. Joschka Fischer beobachtet den Ministerpräsidenten aus den Augenwinkeln, dann sagt er: »Wir stoßen bei der Frage der Hanauer Atomfabriken an die Grenzen unserer Politik. Wenn du dagegen angehst, dann gehst du gegen das Big Money an, gegen die Big Unions, gegen die Big Industry. Und gegen die großen Parteien. Da ist alles konzentriert, was wirklich mächtig ist in diesem Land, und dagegen stehen nun wir Grünen mit unseren 5,9 Prozent und einem Minister – dem einzig grünen Minister auf der Welt.« Er lehnt sich zurück, seine wachen, schnellen Augen bekommen einen träumerischen Glanz. »Aber wenn es uns gelingt, die Betriebe dichtzumachen, dann haben wir einen Sieg von einer solchen Symbolkraft errungen, daß diese Republik anders sein wird als vorher.« Er blickt auf die Uhr. »Und jetzt gehen wir zu der Delegation aus der Volksrepublik China.«

Gießen, 2. Oktober. In der Hessenhalle, auf dem Gelände des alten Schlachthofs, eröffnet der Umweltminister die erste hessische Umweltmesse. Neue Wege beim Haushaltsmüll. Solarwärme. Naturholz. Wärmeisolierung. Begrünung. Abfalltechnologie. Die Umwelttonne. Wiederherstellung natürlicher Flußlandschaften. Die Umweltlobby. Gießen wird von einer rot-grünen Koalition mit einer Stimme Mehrheit regiert, da weiß der Minister, warum er vor Ort ist. Und sieht sich doch noch manchmal verwundert um: »Hättest du das gedacht?« Grüne Stadtdezernenten, grüne Kreisbeigeordnete, grüne Landtagsabgeordnete, der SPD-Oberbürgermeister sieht die Dinge auch realistisch – man braucht einander. Experten, wohin man blickt, ein Volk von Fachreferenten, Umwelt ist auch eine Wachstumsindustrie und die »andere Republik« ein Beschäftigungsprogramm. Am Fitneß-Stand fällt dem Sozialdemokraten ein Scherzwort zur Partner-Gymnastik ein, an der Keim-Bar blüht der Flachs mit den grünen Trieben. Fischer inspiziert seinen Turf, und von der Müllverwertung bis zum Solarzellenmofa geht ihm nie aus dem Sinn, daß das Gesamtkunstwerk Grüne Partei auch auf dem Markt bestehen muß: »Bei der Landtagswahl gehe ich an die Koalitionswähler ran mit der Parole: Wer Börner will, muß Fischer wählen.« Knappe Verabschiedung von den Honoratioren. Der Bayern-Wahlkampf ruft.

»Ich wußte, das ist eine Chance, die man nicht auslassen darf«, sagt Joschka Fischer auf dem Rücksitz seines

Katalysator-Opels irgendwo am Vogelsberg. »So etwas kriegt man wahrscheinlich nur einmal im Leben angeboten, und damit darf man dann auch nicht kokettieren. Mir war auch klar, daß das wieder eine Zäsur in meinem Leben bedeuten wird wie damals bei der Bundestagskandidatur, eine Trennung von meinem bisherigen Leben. Mir war auch klar, daß es mit dem gemütlichen alternativen Leben – arm, aber easy-going – vorbei ist. Mir war auch klar, daß ich als Minister sieben Feinde haben werde, die mich rundum umstellen, und daß das eine sehr einsame Sache werden würde. Und daß für die Grünen verdammt viel davon abhängen wird, ob es klappt oder nicht. Und dann die bange Frage: Kannst du das überhaupt?« Er beugt sich zum Fahrer vor. »Geradeaus, Herr Beil! Wir müssen geradeaus.« Der ehemalige Taxifahrer Fischer weiß auch auf den Autobahnen, wo es langgeht.

Das erste Erfolgserlebnis: »Als wir uns entschlossen hatten, den dritten Ofen in Biebesheim nicht zu bauen. Dagegen hätte ich früher wie wild demonstriert, ohne etwas zu bewirken. Jetzt habe ich gesagt, so wird es gemacht, und so wurde es dann gemacht.« Aber hat er nicht gerade auf dem Nürnberger Parteitag Prügel dafür bezogen, daß Biblis nicht abgeschaltet ist, die Hanauer Nuklearbetriebe weiterarbeiten? »Die Legitimitätsbeschaffung für die Politik, die man in so einem Amt macht«, sagt er ausweichend, »ist durch ganz andere Dinge gekennzeichnet als die Legitimitätsbeschaffung für das Amt. Aber was willst du? Die Mehrheit für die Politik, die wir in Hessen machen, wird größer. Macht stellt sich in einer Demokratie hauptsächlich als Spielraum dar, und der ist nun mal für die Grünen unheimlich eng.« Dazu die Schwierigkeiten mit der SPD, die nach 40 Jahren Regierung in Hessen kaum noch einsehen könne, warum bestimmte Dinge anders laufen müßten. Wenig glanzvolle

Regierungsarbeit deswegen. Aber die CDU nach 40 Jahren Opposition doppelt so abgewirtschaftet. Das Entscheidende sei, daß Grüne in der Exekutive von der Industrie ernst genommen würden. Das sei ein hartes Geschäft und nicht mit schönen blauen Augen allein zu betreiben, aber wenn zum Beispiel, wie jetzt wieder, der hessische Unternehmerverband auf seiner Jahrestagung eine Jeremiade wegen der Grünen abgelassen habe, Stichwort: die Umweltbürokraten schnüren uns den Atem ab, dann wisse man bei Hoechst und auch in den anderen Vorständen der großen Firmen, daß das kalter Kaffee sei.

Wir sind in der Gegend von Hanau, aber Fischer möchte sich noch nicht in die Karten blicken lassen, wie er die Atombetriebe schließen will. »Das mußt du mit einem Schachspiel vergleichen, und vom Endspiel sind wir noch weit entfernt. Zuerst gilt es, klar herauszuarbeiten, was Recht und Gesetz ist und ob es da überhaupt so etwas wie Genehmigungen gibt. Wenn ja, welche, wenn nein, warum nicht. Dann muß sehr genau geprüft werden, ob diese Anlagen überhaupt genehmigungsfähig sind. Wenn ja, warum sind sie nicht genehmigt, wenn nein, warum arbeiten sie dann noch.« Der Druck von außen müsse klüger organisiert werden. Die Hanauer Bürgerinitiative, die das ganze ins Rollen gebracht habe, sei ja behämmert, eine reine »Fundi-Veranstaltung«. Und dann sei Hanau eine Frage der politischen Preise – wird das für die SPD am Ende nicht zu teuer?

Über Holger Börner. »Der Börner ist einer von der schweren Infanterie, der gräbt sich ein und sitzt dann da, aber im entscheidenden Augenblick springt er – hast du nicht gesehen – zum nächsten Schützengraben. Er weiß, daß ein Angreifer das Dreifache von dem braucht, was ein Verteidiger braucht. Er hat ja die Macht, er ist der Ministerpräsident. Die andern, die ihm etwas abnehmen wollen, müssen dann schon etwas mehr auf die Waage bringen. Börner hat die SPD hier übernommen, als sie sich fast zu Tode experimentiert hatte, und er hält sie immer noch an der Macht.«

Über die Macht. »Die Vorstellung, es könne jemand autokratisch mit der Macht umgehen, ist absurd, das kann selbst Franz Josef Strauß nicht. Du hast deine Spielräume, deine Sachzwänge, deine Bürokratie, deine Juristen, deine Gesetze, die vierte Gewalt, die Medien – und da hast du deine Schnittmenge rauszubringen. Ein Mächtiger, der kann, wie er will – das gibt es in der ganzen Bundesrepublik nicht. Die Ministerialbürokratie in Bayern hat es so seit dem Grafen Montgelas gegeben, die gibt es auch noch nach Strauß. Die in Gesetzen und Strukturen geronnene Macht, diese strukturelle Macht der Bürokratie, ist enorm. Aber auch die Bürokratie ist kein Subjekt, sondern eine intersubjektive Veranstaltung, wo immer nur die Macht haben, die im Konsens des Apparats agieren.« Er überlegt einen Augenblick, dann fügt er hinzu: »Wenn du dir mal den Völkermord von Pol Pot anschaust, da steckt natürlich die wahnhafte und verbrecherische Erkenntnis dahinter, daß du, wenn du eine tradierte Macht im Schnellgang abservieren willst, alle ihre Köpfe abschlagen mußt – und das zählt dann nach Millionen.« Er beugt sich zum Fahrer. »Herr Beil, wenn wir in Bayern sind, machen wir Mittag.« Dann ein spitzes Grinsen: »Der erste Verwaltungsgrundsatz – spaßhaft formuliert – lautet: Es war schon immer so gewesen, warum soll es jetzt anders sein. Das ist die Macht der Gewohnheit.«

Ich frage, ob gegen die Zähigkeit der Bürokratie Reformpolitik überhaupt durchsetzungsfähig ist. Man weiß doch, wie langsam diese Mühlen mahlen. Fischer lächelt. Er weiß es genau. »Gesetzt den Fall, es gibt kontroverse

Meinungen zu einem Gesetz, dann gleicht ein Gesetzgebungsverfahren einem Machtkampf. Bis das schließlich durch die zweite und dritte Lesung ist und ins Gesetzblatt gehoben wird, vergehen vielleicht eineinhalb Jahre.« Er bemerkt meinen skeptischen Blick und sagt, ein Gourmet der Praxis: »Aber wenn dann die Entscheidung gefallen ist und das im Staatsanzeiger steht und Gesetz ist, dann verändert es die Wirklichkeit ganz anders als ein Oppositionsentwurf.«

Würzburg, 2. Oktober (abends). Auf den Plakaten, groß: FISCHER KOMMT! Der Festsaal des Radlerclubs in Würzburg-Heidingsfeld ist gerammelt voll, und noch immer drängen sie herein in Rauchschwaden, Bierdunst, Schweißbad und Krach. Schon in Schwabach, am Nachmittag, hatten die Grünen mit Fischer Zulauf wie nie zuvor, 500 Leute mögen es gewesen sein auf dem mittelalterlichen Marktplatz, und beileibe nicht nur die alternative Szene holte sich hinterher ein Autogramm, sondern auch Omas mit Plastiktüten und dem Satz: »Es wurde Zeit, daß das mal einer hier gesagt hat, Herr Fischer.« Der SPD-Bürgermeister vernahm es mit gemischten Gefühlen.

Am Abend ist im Radlerfestsaal Angriff angesagt. Diese tausend Grünen, Linken, Gewerkschafter, Friedensbewegten, Arbeitslosen, Sektierer, Feministen, Spinner, Autonomen, Kommunisten, Naturfexe, Weißbierchaoten, Altrocker, Linkskatholiken, Pazifisten, Motorradfreaks und nachdenklichen Sozialdemokraten in der schwarzen Hochburg Würzburg, wo Leonhard Frank *Die Räuberbande* schrieb und es 52 Kirchen gibt, für jeden Sonntag im Jahr eine – an diesem Abend brauchen sie mehr als die rhetorische Magerkost, die sie von grünen Kandidaten – jeder zweite ist noch ein Mann – gewohnt sind: An diesem Abend brauchen sie Adrenalinstöße, Fettfutter, Kraftnahrung, das Glück, dazuzugehören, in großer Dosis.

Sie brauchen Fischer, den Minister. Ihren Minister. Ihren sichtbaren Anteil an der Macht.

Deshalb zieht sich auch durch die großen Themen, die Fischer anschlägt – Atomenergie, Paragraph 218, Asylrecht – wie ein roter Faden die politische Machbarkeit und – als Symbol der Mächte, gegen die der Politiker Fischer angetreten ist – der bayerische Ministerpräsident. Die Sozialdemokraten läßt der Minister der rot-grünen Koalition unterm Tisch liegen, wo sie für die meisten seiner Zuhörer hingehören. Er spricht frei eine Stunde lang, bis seine Haare klatschnaß in der Stirn hängen und seine Stimme sich in höheren Lagen festkrallt, und auch die, die ihn nicht lieben – und die Grünen lieben keinen, der zu weit aus der Masse herausragt –, hängen schließlich an seinen Lippen, bis dem skeptischen Beobachter klar ist: Dies ist mehr als eine politische Kundgebung, dies ist eine Pop-Veranstaltung, der Volkstribun als Kultfigur: Roll over, Joschka. »Und wenn gesagt wird, die Grünen wollen eine andere Republik, dann sage ich: Jawohl, wir wollen eine andere Republik! Wir wollen nicht die Republik des Sozialabbaus und der Ausbeutung der Natur, wir wollen nicht kurzfristigen Profitinteressen unsere natürlichen Lebensgrundlagen opfern, wir brauchen keine Feindbilder von innen und von außen, um Zustimmung für unsere Politik zu bekommen – die Republik der Grünen ist eine sanfte Republik.«

Amen.

Später, auf der Heimfahrt, ist Fischer alle; irgendwo zwischen Würzburg und Aschaffenburg schläft er weg. Morgen früh muß Herr Beil um sechs antreten, um neun will Fischer in die Bundestagsdebatte zur Energiefrage eingreifen; und abends noch Talk-Show in Bremen. Zeit, um hinauszustarren in die Nacht. An andere zu denken, die aufbrachen, um diese Republik zu ändern. Freilich – von einer sanften Republik war damals nicht die Rede. Vielleicht sind auch deshalb so viele von ihnen tot oder als Psychowracks versackt oder isoliert im Inneren des Wals. Oder alles easy, Baby, noch ein Kir Royal? Typisch wohl doch, daß gerade an diesem Joseph Fischer aus dem tiefen schwarzen Schwaben, an diesem Autodidakten und Buchhändler, Taxifahrer und Revoluzzer, Beatnik und Bundestagsabgeordneten noch einmal ein Aufbruch festgemacht wird. Typisch auch dies: nachts unterwegs im Ministerauto durch die Republik, und auf den Teststrekken und Abschußrampen sehe ich Wählerstimmen.

Hanau, 14. Oktober. »Fühlen Sie sich jetzt verstrahlt?« Der freundliche junge PR-Mann der Firma hilft mir aus dem Schutzmantel. Wir haben einen Rundgang durch die Anlagen gemacht, in der die Firma Hobeg – eine Nukem-Tochter – kugelförmige Brennelemente für Hochtemperaturreaktoren herstellt. Dabei werden 40 000 mit bloßem Auge kaum sichtbare Uranteilchen zu tennisballgroßen Kugeln zusammengepreßt und mit Graphit beschichtet. Eine saubere Sache, verglichen mit dem Kohleabbau. Ein Blick durch den Kontrollstab. Der Anzeiger steht auf Null. Aber ganz so einfach ist PR-Arbeit in Sachen Kernenergie denn doch nicht.

Auf dem Schreibtisch in seinem Büro bewahrt der PR-Mann drei rot angemalte und mit schwarzen Slogans versehene Steine auf, die ihm AKW-Gegner in seinem alten Büro durchs Fenster geschmissen haben. Jörg Pompetzki hat Germanistik studiert, bei Hoechst gearbeitet, da war es ihm ein bißchen langweilig. Jetzt kann er sich über Langeweile nicht beklagen. Gerade wird ein vier Millionen Mark teurer Schutzzaun – ein »Wackersdorf-Zaun« – um das Firmengelände gezogen, eine Empfehlung des Innenministers. Und man überlegt, soll man bei der nächsten Groß-Demo von AKW-Gegnern nicht auch selbst was machen – Parolen an die Fenster hängen, Handzettel verteilen? Aber bloß keine Unruhe schüren. »Die Stimmung unter der Belegschaft«, meint Pompetzki, »die ist so, daß Blut fließt, wenn die auf die Demonstranten losgelassen wird.« Bunkerstimmung in Hanau-Wolfgang? »Das nicht«, sagt Pompetzki. »Aber offensiv ist die Stimmung schon.«

Was auch daran liegt, daß die Kernenergie einst die gefeierte Avantgarde des technischen Fortschritts war, von den Parteien und der Gunst des Publikums verhätschelt und verwöhnt. Die Hanauer Betriebe entstanden als Ableger der Frankfurter Degussa, die auch an der Arbeit Werner Heisenbergs und seines Teams beteiligt war, das seit 1940 einen Kernreaktor entwickelte. Nach dem Zusammenbruch dann rasch weltweite Verbindungen der Degussa und ihrer Abteilung »Seltene Metalle«. Seit Anfang der 60er Jahre arbeitet Nukem in Hanau-Wolfgang; sukzessive Gründung weiterer Firmen – Alkem, RBU, Hobeg, Transnuklear –, so daß hier, von der Uranbeschaffung über die Verarbeitung, den Transport und die Abfallbeseitigung, ein nuklearer Modellbetrieb entstand, ausgerichtet auf den Schnellen Brüter, Hochtemperaturreaktoren und die Wiederaufarbeitungsanlage (in Wakkersdorf und anderswo). Und nun wird in dem Geulen-Gutachten, erstellt für den hessischen Minister für Umwelt und Energie, behauptet, es spreche vieles dafür, daß diese Betriebe »zu keinem Zeitpunkt genehmigungsfähig waren«.

Die Schwierigkeiten fingen mit dem neuen Atomgesetz von 1975 an, das nicht nur Kernreaktoren, sondern auch die Herstellung der für sie benötigten Brennelemente einer strikten Kontrolle unterwarf. Das heißt, was bisher nicht genehmigt werden mußte, war ab sofort genehmigungspflichtig, und zwar bis zum letzten Filter und Eisenträger. »Damals hieß es«, so Jörg Pompetzki, »wenn ihr jetzt eine Genehmigung nach Paragraph 7 des Atomgesetzes beantragt, dann könnt ihr nach der alten Genehmigung weiterarbeiten, als Übergangsregelung. Es haben damals alle Firmen entsprechende Anträge gestellt, aber bis heute ist über sie nicht entschieden. Nun gibt es auf einmal Leute, die behaupten, an einigen Anlagen sei so viel geändert worden, daß die Grundlage für den damaligen Antrag nicht mehr bestehe. Soweit aber Veränderungen vorgenommen wurden, haben sie der Verbesserung der Anlagen und der größeren Sicherheit gedient.«

Daß die Mühlen der Bürokratie langsam mahlen, wissen wir alle; daß aber Genehmigungen für hochbrisante Atomanlagen – man bedenke die Menge des in Hanau gelagerten Plutoniums – elf Jahre brauchen und dann auch noch nicht vorliegen, dürfte ja wohl andere Gründe haben. Bis 1982 wurde Hessen von einer SPD/FDP-Koalition regiert, Wirtschaftsminister und damit zuständig für Hanau war der FDP-Mann Karry, ein glühender Befürworter der Kernenergie, 1981 Opfer eines bis heute nicht aufgeklärten Attentats. 1982 brach die Koalition auseinander, die Grünen kamen in den Landtag, über eine langwierige Tolerierungsphase kam es schließlich zu der rot-grünen Koalition. Und Holger Börner, so Fischers Büroleiter Tom Königs, habe begriffen, daß die Plutoniumwirtschaft mit ihren ungeheuren Sicherheitsbedürfnissen den uns bekannten Rechtsstaat außer Kraft setzen werde. Herr Pompetzki sieht das langsame Mahlen der Bürokratie auch unter politischen Aspekten.

»Alle Unterlagen der Alkem, die bekanntlich Plutonium verarbeitet, sind schon seit längerer Zeit wegen der Genehmigungsverfahren im Ministerium, man hört nichts davon. Warum? Es gibt in Hessen Vereinbarungen zwischen SPD und Grünen, aus der Plutoniumwirtschaft auszusteigen. Wenn ich also genehmigungsreif bin, aber keine Genehmigung bekomme, dann muß ich annehmen, daß politische Gründe dafür ausschlaggebend sind.«

Ich zitiere den Gutachter Geulen: »Der hessische Minister für Umwelt und Energie ist gehalten, den hessischen Minister für Wirtschaft und Technik im einzelnen darauf hinzuweisen, daß der Betrieb der Hanauer Nuklearanlagen illegal und strafbar ist und eingestellt werden muß.«

Herr Pompetzki lächelt breit und zieht genüßlich an seiner Marlboro. »Da kann ich Holger Börner zitieren: ›Das Gutachten stimmt nicht.‹ Und mit Holger Börner sind wir der Auffassung, daß wir die erforderlichen Genehmigungen hatten, Punkt. Mehr ist dazu nicht zu sagen. Wir gehen nachher mit einem unserer Juristen essen, vielleicht kann der Ihnen das noch besser erklären. Lassen Sie mich einen Vergleich ziehen: Wenn Sie vom TÜV eine Plakette bekommen, machen Sie sich dann Gedanken, daß der Prüfer etwas übersehen hat?«

»Wenn hier etwas schiefgeht, GAU in Hanau, dann rappelt es aber anders, als wenn ich mit einem ungenau überprüften Auto an den Baum fahre.«

»Ich meine damit auch nur, daß bei ein und derselben Anlage zwei verschiedene Prüfer zu völlig anderen Ergebnissen gekommen sind. Und was das Gutachten des Herrn Geulen betrifft, kann ich nur darauf hinweisen, daß offensichtlich die gesamte Landesregierung einschließlich des Ministerpräsidenten, bis auf Herrn Fischer, der es bestellt hat, dieses Gutachten für Schwachsinn hält.«

»Sollten die Genehmigungen nun wirklich nicht erteilt werden, was machen Sie dann?«

»Das letzte Wort hat Herr Wallmann, der zuständige Bundesminister. Wir gehen davon aus, daß Herr Wallmann Herrn Steger die Hand führen kann – wie das schon einmal Herr Zimmermann getan hat.«

»Hier ist angeblich so viel Plutonium gelagert, daß man daraus 600 Atombomben machen kann. Bereitet das den Verantwortlichen nicht schlaflose Nächte?«

»Wissen Sie, wie das kontrolliert wird? Von internationalen Behörden? Wir haben den flugzeugabsturzsicheren Plutoniumbunker, der schärfstens bewacht wird. Wer sollte die Bomben denn bauen? Wir sind umgeben von Pershings. Was sollten wir denn mit den neun Zentnern Plutonium noch wollen?«

Nun, Plutonium ist Macht – und Macht ist ein Stoff mit einer längeren Halbwertzeit als dem, der in Becquerel und Millirem gemessen wird. Aber gehen wir essen.

»Joschka und seine Freunde sind meine Arbeitgeber«, sagt der Nukem-Jurist beim Mittagessen in der Kantine, »die Nukem bezahlt mich nur.« Schon wahr: Die Atomwirtschaft hat nicht nur Wissenschaftlern, Technikern, Sicherheitsexperten und Facharbeitern Brot gegeben, sondern auch einem Heer von Gutachtern, Fachreferenten, Bürgerprotestlern, Atomspezialisten und anderen Handauflegern zu Arbeit, Ämtern und Würden verholfen. Ohne die anstehenden Prozesse könnte der Nukem-Jurist sich einen anderen Job suchen. Bei fritierten Ananashähnchen und Reis läßt der Mann Dampf ab, Ärger, Zorn.

»Vor jedem Verwaltungsgericht würde der Herr Geulen mit seinem Gutachten aus dem Saal gelacht – solange man es unter verwaltungsrechtlichen Aspekten betrachtet, und das sind die einzigen, die zählen dürfen. Entweder arbeiten wir mit Genehmigung oder ohne – das ist der entscheidende Punkt, alles andere ist Politik. Aber da werden jetzt die Staatsanwälte mobil gemacht, und die Geschäftsführer werden vor Gericht geschleift. Selbst wenn sie freigesprochen werden, sind ihnen bis dahin die Hände gebunden – und soviel fähige Atommanager gibt es nicht. Diese Hexenjagd bindet alle unsere Energien. Was wir empfinden, ist ohnmächtige Wut.«

Das ist nun ein Bekenntnis, das ich hier zuallerletzt erwartet habe. Ohnmächtige Wut, ist das nicht ein Begriff, den die engagierten Atomgegner, die Mütter auf den verseuchten Spielplätzen, die Eingekesselten von Wakkersdorf und Brokdorf besetzt hatten? Die beiden Nukem-Leute empfinden den Widerspruch auch. Bestehen sogar darauf. Was mit ihnen gemacht werde, sei ein Kesseltreiben. Und zwar eben nicht aus den Gründen, die vorgeschoben würden – Sicherheit, Umwelt, Sorge um die Nachkommen. Ein Kesseltreiben, das gegen diese Gesellschaft gerichtet sei, gegen das Etablishment. Mit der Nuklearwirtschaft wolle man den Staat treffen. Wenn Nukem kippe, kippe mehr als eine Atomanlage.

In Hanau hat man Fischers Botschaft vernommen.

Nachdem ich aus der Atomfabrik ausgecheckt habe, klettere ich in ein Taxi. Der Fahrer, Kleinunternehmer, eine Droschke, sprudelt los, glaubt, bei dem Nukem-Besucher richtig zu liegen: »Die demonstrieren ja bald wieder, diese Verbrecher. Wissen Sie, was man mit den Vermummten machen sollte? Totschlagen. Wenn sich einer vermummt, dann ist er niemand mehr.«

Am 17. Oktober erhebt die Staatsanwaltschaft Anklage gegen die Geschäftsführer Alexander Warrikoff (CDU-Abgeordneter im Deutschen Bundestag) und Wolfgang Stoll von der Alkem und drei höhere Beamte im hessischen Wirtschaftsministerium. Vorwurf: Betrieb einer illegalen Atomanlage.

Und am 20. Oktober feiert Holger Börner ein sattes Jubiläum: Seit 10 Jahren ist er hessischer Ministerpräsident. »Bei der letzten Kabinettsitzung«, erzählt Tom Königs am Telefon, »hat Finanzminister Krollmann getönt, er werde alles tun, damit Hanau weiterarbeiten kann. Und ich, hat Fischer gesagt, werde alles tun, damit Hanau geschlossen wird. Daraufhin Holger Börner mit breitem Lächeln: Da sehen Sie, meine Damen und Herren, was dieses Kabinett alles aushält.«

TransAtlantik 1/1987